本书为青岛市社科规划研究项目（QDSKL1601089）结项成果

周远斌 ◎ 著

崂山史话

崂山史话

中国社会科学出版社

图书在版编目（CIP）数据

崂山史话 / 周远斌著 . —北京：中国社会科学出版社，2020.7
ISBN 978-7-5203-6681-6

Ⅰ.①崂… Ⅱ.①周… Ⅲ.①崂山—地方史 Ⅳ.①K928.3

中国版本图书馆 CIP 数据核字（2020）第 103701 号

出 版 人 赵剑英
责任编辑 任 明
责任校对 王 龙
责任印制 郝美娜

出 版 中国社会科学出版社
社 址 北京鼓楼西大街甲 158 号
邮 编 100720
网 址 http：//www.csspw.cn
发 行 部 010-84083685
门 市 部 010-84029450
经 销 新华书店及其他书店

印刷装订 北京君升印刷有限公司
版 次 2020 年 7 月第 1 版
印 次 2020 年 7 月第 1 次印刷

开 本 710×1000 1/16
印 张 12.75
插 页 2
字 数 209 千字
定 价 85.00 元

前　言

　　崂山，是国务院首批审定公布的国家重点风景名胜区，不但风景怡人，山光海色让人流连忘返，而且历史悠久，人文荟萃，文化底蕴丰厚，是文化名山。成书于十六国时期的《齐记》载曰："泰山虽云高，不如东海崂。"元代著名道士丘处机七次来崂山，写诗百余首颂赞，《上清宫》其十诗中感慨："五岳曾经四岳游，群山未必可相俦。只因海角天涯背，不得高名贯九州。"明代山东巡抚赵贤游遍全国名山，高评崂山乃"海上名山第一"。

　　一沙一世界，一山一史话。崂山的地貌形胜，有其独特的魅力，"神窟仙宅""洞天福地"等美誉是对大自然这一杰作的盛赞。天地之辉光，有人文方臻妙境。"洞天福地"的崂山，留下了帝王将相、文人墨客、宗教人士等的足迹。秦始皇、汉武帝登山寻仙，唐玄宗遣人炼丹，逄萌、郑玄、明僧绍书院授徒，李白、吴筠论道赋诗，苏轼三访崂山。元代礼部尚书王思诚、侍御史张起岩、文人戴良，明代监察御使蓝田、大学士高弘图、御使黄宗昌、山东提学邹善和陈沂，清代著名学者顾炎武、王士禛、翰林尹琳基等，或登临题字，或赋诗记游。"写鬼写妖高人一等，刺贪刺虐入骨三分"的清代文学家蒲松龄，诗歌咏崂山海市，小说写崂山传奇。近代改良思想家康有为，伟大的民主革命先行者孙中山，现代著名学者蔡元培、闻一多、沈从文、梁实秋、郁达夫、郭沫若、臧克家、贺敬之等，也先后登游，无不高览远眺，慨当以慷。

　　山之雄奇，海之广阔，与历代的建置金石，以及历代贤达的足迹诗文等，合写了这一天地间美妙的自然人文史话。悠久的历史文化是一个民族的财富和资源，同样，悠久的历史文化也是一著名景点的财富和资源。对崂山自然景观及其优秀的传统文化进行挖掘、整理，使之与当代社会相适应相协调，既是对社会主义先进文化建设的推动，也是对宣传崂山、展示崂山，提高崂山知名度和影响力之工作的推动。

目　　录

第一章 崂山地貌

崂山，从山脉构成上讲，是胶东低山丘陵的一部分。崂山以花岗岩为主体，形成于白垩纪时期，据今至少有 6800 万年的时间，当时从地壳深处上喷的岩浆在距地面几公里处冷凝，新生代时期地壳抬升，露出地面。几千万年的风雨把覆盖在上面的岩层渐渐剥蚀掉，花岗岩石露出，在几百万年前已经具有了现在的轮廓，其地貌有自己的特点。

一　位　置

崂山位于山东半岛南部，青岛市东部，山区东南两面濒临黄海，北部与即墨市相邻。崂山是山东半岛的主要山脉，东面较高且陡峭，连接大海，西面较为平缓，为丘陵地形。崂山山脉以崂顶为中心，向四方延伸，尤其是西北和西南两个方向延伸得较长，余脉沿东海岸向北延伸到即墨市的东部，西面山脉一直到胶州湾畔，西南方向的余脉则延伸到青岛市区，形成了十余个山头和起伏的丘陵。

二　得　名

（一）典籍记载

崂山的名称，在史传中记载的有十多处。"荣成山"，出自《史记·秦始皇本纪》。"劳山"最早出自《诗经·小雅·鱼藻之什》里的诗句"山川悠远，维其劳矣"，郑笺云："劳劳，广阔"。但是对"劳山"的解释却并不相同。一种说法是说此山险峻，上山下山都非常辛劳，所以称作"劳山"。另一种说法是经明末清初著名学者顾炎武考证，秦始皇游览到崂山的时候，劳民伤财，所以才被称为"劳山"。《后汉书·逄萌传》和

《魏书·高祖纪》也把此山称为劳山，到了晋朝，晏谟《齐记》，唐代的《李太白集》，都沿用了这个称呼。

"不其山"出自《汉书·武帝纪》。根据20世纪50年代考古学家王献唐在该山北部原始社会遗址的考古发掘，证实远古时期该山北部生活着"不族"和"其族"两个部落，地以族为名，山也以族为名，称"不其山"。《三国志·崔琰传》沿用"不其山"。

"劳盛山"出自东汉王充《论衡》。南北朝《四极明科》、宋《太平寰宇记》、顾炎武《劳山考》沿用"劳盛山"。

"牢山"出自晋代法显编著的《佛国记》。一种说法是因为当地人认为这座山坚如磐石，鞭之不动，是一座牢固的山，所以称为"牢山"。另一说法是中国古代星象学中认为天上的星宿和地上的区域有一种对应的联系，在三十六天罡星中，天牢星与此山相对，所以把这座山称为"牢山"。《魏书·地形志》《唐书·姜抚传》《宋史·甄栖真传》《金史·地理志》《元史·释老志》《齐乘》沿用"牢山"。

"崂山"最早见于《南史·明僧绍传》。明末清初，即墨城人黄宗昌修《崂山志》后，"崂山"这个名称就被采纳并沿用至今。

"大劳山和小劳山"出自唐代李贤所著的《后汉书注》，该书把此山的北部称为"大劳山"，把此山西南部称为"小劳山"，简称为"二劳山"。唐代杜佑的《通典》也沿用"大劳山和小劳山"这个称呼。

"辅唐山"这个称呼只在李亢的《独异志》中出现过。

"鳌山"最初是丘处机使用，仅出现在元、明两代的碑记上。元代道教全真龙门派创始人丘处机到崂山后，看见崂山西靠平原，东临大海，就像巨大的鳌盘踞在茫茫的东海之上，就作诗曰："陕西名山华岳稀，江南尤物九华奇，鳌山下枕东洋海，秀出山东人不知。"之后，成吉思汗敕封丘处机为国师神仙，命他掌管普天之下的道事，一众道士听从丘处机的旨意，便把此山称为"鳌山"。

（二）传说

在商朝末年，周武王姬发率军灭了残暴的商纣王，从此建立了周朝，周朝施行分封制，开国功臣姜子牙被封到了齐地，即之后的齐国。

刚到封地，姜太公便领着自己的士兵到各地巡查。他来到崂山，并在崂山巡查了好久，觉得崂山风景秀丽，灵气非凡。他站在山顶上向下望去，发现圆形山顶好似一八卦太极图，所以给崂顶起名为"太极峰"，寓意太极循环，永生不灭。他在山上观赏了好久，看到山峰雄奇，岩石坚硬，像龙又像虎，俯视整个大海，感慨这山比东岳泰山还坚牢，可以镇江山永固。百姓就依据姜太公这句感慨，给这个山又起名叫"牢山"。

公元前 221 年，秦始皇灭六国，建立了中国第一个封建王朝秦朝。他为了自己打下的江山可以传至万世，举国巡游。秦始皇在前 28 年来到崂山，他平时就沉迷寻丹访药，希望自己能永生不灭，永世为君，所以，巡游的时候，他带了很多的奇人方士。

在崂山上，秦始皇却突然想到了死这个问题：即使是死，在死后也要找一片吸收日月精华的风水宝地。他看到崂山景色宜人，山清水秀，就想在自己死后，把自己安葬在这里，也可以造福子孙。秦始皇命博学多才的方士卢敖跟着自己，巡游了大半个崂山，都没寻到一个合适的地方。最后，来到崂山东南方（即现在的下清宫处）。卢敖看了看四周的山川，他连忙跪下并向秦始皇连连叩头，高兴地说："启禀陛下，此处是一方宝地，您看那里仙气环绕，风水堪称天下第一，正适合帝王休憩。"秦始皇问道："你是依据什么呢？"卢敖回答说："皇上您请看，这处地方，后有七峰靠背，中有黄龙伏潜，左右二龙探海，前有渊海无边。这七峰是桃园峰、望海峰、东华峰、重阳峰、蟠桃峰、西王母峰、老君峰，雄踞于此地之北，还有一条山脉自青山到此地止，形似黄龙掉尾；左右两条山脉伸向海内，好像二龙探海；前面是大海，象征着万岁万世基业无穷无尽。"秦始皇听了这些话高兴极了，说道："甚好，那就定为此处。"

之后，卢敖又给秦始皇指明了墓穴的具体位置，正是现在下清宫的三官殿。秦始皇心情大好，但是已经走了那么多地方，秦始皇已经累了，就在一块石头上坐下休息，他向群臣说："朕觉得很累了，你们也坐下来歇歇吧。"他又问群臣："爱卿们，你们知道此山的名字吗？"有一个大臣回答说："听说此山名为'牢山'，牢固的牢。"秦始皇听了皱了皱眉头，说："牢，也是监牢之牢，寓意不好。"卢敖接话说："万岁，您刚巡游完此山，甚是劳累，万岁龙体康健尚且如此，一般的人就更不用说了。依臣看，不如就叫劳山，万岁意下如何？"秦始皇听了，抚摸着自己的胡须，仔细想了一会儿说："劳山，劳劳不停，直往前行。称为劳山甚好啊。只不过这个'劳'字，并没有突出山的含义。"卢敖又说："这很好解决。陛下只要把'劳'字前加上一个'山'字就是'崂'字，叫'崂山'不是很好吗?"秦始皇一笑,点头说:"好,就叫'崂山'吧。"

从此,人们就把"牢山"改叫成"崂山"了。

三 山脉

崂山按照方位的自然走向,大致可分为四条支脉,分别是巨峰支脉、三标山支脉、石门山支脉和午山支脉。巨峰支脉包括主体巨峰和东面直插入黄海的诸山,巨峰最高,位于山区东部,海拔 1132.7 米。三标山支脉包括石人河以西和白沙河以北的诸山,主峰为三标山,位于山区西北部,海拔 683 米。石门山支脉包括白沙河以南和张村以北的诸山,主峰为石门山,位于山区西部,海拔 570 米。午山支脉包括张村河以南和黄海北岸的诸山,主峰为午山,位于山区西南部,海拔 398.3 米。崂山之余脉,北至即墨市,西抵胶州湾畔,西南延伸到青岛市区。

崂山山脉在燕山造山运动时期发育而成,山海相接,壮丽雄伟。有独特的花岗岩地貌,山体垂直节理,山峰直入云霄,层峦叠嶂,深涧幽谷,壁立千仞;象形石数不胜数,形态各异;山与海相接的地方,岬角、岩礁、滩湾交错分布,形成壮丽的山海景观。

(一) 巨峰支脉

崂山的主体是巨峰支脉,支脉向东北、东、东南、南、西五个方向延伸,形成五个小分支。

东北分支:该分支在晓望河以南,刁龙嘴河以北,系滑溜口北出支脉。此分支正北为槐树洞。东分为楼门峰,在白云洞北,观音岩在白云洞西,大仙山在白云洞东,上苑、狮子峰、峰山在白云洞东北。北出者为香炉峰、二龙山,东分为文笔峰、光光崮、鹰定崮。刁龙嘴河发源于滑溜口,由刁龙嘴南入海。

东分支:该分支在刁龙嘴以南,泉心河以北。其脉由滑溜口分出。泉心河在巨峰东侧,在返岭前流入海。

东南分支:该分支在泉心河以南,流清河以东。从巨峰东南分出,在灵旗峰、金刚崮附近,又在东南、南、西这三个方位分为三小支。东南支为会仙山,东分为万年船、天茶山、日起石,南分为昆仑山,又南为玄武峰、笔架山、聚宝峰、清凉甸,由昆仑山东分为黄山、青山,又南为太清宫后宝珠山，东南蜿蜒十余里为八仙墩，即崂山头，由会仙山分为响云峰、云门峰、跃龙峰。南支为鸿官顶，东分为小平岚、大平岚，西分为沙金窝、将军槽。西支为上马场七十二蹬台。

南分支：该分支在流清河以西，凉水河以东，由巨峰前沿高崖南下，分为两支。北支是风口，又叫风岸岭。南支是砖塔岭，向南转折为南窑半岛。入海口处是莲花矶，矗立于海中的大福岛也是此分支的余脉。

西分支：该分支从主峰巨峰西侧而出，称为小巨峰，海拔约 1000 米，南侧是龙泉崖，北侧是虔女峰，西侧为五指峰，五指并立，像一只手一样伸向天空，向西延伸是麦石屋、茶涧。以茶涧为界，分为南和北两个支脉，南侧支脉为茶涧南支，北侧支脉为茶涧北支。茶涧南支位于凉水河与南九水两河中间，最高峰是狼山（又名席山），海拔 779 米。还有观台峰、万卷书、纱帽峰、元帅崖、大圈子等小山峰。北支东侧发源于流清河南侧。茶涧北支从观崂石屋又分出两脉，南支在南九水河以西，张村河以东与南，也就是午山支脉。此支东起柳树台北涧西侧至峪夼西侧分出三小支，统为石门山支脉。

（二）三标山支脉

三标山也叫作标山，是崂山在西北侧延伸的一大支脉，分为干脊、东北、西南三个分支。三标山地处崂山东北部，不其山以东，劈石口以北，惜福镇街道办事处以东八公里处，是崂山主峰崂顶以北的分支，以山巅为界限，一侧是城阳区惜福镇街道办事处，另一侧是崂山区王哥庄街道办事处，山脊东侧地属崂山区，山脊西侧地属城阳区，与惜福镇棉花村北相距 2 公里。

三标山山脉是崂山山脉的始脉，从即墨市南侧的鹤山，向南延伸进入城阳区，依次是三标山、二标山、人标山，再向南延伸进入崂山主峰境内，在蜿蜒的海平面西侧突兀矗立。三标山主峰挺拔，山体怪石嶙峋，山峰层峦叠嶂，南、北方向山势峭拔，东、西方向坡度较缓，较为低矮，山中天然峡谷较多，山脚下的水场村的东北侧，有天然泉水，汇聚岩石表层裂隙的地下水，是墨水河的源头。在古代，由于三座山峰峻峭秀美，直入云霄，在南中北三个方向并列，从远处看像三个梭标直入云霄，所以称为三标山。

三标山，面积大约有 25 平方公里，植被覆盖面积很广，高达 40%。

由南向北分别为大标山，海拔 660 米；二标山，海拔 650 米；主峰三标山，海拔 683 米，三座尖峰相连，座座险上加险。

明朝嘉靖年间有一名进士蓝田，曾写下一首七律诗《三标山》："三峰海上接云平，洞里丹经不识名。东望仙舟悲汉武，西邻书舍忆康成。崎岖百转泉流绕，苍翠千重夜气生。多病年来忘百虑，独立林壑未忘情。"

干脊分支：从三标山开始，向南侧延伸为肥儿崮、中华崮，东侧路过劈石口，南侧为锥儿崮、大劳崮，转南为土埞岭，又南为柱后高、滑溜口，再南则为巨峰。白沙河北岸，峪河以东，外九水以北，都属于三标山支脉干脊。

东北分支：此支脉北侧为土寨河，南侧至晓望河，从三标山向东北方向，分别是二标山、大标山。由锥儿崮分出之支脉东止于海，其尽处为小蓬莱。

西南分支：自白沙河以北、山色峪河以西，惜福镇河北侧及西侧，分南支和北支。北支是石城山，余脉向西北延伸，进入即墨市南。南支为红石壁、王乔崮，南为老君山、黄石山，东侧是瓦屋山，西为凤凰峰、慧虎山、黄连涧，又西转为神堂口，南与石门北支之张浦山对立。

（三）石门山支脉

石门山支脉被巨峰西支的茶涧分为南支和北支。茶涧北支，向北延伸至观崂石屋，分为南支和北支。南支在南九河西侧、张村河东侧和南侧，也就是午山支脉；北支东侧以北九水为起始，向西到柳树台北流水，至峪夼大约十公里，其中钜山是最高山峰，海拔在 600 米以上的有芙蓉峰、花花浪子诸峰。并且以峪夼为界限，往西分成南支、中支和北支，统称为石门山支脉。

南分支脉：该分支脉是张村河西侧和北侧、李村河东侧和南侧之间的一些山峰。有青台山、五里岗、大水源等岗埠，无甚高山。

中分支脉：该分支脉是在李村河东侧、白沙河南侧的一些山峰，有卧狼齿、老虎山、丹山，西尽于沧口之烟墩山及西北方向的女姑口。

北分支脉：该分支脉西侧为赵哥庄河，东至五龙河，北侧为白沙河，有珑山、石门山、华楼山、华阴山、华岩山，至福泰庵止。石门北侧有莲台山、鹁鸽峪、张浦山及夏庄、马家台一带的山峰。

（四）午山支脉

午山支脉地处崂山区西南部。从观崂石屋往南再西下，有磨石屋、松山、小崂顶、烟台顶，南九水河以西和张村河东南，有鲁度山、莲花山、平顶山等，向西延伸有午山、石老人，又西断而复起为浮山，向北延伸有错埠岭、大山、孤山、四方岭，西南方是湛山、太平山、信号山，最远处是团岛。

四 河流

崂山山区一共有23条主要河流，以山区中部为中心，向四周放射状扩展。其中，汇入胶州湾西向河流有8条：白沙河、五龙河、石门河、惜福镇河、小水河、李村河、张村河、王埠河；汇入黄海的东向河流有8条：土寨河、石人河、王哥庄西山河、王哥庄河、晓望河、刁龙嘴河、泉心河、石头河；汇入黄海的南向河流有6条：南九水河、西登瀛河、小河东河、凉水河、流清河、八水河；流入即墨市的北向河流只有葛家河1条。这些河流的普遍特点是短小、湍急，是季节性河，而且直接流入大海。

（一）白沙河

白沙河是崂山山区最长河流，源头是崂山巨峰之阴的天乙泉。河流从南北折向东西方位，沿途经过北宅镇的北九水、卧龙、孙家、大崂、乌衣巷、凉泉等村，夏庄镇的夏庄、营里、黄埠等村，流亭镇的洼里、流亭、赵村、港东、西后楼等村，最后汇入胶州湾。全长30公里，河床宽度上游为50—100米，中游为200米，下游为300米左右，流域面积215平方公里。白沙河上游常年有水，中游和下游冬季和春季干涸，结冰期大约为60天。1958年，在夏庄村东侧的张浦山和北岸的小风口山中间筑坝腰截白沙河，建成崂山水库，蓄水量达5601万立方米，供青岛市区用水，1967年又在此河发源地以下6公里处的河床上建三水水库。

在崂山山区内流入白沙河的河流有五龙河、石门河、峪河、傅家埠河、惜福镇河及小水河。白沙河从巨峰发源地至潮音瀑河段称凉清河。从潮音瀑往下至我乐村的菊湾为内、外九水，亦称白沙涧。白沙河名称来历有两种说法：第一种说法是此河床沙粒是花岗岩风化而成，有石英石，色白，所以称为白沙河；第二种说法是以该河下游流亭附近的白沙村命名。

（二）石门河

石门河位于北宅科村西 2.2 公里，属于季节性河流。发源于石门山，流向东北，流经七口峪村西侧和五龙涧东侧，与五龙河相遇，汇入崂山水库。流程 3 公里，河床平均宽度为 10 米，流域面积 4 平方公里，河流上游的七口峪村西南建有石门水库，水质甘洌。因该河发源于石门山，故名石门河。

（三）五龙河

五龙河地处北宅科村南，由青峰顶沿西北方向流经上、下葛场和周哥庄至五龙涧村东，与石门河相汇，流入崂山水库。流程 6 里，河床平均宽约 25 米，流域面积 9.5 平方公里，系季节性河流。因为此河下游汇入五龙涧水，故名五龙河。

（四）惜福镇河

惜福镇河位于惜福镇村南 0.1 公里。发源于上套、黑涧以南诸山之间，西南流向，经抱虎山、前金沟水库、惜福镇，西流至纸房村东，在夏庄镇刘家营村西注入白沙河。流程约 11 公里，流域面积约 35 平方公里，系季节性河流。该河原名聚仙河，1982 年地名普查时，因其流经惜福镇，遂更名为惜福镇河。

（五）小水河

小水河位于夏庄村西南 3 公里。发源于石门山之阴，西北流向，经南圈、源头、丹山、小水、赵哥庄等村汇入白沙河。流程约 9 公里，河床宽约 20 米，流域面积约 25 平方公里。在上游支流建有云头崮水库，下游建有赵哥庄水库，系季节性河流。中游两岸各村原统称小水，故名小水河。

（六）李村河

李村河发源于石门山南坡诸涧，东西流向，流经毕家上流、李家上流，至姜家下河转弯西下，经王家下河纳臧河南流之水，又经郑庄、东李村，再纳枣儿山北流之水，经李村至阎家山与张村河汇流，至胜利桥又纳王埠河之水，注入胶州湾。李村河全长17公里，流域总面积52.3平方公里，是市区主要的防洪排涝河道，村河流域覆盖了青岛市北部的居民区和工业区。

（七）张村河

张村河源头有二：一支源于北宅镇峪夼村东北蛤蟆石和东南的莲花山诸涧之水；另一支源于鸿园村北之雾露顶和茶花顶诸山涧之水。上述两支涧水在北宅镇的鸿园以北汇流，东西流向，经北龙口、南龙口入中韩镇，经牟家、枯桃、张村，汇大水源山和老鸹岭南流之水及午山北流之水，由东向西，再与枣儿山南流之水和浮山北流之水汇合，经西韩入李沧区河东村，向西北至阎家山汇入李村河，至胜利桥纳王埠河之水后流入胶州湾。该河上游为山岭地带，下游为冲积平原，干流全长19公里，河床宽约60米，流域面积约69平方公里，除汛期外，冬春季基本无水，系季节性河。因该河中游流经张村，故名张村河。

（八）王埠河

王埠河发源于卧狼齿山西坡，东西流向，流经上王埠、下王埠、东大村至胜利桥汇入李村河，注入胶州湾。流程9公里，河床宽30米，流域面积10平方公里。因该河的上游流经上、下王埠，故名王埠河。

（九）土寨河

土寨河位于王哥庄村北5.5公里。发源于三标山东北涧和烟台顶南坡，西南至东北流向。该河向东北入即墨市境，东流折而南，至秦家土寨重入崂山区境内，经王家土寨在小蓬莱处汇合石人河，东流入黄海，全长6公里，流域面积约15平方公里。土寨河河床含沙量多，又名沙河，水质好，系季节性河。因该河下游流经土寨村前，故名土寨河。

（十）石人河

石人河位于王哥庄西北3公里。发源地有二：一是马鞍石、石屋涧的东侧诸山涧；一是劈石口、大五岔附近诸山涧。两水于解家河村东汇流，西南至东北流向，经囤山前、何家，至浦里东北流入黄海。流程 9 公里，流域面积 24.8 平方公里。石人河是季节性河，水质好，沿河建有 3 座塘坝。因该河发源地有一形状似人的巨石，故名石人河。

（十一）　王哥庄西山河

王哥庄西山河发源于大台崮北，东北流向，注入黄海。流程 4.8 公里，流域面积 5.5 平方公里，系季节性河，水质好。因该河流经王哥庄西山，故名王哥庄西山河。

（十二）　王哥庄河

王哥庄河位于王哥庄村南。发源地有二：一是口子前东坡；一是锥子崮东坡。两水于姜家村汇流，呈东西流向，经王哥庄注入黄海。流程 7 公里，流域面积 8.9 平方公里。王哥庄河是季节性河，水质好，沿河建有 5 座小塘坝。因该河主段流经王哥庄，故名王哥庄河。

（十三）　晓望河

晓望河位于王哥庄村东南 2 公里。发源于三人崮子西侧，东西流向，经南窑、晓望至港西村东流入黄海，流程 8 公里，流域面积 10.9 平方公里。晓望河为季节性河流，水质好，沿河建有塘子观塘坝 1 座。因该河主段流经晓望村，故名晓望河。

（十四）　刁龙嘴河

刁龙嘴河发源于滑溜口东，东西流向，注入黄海，流程 4.8 公里，流域面积 5.3 平方公里。刁龙嘴河为季节性河流，水质甘洌。因该河流经刁龙嘴入海，故名刁龙嘴河。

（十五）　泉心河

泉心河又名旋心河，位于王哥庄村南 8.5 公里。发源于巨峰的东麓和棋盘石山南、北坡，东流注入黄海，流程 5.4 公里，流域面积 12.5 平方公里。泉心河是季节性河流，水质甘洌，在河的中下游建有泉心河水库。因该河由三股泉水汇成一个中心水流，故名泉心河。

（十六）石头河

石头河位于王哥庄村东南10公里。发源于高石屋南山坡，西南至东北流向，经北长岭、下长岭，东流入黄海，流程3.8公里，流域面积3平方公里。石头河是季节性河流，水质清甜。因该河河床及两岸多花岗岩卵石，故名石头河。

（十七）南九水河

南九水河位于沙子口镇境域西部，原名汉河，俗称旱河、猪窝河。发源于柳树台寨上村青峰顶之阳，东西折而北南流向，经竹窝村、大石村、东西九水、汉河诸村，至松山后村东转西北东南流向，在沙子口村东，南流入黄海，流程14.5公里，流域面积36平方公里。南九水河为季节性河，水质甘冽，沿河风光明媚，为游览胜地。该河由许多涧水汇流而回转九次，位置又遥对北九水，故在1980年地名普查时定名为南九水河。

（十八）西登瀛河

西登瀛河发源于阴凉崮，东南流向，至西崖坡海口南流入黄海，流程4.4公里，流域面积5.7平方公里。西登瀛河为季节性河流，水质甘冽。因该河流经西登瀛村，故名西登瀛河。

（十九）小河东河

小河东河发源于团崮顶，东南流向，至近海处汇入凉水河，南流入黄海，流程5.4公里，流域面积6.7平方公里。小河东河为季节性河，水质甘冽。因该河流经小河东村，故名小河东河。

（二十）凉水河

凉水河位于沙子口镇境域东南部。发源于巨峰西侧，上游名为石门涧，东西流向，长约1.5公里，下转西南流向，名为石屋涧，长约2公里，至大庵子处转北南流向，长约7.5公里。原河在前登瀛村前流入登瀛湾，1961年改河道在松顶和南庵子中间流入流清河湾。该河河道大都在深山陡涧之中，流程11公里，流域面积18平方公里。凉水河系季节性河，水质清甜。因河水清凉，故名凉水河。

(二十一) 流清河

流清河位于沙子口镇境域东部。发源于巨峰南坡,上游为黑冲涧和公司涧两支水流,中游为夹连河,北南流向。流程5.8公里,流域面积10.88平方公里。流清河为长流河,水质清甜,中游名夹连河,并在将军槽西侧建流清河水库,下游称流清河,流程5.8公里。因该河流水清澈,故名流清河。

(二十二) 八水河

八水河发源于上清宫后的天门后、洞西岐和上清宫东山,3支南流之水至龙潭瀑汇流跌而南下,经八水河村东侧流入黄海。北南流向,流程4.5公里,流域面积8.6平方公里。八水河是季节性河流,水质清甜。因该河汇流8条涧水,故名八水河。

(二十三) 葛家河

葛家河位于惜福镇村东5公里。发源于三标山北坡,东西折而南北流向。流程8.2公里,流域面积16平方公里。葛家河是崂山山区唯一的北流河,也是即墨市墨水河的源头之一,上段为长流河,中部建书院水库,溢洪后北流入即墨市的墨水河,水质清甜。因该河流经东、西葛家村之间,故得名葛家河。

五 港湾

(一) 石老人湾

海断崖南侧,距岸百米处有一座17米高的石柱,形如老人坐在碧波之中,人称"石老人"。"老人"以手托腮,注目凝神,每天晨迎旭日,暮送晚霞,伴着潮起潮落,历尽沧桑。这个由大自然鬼斧神工雕琢的艺术杰作,已成为石老人国家旅游度假区的重要标志,也是青岛著名的观光景点。石老人是我国基岩海岸典型的海蚀柱景观。千百万年的风浪侵蚀和冲击,使午山脚下的基岩海岸不断崩塌后退,并研磨成细沙沉积在平缓的大江口海湾,唯独石老人这块坚固的石柱残留下来,乃成今日之形状。从西北方向望去，这块海中奇石极像一位老人，惟妙惟肖，有关这块奇石的一个个美丽动人的传说也吸引了许多游人来此观赏。

相传，石老人原是居住在崂山脚下的一个勤劳善良的渔民，与聪明美丽的女儿相依为命。不料一天女儿被龙太子抢进龙宫，可怜的老公公日夜在海边呼唤，望眼欲穿，不顾海水没膝，直盼得两鬓全白，腰弓背驼，仍执着地守候在海边。后来趁老人坐在水中托腮凝神之际，龙王施展魔法，使老人身体渐渐僵化成石。姑娘得知后，痛不欲生，拼死冲出龙宫，向已变作石头的父亲奔去。她头上插戴的鲜花被海风吹落到岛上，扎根生长，从而使长门岩、大管岛长满野生耐冬花。当姑娘走近崂山时，龙王又施魔法，把姑娘化作一巨礁，孤零零地定在海上。从此父女俩只能隔海相望，永难相聚，后来人们把这块巨礁称为"女儿礁"。

人间自有真情在，石老人一家父慈女孝之情无不引起游人的同情与感叹。人世沧桑，世事全非，如今已不再有为非作歹的海龙王，昔日的荒滩也已变成举世闻名的海上乐园，石老人若心有灵犀，也该舒展愁眉，重新面对美好的未来。

南海港湾还有：登窑湾，位于登窑村村南，向外出产的产品大都是柴石。太清宫港湾，被两山环抱，在两山之间形成港湾。沙子口湾，被栲栳岛和小风台环抱，长1.7公里，宽1.7公里，面积2.89平方公里；西港水深约2—5米，为沙与细沙底；东港水深约9—10米，为泥底；主要水产品为鱼、螺、海参、鲍鱼、海带。

（二）鳌山卫湾

位于即墨市境东部，起自鳌山头，绕鳌山卫、温泉、王村、田横四处乡镇沿岸，至女岛，形成长约15公里的湾口，面积约164平方公里，水深2—10米。以鳌山半岛环抱而得名。系崂山湾的北部，亦称崂山湾或称北湾。湾内有大桥、黄埠两处海滩，建有大桥盐场，有盐田660公顷。环湾岸边滩涂建有养虾池786公顷，已改为养参池333.3公顷，基岩滩岸边建石头水泥池养海参、鲍鱼2公顷。滩涂贝类有杂色蛤、沙蛤、四角蛤、螺等，是洄游性鱼、虾、蟹产卵及索饵场所。有赶嘴、张公岛、北礁等9座岛礁，除鳌山头、女岛及黄埠等地为岩岸外，余为泥岸或沙岸。鳌山头北部的七沟村建有渔船码头。

东海港湾还有：青山湾，在青山村东，碧波旅岫中，时而看到渔船帆船点点，像是身在画中。黄山湾，在青山湾的北侧。雕龙矶湾，在华严寺的东侧，渔船可以在此停泊，山东的林木，也多是从这里输出。仰口湾，在萧旺村东面，海湾宽阔，沙较浅，较大的船只不能进入，长约 2.2 公里，这里金灿灿的沙滩平坦细软，坡度平缓。有人赞曰："青岛崂山仰口湾，碧浪轻拍金沙滩。海底美玉绿如墨，白帆点点海云间。"远处的海岛分别叫"大管岛""小管岛"和"兔子岛"。文武湾，在王哥庄的东面，是跑车河的入海处。

六　岛屿

（一）徐福岛

鲍鱼岛西的岛屿是徐福岛，又称"大福岛"，与之相邻的称"小福岛"。传说徐福率领的大队人马就是在大福岛上祭天祭海后登船起航的。徐福，齐国人，是一位方士，道家称其为"神仙"。关于徐福为秦始皇寻求长生不老药的故事，《史记》和有关史料有不少记载，大体情节是：徐福上书秦始皇，说海上有三座仙山，称"蓬莱、方丈、瀛洲"，仙山上有仙人和长生不老药。秦始皇便派他带领数以千计的童男、童女和工匠东渡寻找。但是，史书对徐福具体出海起航的地点没有明确记载，所以后人做过不少考证，其中有胶南琅琊台和徐山、胶东龙口和江苏赣榆等不同的说法。从当时的交通条件和地理环境来分析，徐福从著名的琅琊港入海，沿海岸向东到达徐福岛，在这里告别大陆东去的说法比较可信。

清诗的描写：清费锡琮《登北固山》诗："潮来徐福岛，山出寄奴泉。"清陈玉齐《秦皇》诗："入海云迷徐福岛，封山雨湿李斯书。"

《史记》的记载：徐福的事迹，最早见于《史记》的《秦始皇本纪》和《淮南衡山列传》（在《秦始皇本纪》中称"徐市"，在《淮南衡山列传》中称"徐福"）。据《史记·秦始皇本纪》记载，秦始皇希望长生不老。秦始皇二十八年（前 219 年），徐福上书说海中有蓬莱、方丈、瀛洲三座仙山，有神仙居住。于是秦始皇派徐福率领童男童女数千人，以及已经预备的三年粮食、衣履、药品和耕具，入海求仙，耗资巨大。但徐福率众出海数年，并未找到仙山。秦始皇三十七年（前 210 年），秦始皇东巡至琅琊，徐福推托说出海后碰到巨大的鲛鱼阻碍，无法远航，要求增派射手对付鲛鱼。秦始皇应允，派遣射手射杀了一头大鱼。后徐福再度率众出海。

《史记》中记录徐福东渡之事内容比较多的是《淮南衡山列传》，其中包括徐福从东南到蓬莱、与海神的对话以及海神索要童男童女作为礼物等事，一般认为这是徐福为应对秦始皇而编造的，另还记载了徐福再度出海，携带了谷种，并有百工随行。这次出海后，徐福来到"平原广泽"（可能是日本九州岛），此地气候温暖，风光明媚，人民友善，便停下来自立为王，教当地人农耕、捕鱼、捕鲸和沥纸的方法，不回来了。《淮南衡山列传》与《秦始皇本纪》稍有不同，称徐福一开始没有带数千童男童女出海，而是寻访仙家多年未果的情况下，再度出海时才带了数千童男童女。关于徐福所要寻访的蓬莱、方丈、瀛洲三座仙山，《史记·封禅书》只是说在渤海中，并不能确定具体位置。而平原广泽在何处，更是不能考证。

《三国志》的记载：《三国志·吴书·吴主权传》提及徐福东渡。《三国志》载，徐福到达亶洲（一作澶洲）并滞留不归。在《三国志》的记载中，亶洲与夷洲同在中国外海的东南方向，且相距不远。有人认为夷洲就是台湾，亶洲就是日本，与倭国是一个地方的两个名字。《三国志·魏书·倭人传》记载倭国，"计其道里，当在会稽、东冶之东"，说明那时候中国人认为倭国在中国外海的东南方向。《后汉书》也有同样的记录。

《义楚六帖》的记载：五代后周的济州开元寺僧人义楚在《义楚六帖》（又称《释氏六帖》）的卷二十一"国城州市部"的"城廓·日本"中，首次明确提到徐福最终到达的是日本（也叫倭国），今日的秦氏（日本古代渡来豪族）为其后代，仍自称秦人。并说徐福到达后，将富士山称为蓬莱。此为目前所知最早明确指出徐福滞留不归之地是日本的中国文献。不过有观点认为，义楚的记载很可能和日本的传说有关。因为义楚有一个日本醍醐天皇时代的僧人好友叫宽辅（法号弘顺大师，927 年到达中国），义楚没有到过日本，关于富士山的记载很显然来自他的日本好友的说法。

《日本刀歌》的记载：宋代欧阳修的《日本刀歌》明确指明徐福所滞留的地方就是日本，并且认为徐福东渡时携带了大量的典籍，才使在中国遭秦始皇焚书坑儒的典籍在日本得以保留。但是这种说法的真实性难以考证。1339 年日本南朝大臣北畠亲房所著《神皇正统记》将此事作为信史记录，称"孔子全经唯存日本矣"。

《正统记》的记录：日本最早出现的徐福东渡到日本的记录是 1339
年日本南朝大臣北畠亲房所著的《神皇正统记》。而成书于 8 世纪的日本
典籍《古事记》和《日本书纪》只提到了秦朝人移民到日本的情况，没
有徐福东渡的记载。有观点认为这是因为中国 8 世纪时尚未明确提出徐福
东渡所到之地就是日本。

日本人认为徐福在日本的纪州熊野的新宫（今和歌山县新宫市）登
陆，目前当地还有徐福墓和徐福神社，每年 11 月 28 日是祭祀徐福的日
子。在日本徐福的传说中，日本人认为徐福带来了童男童女、百工、谷
种、农具、药物及生产技术和医术，对日本发展起了重要作用，因此尊徐
福为"司农耕神"和"司药神"。

民间传说：传说秦始皇灭了六国以后，妄想从他开始，世世代代当皇
帝，便自称始皇帝。可是，说归说，道归道，他最担心的是自己从小得上
的肺痨病，一直气短阴虚，体弱多病，唯恐当不了几天皇帝，就会两眼一
瞪下黄泉。

秦始皇的这桩心事，他干爹吕不韦知道后，给他出了个点子。第二天
上朝，秦始皇当着满朝文武下道圣旨：上从功臣大将，下至黎民百姓，人
人都要为他寻找长生不老药。找来的，有重赏；找不来的，判重罪！没出
几个月，好几个太医、重臣和方士、百姓因献方无效杀头示众了。

皇宫里有个名叫徐福的小官，见秦始皇这样胡作非为，深感不安，心
想：皇上这样闹腾下去，必定天下大乱。

徐福白日里吃饭饭不香，黑夜里睡觉觉不稳，决心要想个万全之计。

这一天，趁着宫中百官上朝拜见皇帝的当口，徐福冒着杀头的风险，
几步闯进宫殿，对秦始皇奏道："皇爷在上，下官徐福，听说东洋大海里
有个瀛洲仙岛，岛上遍地长满仙草。小官斗胆请命，愿领三千童男、三千
童女、三年粮草，漂洋过海，为皇上取那长生不老药！"

秦始皇听后，立时眉开眼笑起来，当场准了徐福的口奏，又降下一道
圣旨：选拔相貌出众的童男童女，调集手艺拔尖的能工巧匠，赶做能出远
洋的木船，听徐福调遣；拨出了金银粮草，供徐福使用；取来长生不老
药之后，另有重赏！

满朝文武，听了徐福的奏本和秦始皇的圣旨，个个像是从身上卸下了
千斤重担，人人都长长地舒了口气。不过，也有不少人偷偷为徐福捏一把

汗，摸不透他的葫芦里到底装着什么药。

皇上一声令，天下都惊动。半个来月，150多条三篷十橹大船、6000个俊秀的童男童女和大批的粮草都备齐了。徐福带着这些童男女日夜兼程，赶到琅琊郡崂山南头靠海的两个小岛安营扎寨，童男操习水性，童女学做女红。

两个月后，那3000童男个个能熟练地使帆摇橹，3000童女人人会做饭缝衣。徐福选择了一个黄道吉日，报奏了采药船队出海启程的日期。秦始皇立刻乘上龙辇，带领朝中文武百官和十万御林禁军，不远千里从京城咸阳赶到崂山，选了个近海的向阳高坡，安下行宫，要为徐福送行。

临行的日子到了，这天万里晴空，阳光普照，茫茫碧海，风平浪静。徐福在头船上一声令下，150条大船彩篷齐升，条条船上鼓乐齐鸣。长长的船队载着6000童男童女，满载着皇粮皇草，扬帆起锚，乘风破浪，向东海出发了！

丞相李斯这时正站在秦始皇的身边，命令左右拿来笔墨，在秦始皇身后的大石壁上，挥笔写下了"波海参天"四个大字。落款处写着：始皇帝二十八年游于此山。

为了迎接徐福取药归来，秦始皇在崂山西边海上的琅琊礁旁，平地取土，垒起了一座小山般高大的土台子，土台顶上，建了座雄伟的行宫。年年春夏，他都要借口巡视全国，到崂山、琅琊台来远远眺望东洋大海，巴望能在这里迎到徐福采药回来。但是，年年都是乘兴而来，败兴而去。最后一次，秦始皇巡视天下又来到这里，一直望了五天五宿，仍然不见海中有回来的船队，只好离开行宫，乘车回朝。回京的路上，他心绪烦闷，加上天热，喘病又犯，一口痰堵住了嗓子眼喘不过气来，就憋死在龙辇上了，死时才49岁。

（二）田横岛

在青岛市即墨东部海域的横门湾中，坐落着一座历史悠久、文化内涵丰富的美丽小岛，名曰田横。田横岛与闻名遐迩的崂山隔海相望，虽不似崂山那般久负盛名，却用它的深沉与倔强装点着黄海之滨，像散落在这片海域上的一颗耀眼的明珠。这是一座面积为1.46平方公里、海岸线长8公里的小型岛屿，东西狭长，地理位置优越，气候宜人，风光旖旎，海产资源亦十分丰富。岛上南北两岸各具风格，岬湾相间的南岸适合垂钓，湾深港静的北岸则是游泳、帆船等海上运动项目的绝佳场地。

田横岛得名于两千多年前齐国的一位著名义士——田横。关于田横及五百将士的那段可歌可泣的历史故事在司马迁的笔下显得尤其悲壮动人，也让因此而得名的田横岛与颇具忠义精神的齐文化结下了不解之缘。在两千多年后的今天，当我们用现代的眼光回望这段历史故事的时候，仍然有感于其中的忠义和英雄血泪，忍不住高唱赞歌。

司马迁在《史记·田儋列传》中评价田横为至贤之人，赞其高义。透过他的描述，我们也能完整地感受到田横及五百将士的大勇大义。秦王朝覆灭之后，各地英雄豪杰与贤能之士并起，搅弄风云者不可胜数，田横就是其中之一。他原本是齐国贵族，值秦末起义之际，与其兄田儋、田荣举事反秦，在齐地成就了一番事业。几经波折后，田儋与田荣皆卒，只余田横一人，他顺势收募齐国散落的几万人马，又收复大小城邑，并拥立田荣之子田广为齐王，自己担任宰相，名为辅佐，实则掌管大小政事。后刘邦有意招降，派著名说客郦食其前去游说，田横等人本已答应，并着手准备讲和事宜，不料汉将韩信在平定赵、燕之后，听从谋士蒯通的建议，不顾汉、齐正在议和，突然挥师攻打齐国，田横等人顿觉被郦食其所欺，立刻将郦食其烹杀。但终究难敌汉军，最终齐王被俘，齐国诸将大多被杀，田横在与汉将灌婴交战失利后逃到梁地，投于彭越麾下。

刘邦称帝后，封彭越为梁王，田横遂带领部下五百余人逃到海中，居住在一个小岛之上，这个岛就是今天的田横岛。刘邦认为田横既能平定齐国，又得众多贤士依附，必有过人之处，如果任由其流落海中，日后恐生祸患，便又派人去招降，田横以难与郦食其之弟郦商共事为由辞谢，刘邦于是又下诏命要求郦商善待田横，再派使者带着符节向田横说明自己下诏指示郦商的情况，并对田横进行威逼利诱。田横无奈，只得带着两个门客奔赴洛阳。

在距离洛阳三十里的一个叫尸乡的地方，田横向跟随他的两个门客说了求死的想法，话里行间，显示着田横的见地、胆识和气节：我起初与刘邦平起平坐，同为南面称孤的王，如今兵败丧国，要北面称臣侍奉刘邦，对我来说是莫大的耻辱，又因我曾烹杀郦商的兄长，郦商纵然惧于皇命不敢对我动武，我自己却于心有愧，而皇帝之所以要费力召我来京，不过是想一睹我的容貌，现在皇帝就在洛阳，你们带着我割下的头颅快马飞奔三十里，他还能看到我的容貌，了却心愿。说完之后，田横即自刎，两位门客捧着他的头颅随汉使入朝奏知刘邦。刘邦有感于田横的义行，拜他的两个门客为都尉，另派两千士卒以诸侯王的丧礼规格安葬了田横。在田横下葬之后，两个门客也自刎而死。刘邦震惊于其门客的贤德，听闻还有五百人在海岛上，遂派使者前往海岛召他们进京。这五百人进京之后知晓田横已死，也都殉田横自杀了。

上述故事主要依据司马迁《史记》的记载，民间还流传着其他的版本，在情节上或有出入，但都表现出了田横和五百义士的忠烈。沧海桑田，世事变幻，田横及他的部下早已化作飞烟融进历史的风尘中，但他们的浩然正气却与岛上的田横雕像和五百义士墓融为一体，千百年来，和着山峦星月、风物烟尘，吟唱着"士为知己者死"的赞歌。古往今来，有很多文人墨客不吝才气，用自己的方式为这座灵气四溢的小岛增光添彩，让很多游人慕名而来。当人们来到没有墓碑和祭文的五百义士墓前，徜徉于田横碑亭内，读着以彩绘形式记录的这段悲怆的历史故事，仍然能够感受到两千多年前义士们殉节的那份悲壮。除了田横及五百义士之外，岛上还流传着海神娘娘的传说，基于海神信仰的祭祀展现出了田横岛异于内陆的独特民俗，寄托着岛民们对安定祥和生活的美好期许。

近年来，田横岛因三联集团创业者们的开拓而焕发出新的生气，但也始终保留着历史积淀下的那份厚重与沧桑。现代文明与古朴风情的相互碰撞，自然景观与人文景观的相互映衬，鬼斧神工与人力雕琢的相互配合，无不让这片古老的土地迸发出全新的生命力。

今天，当我们暂时搁置尘世的喧嚣与纷扰，带着一颗平和安定的心踏上田横岛，沐浴在岛上的清风花香中，聆听着鸟语莺歌、潺潺水声，享用着大自然孕育的鲍鱼、扇贝、海带等天然海产品，让被现代文明灼伤的双眼和心灵在苍松翠柏和簇簇山花中得到疗愈，或许也会像陶渊明笔下的武陵人一样心生惊喜，豁然开朗。不同的是，这个宛如仙境一般的地方不会像桃花源一样离开后即无处寻觅，它就静静地屹立在那里，等待着你的探索、你的驻足、你的流连。

（三）其他岛屿

古迹岛：从田横岛南行 26 公里达长门岩，这个面积仅有 0.25 平方公里的小岛，就是蒲松龄所谓的"古迹岛"，上"有五色耐冬花，四时不凋"。特别当飞雪迎春之际，遍岛耐冬，花开如火，蔚为奇观。

赤岛：位于崂山区东南部黄海海域。在中韩街道办事处王家麦岛村南2公里，岛屿总面积为0.0165平方公里（24.75亩），距离大陆最近点为0.44海里，临近极地海洋世界项目、青岛雕塑园。据专家调查，海岛不仅景色优美，岛上还常年栖息着100多种珍稀鸟类，是各种候鸟的"驿站"，另外岛上还生长着几十种植物。赤岛定位于海岛旅游休闲，临近石老人旅游观光区。

鲍鱼岛：这个小半岛因盛产鲍鱼而得名。岛上草木茂盛，背面岩体因受海水侵蚀，还形成了"小一线天""小八仙墩"等袖珍景观。离鲍鱼岛不远的那个小岛，因当地艄公以它为进出流清湾的标志，称"老公岛"。岛上无人居住，附近海域盛产鲍鱼、海虾等海产品。

车轮岛：在华严寺东，因形状是圆形，所以称为车轮岛。

狮子岛：盘踞如狻猊状，位于即墨市和崂山区之间的海面上，属大管岛群岛的一部分，沿岸峭壁陡立，礁石环绕，北、南、西三侧多暗礁。周围水域有鲍鱼、海参分布。

大管岛：位于鳌山头东南、崂山湾中，面积0.58平方公里，最高点海拔100米。海岸线长4.45公里。大管岛生态环境和植被仍然维持着原始自然的状态。春秋季节多种候鸟在此栖息。岛的西、北两面有浅海沙滩，东、南两面多悬崖峭岩，为玲珑剔透的海蚀石。在岛东侧悬崖之上，生长着47棵树龄数百年的耐冬树，是岛上一大景观。

小管岛：位于鳌山头东南，小岛湾与崂山湾之间，距陆地最近约3公里，离鳌山港4公里，面积约0.29平方公里。"管"是竹的别称，此岛自古以来野竹丛生，因名管岛，为区别于大管岛，乃称小管岛。在西北面的码头登岛，可见岛上处处竹影婆娑，岩礁怪奇。独特的地理和气候条件，形成了小管岛良好的植被，除少量耕地外，其余全被花草树木覆盖，故有"天然植物园"之誉。岛上有喜鹊、猫头鹰、斑鸠、山草鸡等数十种鸟类，春秋时节，更有珍禽白鹤在此栖息。

七　气候

崂山的气候是暖温带大陆性季风气候，四季变化和季风进退都较明显，具有雨水丰富、年温适中、冬无严寒、夏无酷暑、气候温和的特点。由于濒临黄海，受海洋的调节作用，又表现出春冷、夏凉、秋暖、冬温、昼夜温差小、无霜期长和湿度大等海洋性气候特点。崂山因受海洋影响，加之地形复杂，东部山区降水较多，空气湿润，小气候区明显，太清宫附近被誉为"小江南"，巨峰北则名为"小关东"，中部低山和丘陵区降水适中，形成半湿润温和区。

第二章　崂山形胜

崂山素有海上第一仙山的美誉，崂山上的峰、岩、岭、石、台、山涧和瀑布等数不胜数，风景奇丽，生活在这里的祖先们也为这些风景编织了美丽动人的传说。崂山上这些景观活灵活现地印刻在一代又一代人的心中，不断地吸引着人们游览的脚步和观赏的目光。

一　山

（一）崂山

崂山东部高悬崖傍海，西部缓丘陵起伏，山区面积446平方公里。山脉以崂顶为中心，向四方延伸，尤以西北、西南两个方向延伸较长，形成了巨峰、三标山、石门山和午山四条支脉，崂山的余脉沿东海岸向北至即墨市的东部，西抵胶州湾畔，西南方向的余脉则延伸到青岛市区，形成了市区的十余个山头和跌宕起伏的丘陵地形。

关于崂山之名的来历，流传最广的传说是鳌山说，传说东海滩边本来茫茫一片，没有土，也没有山，只有海。这里的人靠海为生，生活富裕并且幸福。可是有一天来了一只有十万年道行的大鳌鱼，大鳌鱼仗着自己身大力强，不仅欺负水族，而且给当地人民也带来了灾难，毁坏房屋，掀翻渔船，庄稼被大水淹没，使当地居民吃足了苦头。在王家疃村有一对艺高胆大的兄妹大智大勇。他们不断寻找制服大鳌鱼的方法，终于他们见到了一位白须白发的老人，老人给他们出了主意。经过兄妹两个的不懈努力，终于具备了可以和大鳌鱼对抗的条件。在48位乡亲齐心协力的努力下，终于把大鳌鱼给制服了。大鳌鱼被拉到浅水区，头朝南，尾朝北。不知道经过了多少年的沧桑岁月，大鳌鱼的骨头变成了东西宽达30余里的一座山脉，故名曰"鳌山"，后因攀登十分吃力就改名"劳山"，又相继添加

"山"字旁而成为今天的"崂山"。据说大鳌鱼的八块牙齿就是今天的"八仙墩"。尾巴就是今天的"鳌山卫"。大智和大勇兄妹分别化成了"巨峰"和"美人峰"。

（二）浮山

浮山，原名浮峰山，是崂山山脉最西南端的一座山峰，位于青岛市市南区与崂山区的结合部。登上浮山向南望，海中诸岛屿如星罗棋布一般；往西视野更加开阔，可鸟瞰青岛整个市区的风光；往东看，石老人隐约可见；往北看，青岛科技园近在眼前。该山九峰蜿蜒，呈东北至西南走向，长约4公里，宽约2公里，面积约7.5平方公里，风光秀丽。主峰浮山，海拔368米，三座山峰峭立其上，排列如屏，山顶有一块巨形石头，因其形状酷似海螺，故有"田螺石"之称。每当快要下雨时，山间雾气缭绕，宛如仙境，各个山峰在雾气中漂浮一般，因名浮峰山，后简称浮山。谚语云："浮山戴帽，下雨一瓢。"清代莱阳文人孙笃先有《浮山观海》诗："茫茫烟水接天秋，影见扶桑天际流。满目惊涛风正怒，千层雪浪认渔舟。"浮山的植被覆盖率比较高，约为33%，多植黑松、刺槐，野生中药材有柴胡、细辛、地榆、车前、桔梗等。而且山体为花岗岩，石质优良，全国闻名，首都天安门广场的人民英雄纪念碑和南极长城站的建站纪念碑，都从此山取材。

浮山之阳有朝阳庵，史料记载建于明代，为明代进士即墨人黄作孚隐居读书的地方，民国初年改名为全圣观，现在已经倾圯失去原貌。左处有朝阳洞，高约2米，宽深分约2、3米，曾经有道人隐居在这个地方。右边有荒草庵，新中国成立后这里改建为青岛社会福利院，原庵中的数株银杏存活至今。在浮山南麓，建有康有为墓。康有为墓东侧还有近代考古学家王献唐的墓地。

（三）石门山

石门山在五龙山的西北部，山顶上有几座山峰峙立，形状像门，因而得名。山的前麓有一座石门庵，附近有皇姑坟、千华顶、仙人桥等诸多景观。山高约500米，登上山后，放眼左右前后，心旷神怡，眺望远处的长河像一条条的银白色的带子，朦胧缥缈，悠然自得。关于石门山的诗作遗存较多，如元尚书王思诚《登石门山》诗："锁眉因傍碧峰开，万壑烟岚拂袖来。仙窦龙蟠红树外，石门僧挂白云台。悬崖松老栖秦鹤，古塔纹深篆汉苔。多少浮尘从此洗，跨鸾直欲到蓬莱。"清即墨文人杨还吉《雨中望石门山》诗："微雨丝丝杨柳风，石门烟雾有无中，呼童急扫藤萝径，雨里山光更不同。"

（四）大仙山和二仙山

大仙山和二仙山位于白云洞的东面，从白云洞山门前沿东侧山路向后山走，走到海天一览石刻，然后往右拐上山即可到达。但此段山路极其难走，有俗话说：大仙险、二仙俊。大仙山无比陡峭，直插云天，无路可上，难以攀登。与大仙山相比，二仙山有过之无不及，有诗为证："万顷松涛接海涛，海涛尽处阵云高。峰头放眼空三界，愿驭神虬上下翱。"二仙山挺拔俊秀，几块巨大的凌空巨石堆叠而成，顶峰南侧有一陡立如梯的大石，一截近乎垂直斜插入峰巅，巨石呈柱形，三面光滑而另一面像洗衣搓板的波纹一样，沿着突起的石条的纹路，可以向上攀登。名为"上天梯"。爬上上天梯，再登"三步紧"即到达山顶。所谓"三步紧"，是说攀登这段路需要极大的勇气，虽然此段距离不是很长，但因为山高风大，通过的时候，速度要快一点，故称为"三步紧"。

二仙山上"三步紧"的景观，据说和 20 世纪 30 年代青岛几个文人有关，沈从文、杨金甫、闻一多、梁实秋、赵太侔、郁达夫等都曾经去过这里。沈从文在崂山住过几天，当时就住在白云洞贮云轩里。沈从文《小忆青岛》一文中有记载："青岛的海边、山上，我经常各处走走，留下了极好的印象。我曾先后去过几次崂山，有一回且和杨金甫（即杨振声）校长及闻一多、梁实秋、赵太侔诸先生在崂山住了六天。以棋盘石、白云洞两地留下印象特别深刻。两次上白云洞，都是由海边从山口小路一直爬上，这两次在'三步紧'临海峭壁上看海，见海鸟飞翔的景象，至今记忆犹新，从松树丛中翻过岩石的情景，如在眼前。"

从"三步紧"上去就能到达会仙台。会仙台是二仙山最高处，顶端的石头形如座椅，外形像太师椅，只能坐一个人，名为"会仙台"，传说上了会仙台就可以同神仙谈话了。端坐上面如登蓬莱，邀云揽月，听风观涛，飘飘然有凌云之志，悠悠然浑若天仙。都说这崂山是仙山，能与"仙"这么近距离的接近也只有这一处。在会仙台上眺望四方，万里碧波、蓝天浮云，四周青山含秀，身旁清风阵阵，凉爽怡人，如入仙境。

（五）鹤山

鹤山东临黄海，南连崂山峰，有东、西、南三座山峰，周长约 5 公里，其中西峰最高，海拔 223 米。山高仅 200 米，因东峰有巨石形似仙鹤而得名。有人说鹤山，山不高而峥嵘清秀，洞不阔而深奇幽妙，境不广而曲折回环。它面对碧海，风清气爽，联袂崂山诸峰，海景山色交映，蔚为奇观，清同治《即墨县志》誉之为："鹤山，县东四十里，矫举若，上有滚龙洞、朝阳洞、金蟾洞，曲折入胜。"鹤山为古崂山名胜的重要组成部分，古代它是自即墨沿海边游崂山的必经之途，明、清之游山名人多涉足此山，故有"游崂山不游鹤山乃为憾"之叹，又有"游崂不游鹤，非游也"之说。山体以石布景，以景称奇，"水鸣天梯""招鹤回鸣"绝世无双。鹤山八景"栖鹤梳羽""先宫秋月""鹤山晓钟""鹤鸣烟雨""杏林飞霞""仙台凌空""梧桐金井""水鸣天梯"引人入胜。八景之外的聚仙门、滚龙洞、一线天、沐浴盆等景观更令人乐不思归，登峰东眺，海波山色相映，云气岚光变幻，入山环顾，花香草芳，风清气爽，山峦幽奇，洞壑深邃，犹如身临仙境，茂林修竹，泉甘石奇，山海竞秀，蔚为壮观，更令历代文人墨客都流连忘返。明周如砥《鹤山正殿碑记》中的"泰山虽云高，不如东海崂，崂山最秀奇者，尤首推鹤山焉"著名佳句，是古代对鹤山的美好赞誉。明左灿《题鹤山》诗："桑柘围茅舍，荆扉逐地偏。豆熟林路静，芋紫岸蟹鲜。山水青春曰，邻鸡梦午天。荒陂苍耳路，残照一樵还。拨莽寻幽路转艰，乱藤苍翠斗潺湲。阴崖雪挂园边树，晴日霞飞海上山。云覆松巢双鹤返，竹深沙路一僧还。石龙有意藏云雨，洞口无人明月闲。"左灿还有《鹤山早行》诗："暗数垂杨志去堤，微茫烟树望中齐。晨风未荡千山雾，斜日先开一道迷。钟尾韵残鸦语续，马头梦入塞鸡啼。萧条已有渔竿叟，蓑笠寒云渡口西。"清林钟杜有《鹤山》诗："策杖来幽境，危岩曲曲通。石门一纵眺，无数乱峰青。古壁迎云湿，寒挟硖雨腥。海山浑莫辩，何处问仙舲。玉笛一声起，神仙天际回。自从开辟后，黄鹤即飞来。松老鳞重结，峰奇笋倒载。环山览一遍，无语下层台。"

（六）华阳山

华阳山位于华楼山南，由石门山脉北分支脉东下，南部为五龙山，北为华楼山，中为华阳山。在华阳山南麓曾有华阳书院，为明代即墨进士、刑部右侍郎蓝章所建，书院前有紫光阁，上有文昌阁，背倚山崖而建，面朝溪水，景致幽雅，南溪边的石上，刻有"谈经地""枕石漱流""曲水流觞"等字。书院的西面有仙人桥，天然碑，往西走约 1 公里地方是华阳洞，洞口面朝南，悬空而立，洞口前有大石作为屏障，洞口非常狭窄，人爬行方可进入，洞内越往里走越宽阔，洞的顶部有孔，日光透过孔照进洞内。清代文人蓝海庄有《冬日读书华阳书院次二兄见怀》诗："当户岚光日又斜，惜阴应不念离家。登楼喜有书堪读，闭户曾无酒可赊。蝌蚪含烟留古篆，薜萝积雪印苔花。何当聚首空山内，黄卷青灯映紫霞。"

二　峰

（一）巨峰

崂山的最高峰名为巨峰，为崂山的主峰，海拔 1132 米，又称崂顶。其巅由六块巨岩结成，可容二三人，以铁链环绕以防坠越。站在巨峰顶，大海群山尽收眼底，岛屿港湾手掌般大小，崂山的全景，一览无余。烟云缭绕，使人心胸豁然，有小天下之感慨。其中"云海奇观""旭照奇观""彩球奇观"是巨峰景物中的三大奇观。特别是"旭照奇观"，绮丽壮美，被列为崂山十二景之冠，称"巨峰旭照"，巨峰是全国观看日出最理想的地方之一。清崔应阶《巨峰》诗："叠嶂层崖拥巨峰，帝居呼吸可相通。乘云欲假庄生翼，破浪无须宗悫风。且揽全崂归杖底，任教海水泻杯中。凭虚纵目何空阔，指点扶桑别样红。"近代诗人蓝水诗："众山四望小，始识此峰高。独把鳌头占，仙多海上逃。只容天在上，几见地生毛。却顾来时路，盘回人入劳。"

（二）华表峰

华楼山位于崂山水库南岸，海拔 408 米。华楼峰是矗立山顶东部的一座方形石峰，高 30 余米，由一层层岩石组成，宛如一座叠石高楼耸立晴空，故称"华楼"，又因异石突起，犹如华表，又名"华表峰"，在崂山十二景中称"华楼叠石"。端整方削，几乎不可攀登，而山巅却平坦如台，传说其上有洞，在上望之，隐隐有碧桃虬松生洞口，真可谓奇观也。

山峰的阴面镌刻的"华表峰"三个大字为邹善所书。清代平度文人白永修有诗赞曰:"摩霄卓立碧芙蓉,天开名山第一峰。岚气蒸成金液水,海霞飞满石门秋。"民间传说神仙曾在此梳洗,故古称聚仙台,俗称"梳洗楼"。梳洗楼向西北处望去,叠石形状如轮胎,环环层叠。它最神奇的地方在山阳面,从山峰的后面绕过向东走,折而南下至洞底,回头北望,峭壁如参天的树一般耸立,顶石探出如冕,景象奇秀。

由于华表峰形状奇特难以攀登,自古以来被誉为"崂山第一奇峰"。清代胶州著名文人张谦宜《华楼仙迹记》中有一段传说:明代崇祯年间华楼宫有一老道攀登上华表峰,得青玉碗和白玉吕洞宾像,后被县令索去。另有传说,清咸丰年间有姓胡的道士曾上去过,见上面古柏极多,柏下有洞,洞旁有泉,洞里有金色神像。近年来,有人沿石隙打桩,挂上铁链,攀登到峰顶,发现有人工开凿的石洞、线刻的神像、松树和清泉等。清崔应阶《华楼》诗:"第一名山海上留,华峰谁到最上头。琼浆已涸玉盆水,仙髻罢妆梳洗楼。烟峀遥连翠屏合,天门中豁白云留,道人何事攀援上,玉盏徒增墨吏羞。"

(三)天门峰

天门峰又叫云门峰、南天门。从流清河入海处沿天门涧向东北攀登,5公里左右的距离就到达天门峰。两峰对立,中空部特别像一扇门,因此得名天门峰。天门峰有一块崖石镌有"南天门"三个大字,是丘处机手书。崂山峡门最称奇观的有两处,一是内九水的石门峡,一是此处的天门峰,石门峡虽奇险,但深藏涧谷,幽中带险,终不如天门峰,高踞山巅,特具伟观。明代进士陈沂有《南天门》诗:"望入天门十二重,跃然飞雾半虚空。千寻不假钩梯上,一窍惟容箭括通。风气荡摩鹏翮外,日光摇漾海波中。欲求阊阖无人问,但拟彤云是帝宫。"

(四)狮子峰

太平宫的东北方就是狮子峰,狮子峰因观看的角度不同而景色各异,可谓侧看成岭、竖看成峰。狮子峰主要是由几块石头组成,它的形状像一头雄狮,在烟雾缭绕的氛围中更多了几分相似,阳光下的狮子峰,景色更加绚丽迷人。狮子峰上最著名的是"狮峰观日"景观,是崂山著名的十二景之一。

人们在狮子峰观看日出，晓雾未散开之时，方可尽情地领略"狮岭横云"的奇妙之处。明代即墨文人黄宗臣有《宿狮子峰》诗："石上开樽有浊醪，海天东望月轮高。夜声时到秋山寺，半是风声半是涛。"明代僧人释憨山有《登上苑狮峰同桂峰禅士赋》诗："绝巘危岩倚海隅，登临一眺望中孤。扶桑晓日开鱼目，沙浦寒星落蚌珠。缥缈霓裳来泽国，依稀仙乐动蓬壶。吴生亦结洪崖伴，愿并飞肩上玉都。"

三　岩

（一）翠屏岩

翠屏岩位于太平宫的西山坡，是一处耸立的绝壁，高宽各约 20 米，石头颜色苍翠斑斓，如同在眼前张起了一幅锦屏。岩上留下了大量的珍贵文字资料。其中有明代文人、山东参政陈沂书写的真草"翠屏岩"三个字，东有明代蔡叔逮镌写的草书"东海胜游"四个字。岩石的下面有一个形状如蛋卵一样的圆洞，名为"玉皇洞"，高深各 2 米左右，往洞里看洞壁光滑，此处原来供奉石雕玉皇像一尊，据记载为元朝达鲁花赤监造。洞内石壁左上方镌有《兰田题记》，其文为："莱州府同知南津陈栋登州道指挥平山王住同游北泉蓝田题"，为明代刻石。金代举人、即墨人朱仲明有《玉皇洞》七言绝句："石窍崆峒透上方，云封紫翠郁苍苍。谁开混沌烟霞洞，呼吸阴阳纳晚凉。"明代嘉靖年间进士、山东提学邹善游此处时留有《翠屏岩》诗："白云罩翠屏，望望静如削。坐久谈忘归，崖头松子落。"

（二）观音岩

观音岩是白云洞望海门南北对峙的两块石头中北部的一块，与地面几乎垂直，状如观音，神采如画的一般。周至元《崂山志》中有这样的描述："观音岩在白云洞西上，高广各数十丈。岩半有石隆起，如观音状。"蓝水在书中对观音岩描述道："赤壁南向，中部凸起，白色，眉目宛然似观音。"并赋诗赞美它："白衣大士影婵娟，现在洞西削壁颠。只许来从无色相，翻教常对有情天。皈依象教回头岸，立地现身出世禅。倒座缘何却南面，多应仍思傍梅仙。"

（三）关公岩

劈石南侧有一座酷似三国人物关公关羽的山峰，它的侧旁有一柱状岩石，形状像蜡烛，远远看去像关公在秉烛夜读，因此得名为关公岩。当地的人说起这个岩石都非常骄傲，说关公阅读不为求得自身利益，只为忠义二字。

四 岭

（一）束住岭

束住岭在巨峰山脉处。岭下有两道涧水左右前来汇合，岭好像被涧水束住一般模样，束住岭因此而得名。游人行走其上，峰峦合沓，涧水潺湲，感觉身心被洗涤一空，再无俗尘烦扰。周至元《由束住岭登铁瓦殿》诗云："扶筇步上向云巅，异石奇花别有天。岭上松风涧底水，顿教尘梦一时捐。"由于崂山经历几次大的地质变动，因此崂山上留下了大量的地质变化的痕迹，此处便是具有代表性的一处。崂山束住岭上的石阶路，都是建在冰碛物上。如果对崂山的过去感兴趣，可以沿着人工新建的石阶路散散步，尽情欣赏古冰川遗留下来的各种各样的漂砾，一般都杂乱地堆积在一起，厚度最大可达到 30 米。在更高的地方游览时，有时可能会发现巨型漂砾，且这些漂砾在不同侧面会呈现出许多小洞，在冰川融化过程中，它是由冰融水长期滴蚀而逐渐形成的。走在束住岭上，就是在冰碛物中穿行，像是超越了时间的限制，见证了崂山地质的变迁。从远处观看，在茂密的树丛映衬下，束住岭就像被一条带子束系在山野间，异常神奇和美丽。

（二）劈石口

劈石口是位于崂山王哥庄街道与北宅街道交界处山岭的一处山口，劈石之西石刻"劈石天开"四字，呈田字形排列，可倒读亦可环读，均能成句，称作"回文"，东石刻是明代即墨县丞周璠的《劈石口》七言绝句："莲花片片削空青，华岳分峰仗巨灵。更向崂山挥玉斧，洞天有路不常扃。"此刻石通幅高达 4 米。其西为慧山，东是锥儿崮，中间有一条小路，海拔约 250 米，登上顶部，向西处望是石门、华楼等景象；向东望是无边无际的大海，波光粼粼，与天相接。清林钟柱有诗曰："两石支平地，横空断复连。四山悬翠霭，一线路通天。中路忽开辟，人家寓阡陌。桃源真在此，何必慕神仙。"

劈石口传说是被刘全劈的，山上的大蟒蛇为非作歹，每年要村民进贡少女给它做新娘子，等它厌弃了就把姑娘吃掉，九水村的刘全从小习武，想要为民除害，于是假扮成姑娘去和蟒蛇精成亲，趁其醉酒时举起斧子将其劈死，谁知用力过猛，把大山劈成了两半，这就是今天的劈石口。

五　洞

（一）　明霞洞

明霞洞是空中缆车的终点，沿山林小径西行，可见在昆仑山主峰玄武峰之半山坡上有一金碧辉煌的庙宇，即明霞洞。海拔 650 余米。该洞为巨石崩落叠架而成。金大定二年（1162 年），此洞筑为庙宇，洞额"明霞洞"三字相传为丘长春所写。原洞高大宽敞，明代道人孙紫阳曾静修于此，并有石刻《孙紫阳疏》。清康熙年间，曾毁于雷火，塌陷得很小了。洞旁原有三清殿、斗母宫等道教建筑三十余间，其中部分建筑在山洪中被毁。洞前的平崖像台子一样，登上平崖，遥望大海，浩浩渺渺，俯视崖下，沟壑纵横，著名的崂山胜景"明霞散绮"即在此。明霞洞现存主要建筑"斗母宫"，建于元代，经历代修整，保存完好。宫西，清末所建观音殿，已毁于山洪坍石，遗址附近的黄杨、玉兰、紫薇等古木，树龄均在百年以上。

这里有唐代著名诗人李白的雕塑，对坐的是唐玄宗时代的宫廷乐师、道长吴筠。据说李、吴二人是好朋友，在宫廷里，一个写诗，一个谱曲，搭档得非常默契。为了开拓思路、启迪灵感，两人经常结伴游览祖国的名山大川。在游览太清宫后面的蟠桃峰时，两人触景生情，共同创作了《清平调咏王母蟠桃峰》，并成为崂山道士沿用至今的"步虚"殿坛经韵曲谱。崂山给李白留下了终生难忘的印象。李白亲笔写下了"我昔东海上，崂山餐紫霞……"的名句，使崂山这座仙山与"诗仙"结下了不解之缘。树木葱茏，浓荫蔽日，人在其间行走，衣服似乎都被染成了碧绿色。拾级而上，登上高处，向下俯视，悬崖深壑，其景色之奇令人赞叹。这里被列为崂山十二景，称"明霞散绮"。清代高密文人孙风云有诗赞曰："拾级不辞劳，松篁涨晚涛。岚光拔地峻，海色逼天高。绝顶霞粘屐，精庭雪晕袍。三壶皆似削，俯势瞰灵鳌。"在明霞洞有一处荷花池，传说在此修道的孙真人曾帮助一株荷花修得真身，荷花欲以身相许，但孙真人一心修道，最终孙真人得道升仙。

（二）白云洞

白云洞是崂山著名道观之一，因常有白云升腾而得名。在大仙山的山巅，白云洞背靠危岩，前临深谷，二仙山在其东面，望海门矗其西面，东南俯视大海。白云洞由三巨石结架而成，洞深可丈许，玉皇像供于洞中，其前后左右有青龙、朱雀、白虎、玄武诸石，各守一个方位。这其中青龙石尤其雄伟，矫健灵活，不可摹状。上建青龙阁，游人多登此处观看日出。洞额镌"白云洞"三个字，是清末翰林尹琅若所题写的。洞前有银杏两株，玉兰一株，极繁茂。洞后有古松一株，名曰"华盖"，树身数围，覆于洞上，龙翔凤翥，不足喻其状，故称"云洞蟠松"。有一个关于白云洞的传说：一个没爹没娘的青年名叫青山，与西王母的侍女皇姑生活在了一起，但因东海龙王想要强娶皇姑为妻，两人逃到这个山洞中，后得西王母搭救，并送给皇姑几朵云彩花，云彩花在洞口飘摇，于是这个洞就叫白云洞。

（三）白龙洞

白龙洞位于仰口西侧，太平宫北，是由一块长18米的巨型椭圆石，扣压在5块鼓型石上，而撑起的一个天然石洞。此洞长约11米，深8米，高2.5米。此洞外有一深潭，相传有一条白鳝曾栖身此湾，因常年吸取日月之精华而成精，又在此洞苦修多年，终成正果，变成一条白龙挟风裹雨腾空而去，白龙洞由此得名。元代著名真人丘处机将20首咏崂山景致诗篇镌刻在巨石之上而流传于世，前言是丘处机为20首诗所作的序："东莱即墨之牢山，三围大海，背负平川，巨石巍峨，群峰峭拔，真洞天福地一方之胜境也，然僻于海曲，举世鲜闻，其名亦不佳。余自昌阳醮归，抵于三城永真观，南望烟雾之间，隐隐而见。道众相邀，迁延数日而方届，遂闲吟二十首，易为鳌山，因畅道风云耳。栖霞长春子书。"现今洞内供奉十八罗汉，白龙洞三字由明代山东武举周鲁所题。

（四）黄石洞

黄石洞位于华阴北山的半山处，北倚王乔崮，南临崂山水库。黄石洞，因洞上峭壁呈黄色而得名。黄石洞有四处洞穴，都是天然石洞，分为上、中、下三处。下洞由几块巨石叠压而成，分为两室，东洞口刻"黄石洞"三字，下洞是三个洞中最古老的，洞壁留下的刻字比较多，但好多痕迹已不清晰了。中洞在下洞北100米处，洞穴在石壁之下，洞口也刻有"黄石洞"三字，洞高1.1米，宽0.9米，深约3米，原供有汉白玉老子像。石壁右侧有元代大德年间留下的石刻字迹；石壁左侧有明代万历元年（1578年）刻字，字迹今已模糊不清，壁上另刻有"玉液岩""清虚庵"等字，石壁下有玉液泉。在下黄石洞前有平台，是建于元代的黄石宫遗址，共分三院，明代黄宗昌《崂山志》记曰："从洞中过为下黄石，庙前古柏甚伟。"黄石洞摩崖刻石有隶书、楷书，其中最长者1000余字，而最短者仅2字，由于年代久远，字迹已不甚清晰。清代山东巡抚崔应阶有《黄石宫》诗："曲径逶迤上下分，清游到此乃无氛。仙宫高出凌黄石，古洞行穿碍白云。壁底流泉添夜雨，阶前柏子拂照曛。名山胜迹今初步，足力犹堪领后群。"

六　门

（一）南天门

南天门在华楼宫前，其平台如人手掌，松石错立其上。从此处望东南的诸峰峦，是最佳视野。明山东提学邹善题"最乐处"三字于峰顶巨石上，巨石的旁边有明代即墨知县许铤立的"胜览"碑，又有石屏二则，明代官员王在晋等人题诗于上。明即墨文人范炼金诗："海上青山几百秋，欣瞻双凤接云头。岩花缀秀飞红雨，金液浮香泛碧流。尘拂天门惊白雪，樽开北海傲沧州。磨苔洗笔星虚窟，书罢天风满石楼。"明代即墨县丞周璠诗："千重紫气拥天关，不驾长虹不可攀。识得丹头无著相，天门只合在人间。"

（二）望海门

周至元在《崂山志》里的卷二部分提到了望海门："望海门，在白云洞东下。两岩对立，松石结其巅，俯视沧海，如在阶下。"望海门在白云洞东面，石刻"海天一览"。

（三）石屋门

石屋门在石老人西侧入海处，"大如城门，宽深过之，度其中，可坐二十人。东北一窟，探之无际"（明黄宗昌《崂山志》语）。周至元的诗这样写道："寂寂岩阿更不扃，乳花离陆似添瓴。万顷渤海当门碧，数点浮山入户青。游赏几经谢公屐，栖迟只合老人星。我来未敢舒长啸，恐有蛟龙水底听。""海滨深阔如厦，屋东北有圆窍，螺旋入，顶一窍，亦如之，海潮直达门前。坐其中，浮烟数点，出没于浪花中。"可惜的是，这一著名景观因海浪的不断侵袭和人为破坏，早已崩塌无存了。

七　石

（一）棋盘石

明道观南的孤峰顶上，有一块巨大的岩石，长 15 米，向西探出了大半部分，崖下悬空，石面平坦，上面能坐几十个人，并刻有双线勾勒的"十"字，传说这就是南极仙翁、北极仙翁当年对弈留下的棋盘，因此取名"棋盘石"。那么石面上的"十"字到底是干什么用的呢？据说是道家拜星斗修行的方位图。这处景观就是"崂山著名十二景"之一——"棋盘仙弈"。另据民间传说，古时一樵夫见二仙人在此对弈，棋罢飘然而去，故此景观又有"棋盘仙弈"之称。人处其上，头晕目眩，毛骨悚然，惊险万分，棋盘石下，镌"敕采仙药孙昙遣祭山海求仙石"。《胶澳志》载："由巨峰沿第五号路向东北行，过一、二小梁，循坡而下，路渐平坦，其北有巨岩，方广二三丈，为棋盘石，有庙为明道观。"清即墨文人黄象有《棋盘石》诗："局里乾坤日月频，风车石马灿星辰。仙家一著真成错，竟把洞天输于人。"

（二）绵羊石

绵羊石在太平宫东，是崂山著名象形石之一。出太平宫东门，便可见一新建之平台，外面护以石栏，内设石凳，这里有新镌刻的臧克家七言绝句一首："黄金足赤从来少，白璧无瑕自古稀。魔道分明浓划线，是非不许半毫移。"自平台东去，山坡大石相叠，如一只跪伏的绵羊，尤其在特定的角度和光线等条件下，形态逼真，惟妙惟肖。这块石头，还有一个美丽的传说。

崂山丛林密布，从盘古造天地开始，这里就有了许多动物，狼、虫、虎、豹、狮子等猛兽也藏觅林中，几千年过去，得道升天的也有，成为妖精的也有。却说山下村中有个勇敢、善良的小伙子，每天到山上砍柴，有一天他在深山砍柴，远远看在山坡上有两只高大的大灰狼正在袭击一只老绵羊，情况堪称危机万分。小伙子当即抽出砍柴刀扑上前去解救，小伙子看到老绵羊多处受伤，腿上还流着血，就急忙把穿在外面的布衫脱下，撕成布条，为老绵羊的腿和伤口进行包扎。猛然听到那老绵羊突然开口说话："谢谢你救了我，我还有个孩子在山洞里等着奶吃，你帮助我回山洞去给我的孩子喂奶吧！"小伙子救下了她们，绵羊的大女儿是天上的仙女，为报恩情下凡与小伙子结婚生子。后来玉皇大帝知道后，派天兵来捉拿她，最后只剩下小伙子和他们的孩子，老绵羊化做的石像却像一个天神栩栩如生地在山上守护着他们。

（三）八仙墩

崂山有名的八仙墩就在崂山东南突出的海岬崂山头。黄宗昌《崂山志》记载："八仙墩，有石坡广数亩，东下斜插入海，海水汹涌，山势若动，其北则峭壁千仞，险峨逼天，下纳上覆，其势欲倾，石层作五色斑驳如锈，处其下者，仙墩也。大石错布，面平可坐，海涛冲涌直上，与墩相击，搏浪花倒卷数丈，飞舞空际，如玉树，如银花、如琉璃，如珠矶，可喜可腭，洵山海奇险之极观也。"这里水流湍急，惊涛骇浪，汹涌澎湃，在海水的冲刷下石壁均为变质岩，红、黑、灰、青、白相间，层层叠叠，斑斓绚丽，十分壮观，如仙境一般，所以又被称为"海桥仙墩"。明代大学士高弘图说："八仙墩如锦茵绣藉，实第一奇，第一丽。"

有关八仙的故事在民间流传很多，其中《八仙过海，崂山起小》的故事直接与八仙墩有关。据说八仙在昆仑修炼，为了到人间解除瘟疫，拯救百姓，要到东海采集草药，就是从崂山起程的。其中这里的"相公帽""靴子石"等景观以及"八仙墩"相传就是八仙当时在此留下的仙迹。另外此处还有一块平坦的石头，在八仙墩的对面，传说龙王在此晒过钱，因此名曰"晒钱石"，又传说张三丰曾在此石上鼾睡，故又名"邋遢石"。还有一高耸的处于清宫与八仙墩之间的海边的岩礁，人称"钓鱼台"，礁岩上刻有一诗："一蓑一笠一髯叟，一丈长竿一寸钩，一山一水一明月，一人独钓一海秋。"

（四）梯子石

在太清宫西面的半山腰有一条小径弯曲不平，远远看过去竖立着像梯子一样，梯子石因此而得名。以前有石头在山巅上，行者需要身体匍匐才能过去，游人每次抬头看都心生畏惧，后来虽然修路的时候凿掉了，但是居其上往下看，仍然让人感到惴惴不安。近代诗人蓝水有诗云："行行胡止步，径忽树如梯。石级层层露，山腰窄窄挤。青云欣得路，大海一望低。倘欲阻来者，须封函谷泥。"梯子石沿途石刻较多，大致有"梯子石""天梯""鳌首金龟""寻真门"等，还有李白的诗、林钟柱的《梯子石记》等，其中《梯子石记》对梯子石的描写堪称妙文："山不险不奇，游不恶不快，梯子石者一线直上，绝壁千仞，石莫能自立，鸟莫能自飞，人从隙中过，约略下数步，仰见青天，忽成异境，盖世俗所谓狗洞者。"

八　台

（一）会仙台

会仙台是二仙山的最高处，因其顶端的石头形如座椅一般，外形像太师椅，只能坐一个人，所以叫"会仙台"，传说上了会仙台就可以同神仙谈话了。端坐在上面如身临蓬莱仙阁的感觉，可邀云揽月，听风观涛，飘飘然有凌云之志，悠悠然浑若天仙。传说这崂山是灵异仙府，是仙山，那么能与"仙"这么近距离接触的地点唯此一处。从会仙台上眺望四方，看万里碧波、蓝天浮云，四周青山含秀，身旁清风拂拂，传说在这里不要同神仙"谈话"时间太久，要不然会真的想留在此处不走了。

（二）西莲台

在华楼山西部的华岩山西北麓，留有佛寺西莲台的遗址。明代末年自华和尚因得即墨望族周氏施赠的土地，在此修建了洪门寺，也叫西莲台。据相关资料记载，寺内有木雕的佛像，殿宇气势恢宏，庭院整洁，绘塑工丽。里面有普同塔和雍正年间圆寂的善公的善公塔。清代乾隆末年该寺塌毁，并于道光年间被拆除，只剩石塔一座，自华和尚的骨骸埋藏于此。清代即墨文人蓝水有《西莲台》五言律诗："晚照空山里，万松护寺基。磬声依石静，幡影动云迟。花落春归日，鸟啼雨歇时。高峰僧对语，何处着尘思。"

（三）柳树台

柳树台位于竹窝村北，在折崮顶的西北部，是青岛市区的台东至柳树台公路的终点。柳树台地势高旷，海拔500余米，东西两山夹立，其中豁一出口。德国侵占青岛时，曾在此处建有疗养院，并修台柳路自青岛市区抵此。旧时，凡到北九水景区的游玩者，大多从南九水这条路出发作为入山的途径，经柳树台至北九水。故《胶澳志》记曰："柳树台为入山之孔道，南赴巨峰，东往北九水，于此分道。台上昔设疗养院，废屋犹存，附近亦有小旅馆一二所，为外人所经营。"蓝水有《柳树台》诗："青杨无一树，何以柳名台。游客攀松上，高楼临涧开。泉声听渐远，云意懒成堆。风挂孤帆满，遥遥海外回。"

九　涧

（一）白沙涧

白沙涧旧称北九水，为白沙河的上游。虽然属于一水，但却有内外之分，自大崂观至太和观称作外九水，自太和观至鱼鳞门称作内九水。一条流水处于相立的两山中间，俯望涧底，水澄清激湍，四周峭壁陡岩层出。涧底多巨石，层层铺于河底，颜色如白雪一般，水自石隙流出，其声音如雷震万钧。外水九回曲折，两岸崖壁距离极近，有相合之势。游人在此处仰眺俯瞩，耳目应接不暇。即使武夷九曲，西湖十八景，也比不上此处的奇观。以前车站未开通以前，人需要踏着洞底的大石转折而进，这样就更能感受到此处的迂回曲折。如今失去了亲身感受的机会，多少是令人遗憾的。近现代画家周湘有诗云："寻胜屡有期，苦被尘缘误。风日值重阳，始经九水渡。幽奇倒空箐，波激雷电怒。石骨露巉岩，林壑郁回互。易奕金光草，璀璨武陵树。行行忘远近，霜天追日暮。洞户绝客踪，欲去频回顾。暝冥访幽人，遥月峰际吐。苍茫烟雾昏，失我来时路。"清代即墨文人黄隅诗云："怪石嶙峋路可封，一川九曲出盘龙。溪边疑有胡麻饭，身在桃源第几层。"

（二）茶涧

从登瀛村沿凉水河东北而上，山峰秀削，竹石清幽，林木葱郁，约行4公里就到茶涧，昔时山涧中长着不少崂山野茶，居住于此的山民经常上山采之，茶涧因此而得名。涧的两岸，奇峰秀出，矗立西北的是"黄花顶"，峙耸西南的是"狼山秋千崮"。该崮双峰高对，势尤雄拔，崮下有"冷云洞"。此处有木瓜树，秋日瓜熟，芬香飘溢，累累枝头，一片橙黄。茶涧西北还有一处名胜称"大圈子"，群峰四围，环峙壁立，中间形成一小平原，约有数亩，地势平坦，境颇幽奇。茶涧居凉水河的上游位置，与石门涧水汇合后，再汇北涧、西涧，合流为凉水河，西涧俗名叫"小河"，凉水河俗名"大河"。茶涧有一座三元宫，又名茶涧庙，庙里面祭祀"三官"，是明代中期胶州王姓所建，宫中有康熙二十八年铸的巨钟一口，该庙在民国年间塌毁。

（三）烟云涧

过登瀛凉水河东南约1公里左右便是烟云涧，因此处常有海雾环绕，弥漫翻腾，犹如烟云缥缈，因此而得名。烟云涧是旧时游览巨峰的正南门户，两侧由两座山峰相夹，其上岩石苍秀，小径曲折通幽，松竹茂密，绿树浓荫，涧水潺潺。此处的景色十分的赏心悦目，使游览其中的人身心得到净化。烟云涧东半公里有聚仙宫，又名韩寨观，为元代泰定三年李志明、王志真所创建，旧时有玉皇、真武、三清三座大殿，雄伟壮观，现只存真武殿。宫院中有元学士张起岩撰的创建碑记《聚仙宫碑铭》，这是研究崂山历史十分珍贵的资料。明代黄宗昌《崂山志》中称此涧为烟游涧，并记曰"巨峰尚远，此其门户也"。清代雍正年间即墨文人范九皋有《烟云洞》诗："洞路何重重，烟云锁碧峰。黄精初煮夜，红蕊正凌冬。绝壁看栖鹤，深山数晓钟。不知尘世外，多少羽人踪。"

（四）王子涧

王子涧在龙泉观东北 1.5 公里处。王子涧的地势十分的崎岖不平，涧中的清流如一条飘动的白练，茂密的树林和层层的危岩相互掩映。这其中有一桥横跨于河涧上，总长约 20 米。王子涧的东北有两座山岭，像卧在水面上的两条长龙，山岭的余脉一直伸延到王子涧下面的村子。旧时认为这个地方风水极好，有"帝王之气"，因此名为"王子涧"。

（五）天井涧

天井涧位于崂山北九水外一水，离公路大约有 5 公里。由于是在崂山腹地，游人罕至，自然植被保护良好。天井涧，顾名思义，它的形状像天井，从下面岩石攀登到上面，里面有一个狭小的空地，而其中三面都是竖直陡峭的岩壁，南面岩壁相较于其他三面稍微矮一点，从崖上不断有水流飘下。从千百年洪水冲刷留下的痕迹，可以想象雨季瀑布从上方一泻而下的壮观场面，仿佛耳边响起了震耳欲聋的隆隆声。天井涧的源头处，既有层层叠叠的岩石，又有碧幽幽的潭水，有一种"潦水尽而寒潭清"的意境。

（六）降云涧

降云涧是一条与长涧平行的峡谷，在长涧的北面。春天这里鸟语花香，溪流潺潺，两侧的山坡上绿树悠悠、涛声阵阵。降云涧的北段风景十分独特，放眼望去是一大片有着嫩绿色树叶的柏树，每一棵柏树都呈现出笔直挺拔的姿态，这与北面的墨绿色的针松互相呼应，与周围山峰的底色浑然相融。这里生长着一大片芦苇，绵延 100 多米长。

十 瀑

（一）潮音瀑

潮音瀑原名鱼鳞瀑或玉鳞瀑，1931 年叶恭绰游此，因它的声音像潮水涌动，而题书"潮音瀑"，遂以此为名。潮音瀑处于北九水的尽头，四面有峭壁环绕着，东南部的高壁裂开如门，瀑布从此处三折泻下。第一折西向，流长约 6 米，下注鼓腹状的石槽中。二折西北向，流长约 5 米，下注椭圆形石缸内。三折最长约 10 米，西南向，下注直径 20 多米的池潭中，水色靛蓝，深难见底，故名"靛缸湾"。潮音瀑在崂山十二景中称"岩瀑潮音"。每行于此，山谷轰鸣，声音如同澎湃的怒潮。清代山东抚军崔应阶有诗赞曰："何处山崖万壑雷，高峰云静石门开。盘空舞雪飞泉落，扑面银花细雨来。碧水澄潭湛洗涤，青松白石任徘徊。支筇未尽游观兴，樵唱遥从天际回。"清代胶州文人王大来亦有赞诗："谷口销重重，攒天尽两峰。半空飞瀑布，一客挂长筇。洗净尘嚣耳，清浇磊块胸。悬流穿地底，下有老蛟龙。"

（二）龙潭瀑

龙潭瀑的来源要从八水河说起，八水河发源于海拔约 500 米的天门后、洞西岐、上清宫东山等山涧，由八条涧水汇流而成。河水从陡峭峥嵘的山丛中奔腾而来，蜿蜒曲折南下，流程约 4.5 公里，在林木葱茏的"百木林"附近，因山势陡降，形成高 20 多米、宽 10 多米峭拔如削的石壁，奔流由此喷溅而下，成为瀑布，名"龙潭瀑"；因水珠晶莹如玉、状如飞龙喷水，又名"玉龙瀑"。瀑布下落跌于清澈深潭之中。龙潭瀑的南、北、东三面山峰耸立，苍松虬蟠。瀑布呈"八"字形，水分两股，斜挂悬崖，长年奔流。春秋水少流细，瀑布如纱似绢下垂，不飞不溅，文静洁秀。夏日大雨，山洪暴涨，瀑布从云雾缭绕的山崖下射出，上宽三四米，下宽五六米，咆哮飞腾，仿佛两条白龙腾空而起，溅出万朵银花，撒落漫天玉屑，阳光下，如倒挂彩虹，蔚为奇观，是崂山十二景之一的"龙潭喷雨"。清代即墨文人蓝桢之有诗赞曰："一练高挂悬崖巅，玉龙倒喷西江水。"潭旁有一石，横布涧中，人坐石上，仰观山色，近看飞瀑，有无限兴致。

十一　潭

（一）一鉴潭

一鉴潭，在九水太和观前，四山环锁，中涵如镜。自九水亭上俯视，云影岚光，悉收潭底。周至元有诗曰："半亩澄波一鉴开，苍松白石远尘埃。赏心好是亭中座坐，云影潭光潭底来。"

（二）贮月潭

贮月潭，在海门涧先天庵旁。空青澄碧，纤芥可鉴。周至元的《崂山志》中屡次提及："回亘群山曲涧通，一潭倒映月空明。先天古寺荒凉甚，惟有寒泉依旧清。"周至元有诗曰："苍松深处羽人家，冷落空山寂不哗。地僻终年无到客，谷幽十月发琪花。潭堪贮月揩明镜，峰耸云门入紫霞。安得结茅傍静宇，绿萝阴里读南华。"

（三）涵翠潭

涵翠潭，在北九水二水，当锦屏岩下，面积约两亩。潭旁巨石如矶，人做矶上，潭光壁影，泠然神清，浑若濯魄冰壶中。

十二　泉

（一）金液泉

金液泉在华楼宫庭院内，宫后的大花岗岩石崮就是有名的碧落岩，岩下有清澈甘洌的金液泉和丘处机题诗及"金液"手迹。下砌方池，泉水落池中，不涸不溢。池上方左边原刻有"莱州府同知南津陈栋登州道指挥平山王住同游北泉蓝田题"，右边对称原刻有"有一饮生黑发"，可惜现在两个石刻都没有了，只剩水泥涂抹的痕迹。元代礼部尚书王思诚有《金液泉》七言绝句："金液泉生碧落岩，津津下注石方龛。瓦瓶日汲仙家用，酿酒煮茶味转甘。"如今华楼宫内，接待香客喝的是崂山茶，用的是金液泉的水。很多人不辞辛苦带金液泉水下山，为的是让全家人共享。

（二）圣水泉

圣水泉，在上清宫鳌山石下。泉水色白而味浓，入口甘芳，如乳汁，同一瓶贮量，比其他水重，这是水中含石液所致。周至元诗："争说二崂第一泉，甘香寒冽美而鲜。琼浆饮罢风生腋，总不成仙也似仙。"

（三）神水泉

神水泉位于崂山南头的黄海之滨，蟠桃峰近侧，太清官三清殿的山门外。顺着步步西下的陡立石级，走到台下的平地上，便会见到一堵高高直立的石墙，三个刻石大字"神水泉"。石墙角下有一个石条镶口的长方形水池，它就是闻名遐迩、极富传奇色彩的"崂山第一泉"神水泉。泉池口长 0.8 米，宽 0.5 米，池深 1.4 米，水深 0.9 米。表面上看起来和普通的泉水并无二致，但称之为神泉必定有其特别之处。据太清宫的老道士们讲，这神水泉的水，大旱三年不见少，大涝三年不见多。多年来，此处的水几乎取之不尽，用之不竭，而且水质清甜，有健骨强身的养生功效。主要原因是神水泉背倚拔海而起、怪石林立的"蟠桃""老君"等七峰，东临波翻浪涌、海天相连的黄海。这样的地理位置决定了泉水千年喷涌不枯。神水泉的泉水清澄清甜，稳静平柔，像个端庄而安静的少女，给人以朴素、自然的美感。更为有趣的是把五分或二分的硬币，轻轻置于水面，竟能浮而不沉，足以说明泉水的"深沉"与"文静"。传说，当年东海龙王的三公主因在龙宫感到寂寞无趣，便趁夜色偷偷地溜出龙宫，来到海边玩，正巧在这遇上一个来游崂山的江南书生。二人两情相悦一见钟情，结为夫妻，便远走高飞了。这龙女临走时，把随身带着的一面梳妆用的水晶宝镜，撒落在二人初次相会的地方。后来，那面水晶宝镜，就变成了一眼神奇的山泉，供庙上的道士和山里人饮用。从此，这眼泉水便得了个神奇的名字"神水泉"。

十三　河

白沙河

白沙河发源于巨峰千米之上的天乙圈，可以说是青岛水位海拔最高的河流，有"青岛天河"的美称，河床宽度平均约为 200 米，途中汇聚各处水流流向西麓，到下游河道加宽，全长 32 公里，流域面积约为 209 平方公里。

有一个关于白沙河的传说，说是早年崂山山上冒火，寸草不生，人们吃水只能接雨水吃，可到了冬天就没水吃了，幸好山上有个自然的深井，人们可以有水吃，可是后来"秃毒鬼"豢养了七只狼、八只虎，把这个地方占为已有。他让老百姓拿粮食来换水，一担粮食换一担水。这年干旱，粮食颗粒无收，在卧龙洞有个叫猛子的小伙子，眼看爹娘和乡亲们都快被渴死了，于是猛子决定出去找水。走了不知多少路，终于在快晕倒的时候，他听见地下传来了水声，但是有一块水晶浮在上面，根本敲不碎，这时来了一个红衣绿裤的小女孩，她帮助猛子敲碎了水晶石，终于水流了出来，小女孩其实是山上的人参，这条河就是白沙河。

据说，著名画家范曾先生根据每一个泉、潭的方位，形状、特点以及与周围的环境关系，为崂山的"九水十八潭"逐一进行命名，创作并题写了《崂泉铭》。在泉边的巨石上篆刻着《崂泉铭》的全文，文章篇幅不长，共计499字，落款"岁壬年秋仲，抱冲斋主江东范曾撰文并书丹"。《崂泉铭》让人体悟到"道法自然"的道家人生哲学与自然气象相融合的文化内涵，其中许多句子朗朗上口，如："松风伴涛，千山似碧笋归主；朝霞送晖，万壑推圣泉依宗。或一线玉悬，越涧穿峡；或百丈帘垂，敲崖击石。""崂山之泉，穷碧落而临无地，险岚云腾，幽谷烟笼，泉得神助，山随泉活，普天之下，未有如斯奇绝者。"范曾先生对"九水"和"十八潭"命名："九水"称上善、抱一、大方、齐物、养生、坐忘、逍遥、安期、许由；"十八潭"谓至柔潭、居卑潭、未封潭、未始潭、无隅潭、无极潭、自取潭、俱化潭、中虚潭、有间潭、得鱼潭、得意潭、无己潭、不滞潭、餐霞潭、饮露潭、清心潭、洗耳潭。当然，"九水十八潭"现在已经成为崂山最具吸引力的风景之一了。

十四　池

天波池

在那罗延窟西边，有一个面积数亩的大石坡，石坡中有一贮满水的地方，名天波池，明黄宗昌《崂山志》称天池。池中生长很多蒲草，大旱时，其他河水皆已干涸，唯此处有水。寄居华严寺的仁济和尚有《天波池》诗："寺南山势耸嵯峨，船眼编东西涧多。惟此广池临岩顶，是谁赐号曰天波。金茎承露曾疑似，石磴凌烟莫奈何。数欲攀登偿夙愿，峰高路险竟蹉跎。"

十五　井

（一）长春井

长春井，在神清宫，相传为丘处机所凿，遂得名。井宽两尺，深丈许，水味甘鲜。夏日则冽，冬日则燠。一勺入喉，肺腑为之爽然。周至元有诗："芙蓉峰下清净境，邱仙蹭此栖幽复。真人一去几百春，遗迹尤留长春井。井宽六尺深一丈，澄泓俯视空心影。道人爱客将茶烹，龙涎一勺汲深绠。初啜已令腋生风，再酌回甘味更永。凉如冰雪置于胸，寒似醍醐灌人顶。年来深居火宅中，扰扰尘襟何时屏。饮罢忽入清凉界，心腹胃肠一齐冷。"

（二）天井

天井，在天井山巅。正方形，径丈许，深数十丈。其内巉削如斧劈，水清而深，大旱不涸。吴记诗："百尺清泉卧蛰龙，源深与海波相通。行云未畏苍生望，吐物先施造物功。井底夜光常射斗，泥中春暖定飞虹。康时不得襄丰岁，头角峥嵘翔九空。"

十六　滩

崂山属基岩型海岸，故其海滩不大，即有海滩之处，也多为岩滩、散礁、碎石和粗砂砾石。潮间所带主要为砾沙、细沙，或亚细沙、亚沙土、泥沙、沙泥或泥。

（一）王哥庄滩

王哥庄滩，位于王哥庄东北部，从小蓬莱角至野鸡山角一线，从海图零米线至岸边距离为2公里，口门宽约2—2.5公里，面积约4.5平方公里。有王哥庄河、晓望河流入，沙底。

（二）仰口滩

仰口滩，位于崂山东北麓，南北分别为泉岭和峰山。长约1200米，宽250米左右，沙细软，海水清澈，为著名的仰口海水浴场。从车家岭嘴至仰口为一湾顶沙滩，海滩呈弯月形，沙滩宽阔平缓，底质为粗砂、砾石，圆滑度较好，仰口滩风光优美，邻近山上名胜数量极多。在雾霭缭绕中群峰刚健峭拔，给人如临仙境的感觉，"海上宫殿"太平宫掩映在一片片的翠竹青松里。宽阔平展、沙质极佳、海水澄碧，这些因素使仰口海滩成为最理想的海水浴场。

仰口风景游览区的景点富有诗情画意，有许多美丽的传说。其中流传最广的是关于仰口名称来历的传说，这个传说与棋盘石的传说是一个故事：王哥庄晓望村的一家农户住着一个叫柴哥的小伙子，他每天上山打柴为生，有一天他来到山上看到两个老者在下棋，不觉看得入了迷，周围的花草绿了又黄，黄了又绿，几十载已过去了，可柴哥却浑然不知，直到两位老者停止下棋，他才准备下山，可是回到家一切都变了，其间已经过去几十载。小伙子突然意识到那两位下棋的老者是神仙，于是就一直不停地追这两个人，直到海里的水快要淹没他的脖子时，老神仙被他的执着感动了，于是对着他大喊："仰口，仰口！"小伙子就飞升到空中，与两位神仙一起归去，于是这个地方就取名为仰口滩。

（三）流清河滩

流清河滩，位于流清河口，东起鲍鱼岛，西南至大顶山，海滩岸线长约2.5公里，海滩宽度为160米左右，底质为粗沙，后有沿岸沙堤，是天然的海水浴场。

（四）大江口滩

大江口滩，位于石老人之西，从石老人西39.2米的高地角至浮山角，海滩呈东北至西南走向，全长约2.5公里，面积约0.55平方公里。自山东头向东北方的滩面较宽，一般为200米，在大江口一带发育更宽些，现已开辟海水浴场。山东头西南的滩面宽度只有100—150米，底质为粗砂、砾石。

（五）绿石滩

绿石滩在丰山南下，产绿石。崂山绿石，又被称作"海底玉"，主要产于崂山绿石滩的深水中，清代《即墨县志》将此石色分翠绿、墨绿、青绿、灰绿、黄绿和粉绿几种，并以翠绿色为最佳。绿石的构成分子为片状或粒状，硬度为 56°—59°，质地细密，富有韧性，有如丝绸般的色泽，用手轻轻抚摸，有一种温润似玉的感觉，绿石可雕琢为砚、墨盂、笔架、镇纸等物品，亦可作装饰素材添加到盆景，具有古朴典雅和绮丽清奇的风格。要想得到质地极佳的绿石，则须待到潮退之后到海底去采集。绿石滩中又盛产云母石，曾被高价收买，用来做化学用品。明即墨文人黄守湘有《绿石滩》诗"长巉短袖风翩翩，凌波上下轻将翻。隔石闻语径莫沿，出险入夷开平摊。"

（六）试金滩

试金滩在青山村东南三里。滩长约二里，南北两岬对立而望，其间潮势壮观奇秀，潮水来如掣电，去如奔雷，吞吐恍惚，诡傲千状。河滩的尽头有圆形石头，像鹅卵一般大小，都是海水潮汐不断打磨形成的。石头主要有黑白两种颜色。其中黑色的石头尤其朗润，可以鉴别金石。周至元诗："竣岭南来越几重，山回路转俄然惊。平滩渺渺望无际，圆石铮铮踏有声。潮势倏奔如电掣，浪花喷薄似雷鸣。前途漫说浑难辨，黑白笑看脚底明。"

十七　海

崂山四周都是海，崂山的东南半壁，山峰错落，景色秀丽，风景尤为出奇。如果登上山顶向下俯瞰，怒涛如轰隆的雷声一般不绝于耳，潮水拍击岩石产生雪花一般的浪花，可见其地势的险要。放眼远眺，远处碧波接天，白浪沃日，视野非常开阔。明即墨文人蓝田《崂山观海行》诗："少劳山人乘浮来，天地岛屿洪涛回。三山若无又若有，蜃气海市成楼台。下有天吴之窟宅，朝餐朱英夕碧水。安期赤松相经过，缥缈千里忆方格。秦人乘车求神仙，方士楼船去不还。茂陵何事寻遗辙，琅琊台上望芝巅。东望扶桑大如拱，弱流万里风呼泅。君不见千载殷鉴宇宙间，乔山峨峨轩辕冢。"因四周临海，崂山雾气缭绕，仙气十足，故崂山有海上仙山之美誉。

第三章　崂山建筑

历史上崂山最突出的建筑群落是道观、释刹、书院。道观现存最多，有太清宫、太平宫、上清宫、明道观、蔚竹庵、华楼宫、太和观等十余处，一山中有如此大规模者在全国罕见，诸道观是研究崂山文化、道教文化的重要建筑史料。

一　道观

（一）太清宫

太清宫俗称下宫，在青山村南三里，老君峰之下，三面环山，一面靠海，距今已有两千多年，是崂山地区历史最悠久、规模最大的一处道教宫殿。

太清宫的创始人是被称为崂山道教开山祖师的西汉张廉夫，他因仕途不顺，弃官向道，在崂山修建了三官庙。唐末，李哲玄道士增建三皇殿。宋时，道士刘若拙增修了一所供奉老子的庙宇。宋太祖听说刘若拙修道有成，想把他留在京中，刘若拙坚持要回崂山修道，于是宋太祖敕封他为华盖真人，敕建上苑和上清宫，重修太清宫。后几经修葺，于东院祀三官，西院祀三清。

1. 牌坊

太清牌坊位于太清宫的正门前，分上中下三段，大气简约，造型古朴。牌坊阳面上书"崂山太清宫"，阴面为"阆苑圣德"。"阆"意为"空旷"，"阆苑"指仙人居住之地；"阆苑圣德"指有着高风亮节的仙人居住的地方。牌坊的最下层雕刻的是"鹤鹿同春"，第二层是用玉如意连接的柿子，有事事如意的寓意，第三层雕刻有蝙蝠、铜钱和"寿"字，蝙蝠与"福"同音，铜钱代表财富。福禄寿唯缺喜，是因为全真道以

"苦己利人"为原则，认为只有除情去欲、存思静定才能修道成仙。牌坊石柱上的四条龙代表四季，牌匾上的二十四条龙代表二十四节气。

2. 正门

正门也被称为山门，有道士隐于山林修道的含义。踏入山门，就远离尘俗，潜心于道。对面是影壁，上书"道法自然"，笔力苍劲。两旁是钟楼和鼓楼，有"晨钟暮鼓"之说，以告诫众道士切勿蹉跎荒废。

3. 元辰阁与元君阁

钟鼓楼后是元辰阁和元君阁。元辰阁正中供奉的是斗母元君，元君阁供奉的是碧霞元君。碧霞元君的右边是送子娘娘，是掌管生子的神。古代人们认为送子娘娘可以保佑生儿育女，所以求子、得子的女子都会来此跪拜。左边是眼光娘娘，是专职医治百姓眼疾的女仙，能保佑人们明目心亮、身康体健。手中拿着一只大眼，象征明目去眼疾。殿内两边供奉的是"八仙"。

4. 三官殿

三官殿之前的正门是右边向东开的小门，其中还有一个"紫气东来"的典故。老子对之前效忠的周王朝失望透顶，于是骑青牛辞官而行。函谷关守关的官员叫尹喜，他看到有一股紫气从东方滚滚而来，知道有圣人将至，于是清扫道路，沐浴焚香，等待圣人。老子与尹喜颇为投缘，两人相谈甚欢。临走时老子将自己写的书赠予尹喜，这两卷书就是流传至今，被誉为"万经之王"的《道德经》。于是"紫气东来"就成了祥瑞用语。

三官殿的正门两边是宋太祖为刘若拙敕建太清宫时栽种的银杏树，距今已有1000多年。这两棵银杏树都是雄性，是无法结果的。银杏树还叫公孙树，因"公种而孙得食"得名。它生长速度很慢，爷爷一辈种下的树种，孙子那一代才结果。北方的道观和寺庙都普遍种植银杏树，一是因为银杏树的树龄格外长，这是一种长远的象征；二是全真教的第一戒为不杀生，银杏树会分泌一种特殊的树液，防止虫害，避免了杀生。

三官殿供奉的是天官、地官、水官。民间对三官的信仰来自古代人民对天地水的敬畏崇拜，传说"天官赐福，地官赦罪，水官解厄"。

对面是一棵棕榈树，棕榈喜温暖潮湿，在北方并不常见，但这棵棕榈却青翠欲滴。原因是太清宫三面靠山，气候不像北方其他地方那样寒冷，俗称"小江南"。因这得天独厚的自然环境，形成了独特的南方景观。

棕榈树旁是两棵南方植物桃叶珊瑚和木兰。一般木兰花一年一开，这棵木兰却每年四月和七月开花两次，花瓣硕大厚实，内白外紫。传说这棵木兰原来也是每年春天开一次，直到有一年宫中道长做梦，梦到代父出征的花木兰肆意饮酒意欲出征。道长醒来不懂梦为何意，忽然看到院中的木兰花在月光中摇曳生姿，道长恍然大悟，取来陈年好酒浇在木兰树下。从此这棵木兰就变成每年开两次花。其后的这棵虬枝盘曲的树是榆树，因为它在唐朝时期就被道长种下，距今已有1000多年的历史了，所以把它称为"唐榆"，又因为它树干盘曲，形状似龙头，又被称为"龙头榆"。

5. 逢仙桥

龙头榆对面是逢仙桥，旁边一块大石头上雕刻着"逢仙桥"三个字，还刻着当年宋太祖敕封刘若拙为"华盖真人"的记事。传说中，当年刘若拙道长在一个雪后的清晨，于此地遇见一位白髯飘飘的老人。刘若拙与老人说了几句话，还没来得及问他姓名，老人却凭空消失了，道长只好低头寻觅老人在雪地上的脚印，却只找到老人刚刚站立时留下的两个脚印。刘若拙这才意识到原来那位老人是神仙，后来便在此刻石以记此事。因为曾经在这座桥上遇到仙人，所以将此桥称为"逢仙桥"。

6. 三清殿

三清殿是太清宫的第一大主殿，它有一个正殿和两个偏殿，正殿供奉的是道教的三清尊神：元始天尊、灵宝天尊和道德天尊。中间是玉清原始天尊，他手持赤色丹丸；右边是上清灵宝天尊，他手持玉如意；左边是太清道德天尊，也就是太上老君，他手托一把绘有阴阳印记的扇子。《道德经》说："道生一，一生二，二生三，三生万物。"于是道教由此衍生出在三清仙境的三位尊神，三清尊神是道教信奉的最高尊神。

在三清殿旁，是护法镇山神将王灵官的神像。它红脸庞，三目怒视，身披盔甲，左手拿风火轮，右手举着鞭子，威严非凡。王灵官是护法纠察神，驱邪除恶，刚正不阿。

东配殿供奉的是东王公，与太阳神有关，是代表"阳"的神祇。全真教将他与西王母奉为祖师，是生养万物的创世之神。

西配殿供奉的是西王母，是代表"阴"的神祇，她主宰阴气，生育万物。传说中她是盘古的女儿，住在昆仑丘，掌管所有女仙。西王母最初是昆仑的山神，随着道教兴起，被奉为尊神。

7. 关岳祠

三清宫东边是关岳祠，又叫忠义祠，供奉的是关羽和岳飞。道教除了供奉神之外，也供奉人。一是因为道教是我国的本土宗教，自然吸收了一些民族精神和民族传统，其中就包括忠和义。另外，道教认为"道"无所不在，无所不包，天地星海皆能成神。比如雷公电母、五岳大帝、日夜游神、后土娘娘等。于是人间的英雄豪杰也能被奉为神祇，将关羽和岳飞奉为神，就是为了宣扬他们的忠义精神。

8. 蒲松龄写书亭

树下的亭子，是蒲松龄写书亭。传说中蒲松龄曾在此写《聊斋》，书亭由此得名。有一晚，他在书亭里凝神静思，四下里万籁俱寂，全神贯注之时，对面白墙上忽然有人闪现，一晃而过便再无踪影。蒲松龄心下一惊，莫非是有仙人穿墙而过？正待前去一探究竟，却是送茶的道童姗姗而至。细看之下才发现眼前之人与穿墙的身影竟有八九分相似，蒲松龄恍然大悟，原是那道童之影掠过白墙才有了刚才之景。刹那间，蒲松龄文思泉涌，行云流水写就有关"穿墙术"的《崂山道士》。《聊斋志异》有近五百篇故事，其中有八篇是和崂山有关的，如《崂山道士》《香玉》等，可以说蒲松龄的崂山之行为《聊斋》的写成助力不少。老舍也对蒲松龄有过深刻评价："鬼狐有性格，笑骂成文章"。

9. 神水泉

神水泉位于三清殿外，是崂山的四大名泉之一。泉名之所以加"神"字是因为该泉有独特的神奇之处：泉水清澈见底，有丰富的矿物质和微量元素，少有杂质，更无沉淀物和水垢；此外发生旱灾时此泉不干涸，涝灾时泉水也并不溢出，始终满而不溢；而且长期饮用神水泉的水，有助于多种慢性病的康复，有强身健体的效果。

这口神水泉有一个传说，很久以前，西王母在崂山种下吃了能长生不死的仙草，又将瑶池仙水引来变成神泉来灌溉仙草，神水泉就是其中一泉。直到先秦时期，一位方士误打误撞来到崂山，发现常喝这口泉水，能祛除病痛，长生不老，于是用神水泉的水与药相合，练成了长生不老药，飞升仙界。秦始皇知晓后亲临崂山，寻访神水泉。奈何天缘未至，没有找到太清宫。汉武帝也来崂山，却寻仙未果。神水泉之水就如《本草纲目》记载的玉井水，能使人肌肤润滑，须发不白。

10. 三皇殿

唐代以前，太清宫只有三官殿和三清殿，李哲玄道士来到这后，被崂山的清丽风光和修道氛围所吸引，筹资建造了这所三皇殿。中间手里拿着太极图的人，是天皇伏羲氏，旁边手握五谷的是地皇神农氏，另一位手举护板的是人皇轩辕氏。他们是我们中华民族远古时期的领袖，是开创中华文明的始祖。

三皇殿两侧供奉的是历史上出类拔萃的十位名医。其中有开启中医学先河的扁鹊，有被称为"外科圣手"的华佗，有被尊称为"医圣"的张仲景，有被尊称为"药王"的孙思邈，有编写巨著《本草纲目》的李时珍等。他们悬壶济世，广施普济，供奉他们意在纪念他们对我国历史文明做出的伟大贡献。

屋檐下有两块碑刻，一边是成吉思汗敕谕丘处机的碑文，另一边是成吉思汗给丘处机的金虎符文，迄今有七百多年的历史，是目前崂山建置中现存最古老的两块。"文革"时期，宫内的许多石刻都被毁坏，据传是有人用油漆在碑刻上写下"万岁"，才得以让它们避免被毁的命运。这两块碑刻讲的是当年成吉思汗让丘处机管理道教，皇土之内，丘处机可任意居住，所有的官府都要为其提供方便。当时成吉思汗格外尊敬和欣赏丘处机，不仅指任他为国师，而且被天下人尊为"神仙"。除了与成吉思汗为了统治而尊崇道教有关，还和丘处机本身的高尚气节和学识渊博是分不开的。当时，南宋、金、元都请丘处机进京面圣，他审时度势，选择了元朝。公元1220年，70岁高龄的丘处机，从终南山徒步走了两年去面见成吉思汗。他的治国理念得到成吉思汗赏识，于是成吉思汗颁布圣旨，夸丘处机是丘神仙，表达了自己对他的无上赞赏。同时丘处机劝谏成吉思汗少杀戮，元朝军队也免去了道观的税。丘处机回终南山后颁布全真教的教令，令全国的宫观收容南宋的难民和氏族。可以说，丘处机的面圣在一定程度上保存了文化的延续和人种的传承。1227年丘处机逝世于北京白云观，时年79岁，崂山上清宫前有他的衣冠冢。

东配殿又叫救苦殿，供奉的是东极青华大帝，又称太乙救苦天尊。据说，若遇到困难，只要诚心祈祷，诵念天尊圣号，就能被天尊所救，逢凶化吉，功行圆满。

西配殿又名耿祖祠，供奉"扶教真人"。扶教真人即耿义兰道士，他是明代崂山白云洞的道士，他为了从憨山和尚那里讨回太清宫，屡受屈辱，历经磨难，终于讨回被侵占的太清宫。耿义兰护教有功，被万历皇帝救封其为"扶教真人"。

三皇殿前有一棵桧柏树，由汉代道士张廉夫亲手所植，距今已有2000多年的历史了。"汉柏凌霄"有两个来历。一是这棵柏树种于汉代，树上攀生凌霄花，所以叫汉柏凌霄。二是柏树高耸入云，观之凌然云霄间，由此得名。事实上这棵树是先被称为"汉柏凌霄"，后来才在柏树干上长出了凌霄花。

多少年来，柏树历经雷劈火烧，尽管留下了炭化的焦黑痕迹，但仍然生机勃勃。更为神奇的是，20世纪中叶，在这棵树上又长出了一棵盐肤木，形成了三树共生的局面。90年代，在柏树北边的枝杈处又长出了一棵刺楸。不久后盐肤木枯死，但柏树、凌霄、刺楸依然维持着三树一体共生的景象。

（二）太平宫

太平宫位于晓望村南三里处，负山向海，是宋太祖赵匡胤为华盖真人刘若拙敕造的道场，因建成于太平兴国年间，故名为太平兴国院，简称上苑。太平宫的宫殿，呈"品"字形分布。有一间正殿和六间配殿。配殿为三官殿和真武殿。正殿名为三清殿，有三清塑像，照壁上写有"海上宫殿"四字，据传是晚清天津"八大家"之一的华世奎所题。照壁背面记录着太平宫经年的沿袭变革。前院分东、西两院。东院有一座钟亭，里面悬置一口由即墨金口天后宫移来的铁钟，重达300多公斤，上有镌文"光绪十八年谷旦韩同茂号庙捐敬献，无锡南门许和记造"。钟亭和钟相映成趣，此景名曰"上苑晓钟"。西院有一间茶室，茶室旁是龙涎井，在茶室内用龙涎井水泡茶，细细品茗，享受崂山风光，实是人生一大乐事。

太平宫西面地势险要，下面有一个天然石洞。洞内宽敞高深，可容数人；顶部写有"混元石"三字，刻有星斗图样；洞旁有一块斜立的巨石，名为"眠龙石"，眠龙石上写有"犹龙洞"三个大字。太平宫北边山间有溪水潺潺，曾有人看到白龙在这里潜泳，由此得名"白龙洞"。溪底巨石峥嵘，水从山崖上奔涌而下，恍若仙人渡云而过。太平宫东面石状各异，著名的有绵羊石和狮子峰。绵羊石由几块巨大的石头堆叠而成，历经风雨侵蚀而变成了绵羊跪地的形状。此外有峰岭状似张口怒吼的巨狮，故名狮子峰。峰顶处四下平坦，云雾氤氲，似在云中，此景名为"狮岭横云"。

太平宫附近的石阶两边各有一株粗壮古松，根深叶茂，苍翠挺拔，据说是宋初建宫时所种，算是崂山历史悠久的松树之一。松树旁躺着两块岩石，一块石上镌刻"疑是幻境"，另一块则刻着清代五律诗一首："上苑蟠松阵，半山宫殿森。嶙峋深石洞，烂熳叠花簪。峭壁文苔篆，巉岩曲鸟音。仙人桥下水，声响曳鸣琴。"此景名"双石长松"。

（三）上清宫

上清宫位于崂山东南面，宝霞洞之下，地理位置得天独厚，是历来的修真佳地。道教中把"上清、太清、玉清"称为神仙居住的至高仙境，上清宫因此为名，又称上宫。上清宫建于宋初，与太平宫同为华盖真人道场别馆。上清宫经历了多次修复，入元后半数倾圮，元代大德元年重修。明代中期增修。清末，因遭暴雨冲毁，崂山华楼宫道士刘本荣主持重修。上清宫为两进院落，前殿祭"三清"、后殿祭"玉皇"，左配殿祭"三官"（天官、地官、水官），右配殿供"全真道七真"（丹阳子、长真子、长生子、长春子、玉阳子、太古子、清静散人）。宫殿附近花树繁盛，前院种着两棵银杏，葱茏繁茂，已有千年树龄。宫中种有一株白牡丹，干高如檐，芳香馥郁，花开最盛时可达数百朵，相传是《聊斋志异》中的花仙"香玉"，于民国初年枯死。

据传，丘处机在此居住最久，在此留下许多石刻。庭中巨石上镌刻丘处机《青玉案》词一首，另一石上刻有"上清宫"三字。上清宫西面有一块圆形"鳌山石"，上面镌刻"鳌山上清宫"五字及十首绝句诗。南边不远处，有丘处机的衣冠冢。

附近石中有一汪泉水，名为"圣水泉"，泉水清甜澄澈，是崂山名泉之一。上清宫前面有座名为"朝真"的石桥，西边的石桥名为"迎仙桥"。

（四）斗母宫

明霞洞位于上清宫的北面，处于巍峨的玄武峰下，始建于南宋，距今已有800多年的历史。明霞洞原是一个天然石洞，面积为10平方米左右。当清晨日出时，站在洞前平台上，遥看大海，霞光映照海面，云蒸霞蔚，变幻无穷，著名的崂山胜景"明霞散绮"即此，"明霞祠"之名也由此得来。清康熙年间明霞洞遭遇山洪，洞顶陷落，只剩丘处机后来题刻的

"明霞洞"三字。

明霞洞现存的道观名为斗母宫，元代始建，是全真道金山派祖师常住、弘法的道观之一。明代改名为明霞洞，增建三清殿，晚清增建观音殿。山门之横匾为清代书法家王序所书，"明霞洞"三字遒劲有力，神韵超逸。观音殿后来毁于山洪，附近有紫薇、玉兰等百年树龄的古木，依旧葳蕤挺拔。

元代时，李志明道长先居于此处。后期，僧人渐多，佛寺和僧庐也有增多之势，明清时期，变为僧人和道士交替主持。明朝永乐年间，张三丰也曾居此修真。

明霞洞后方的玄武峰的山崖上有山洞名为"玄真洞"，是孙紫阳道长的修真场所，旁边刻有"重建玄真吸将鸟兔口中吞"11字，据说是张三丰亲笔。"鸟"即金乌，代表太阳；"兔"即玉兔，代表月亮。"口中吞"是道家所追求的一种境界，即吸收日月精华，聚为形，散为风。

玄真洞旁边有一个小洞，据传当年张三丰曾在此修真，所以名为"三丰洞"。洞旁有明代诗句："白云留住须忘归，名利萦人两俱非。莫笑山僧茅屋小，万山环翠雾中围。"清代诗句："明霞洞敞晓霞鲜，贮月潭空碧月圆。九水苍茫秋色外，十州缥缈彩云边。"

相传紫阳真人在此修真求道，他先天失明，仍每日坚持修炼。他勤学苦练，潜心静气，终于打通任督二脉，达到三花聚顶和五气朝元的至高境界。一天一束霞光从洞外射入，他借此光芒看清了周围光景，他惊喜非常，振臂高呼，以脚踩地，霎时间洞内石地坠陷，四周紫气升腾。他从洞中出来，看到积岩峥嵘，古松蔽日，身若云中，俯视山海，只觉身轻如燕，神思飘洒，迥隔尘寰，自此悟道。本来洞前两株银杏树均为雄树，洞口塌陷后，洞内真气顿泄，两棵大树须臾便枝枯叶落，元气大损，紫阳真人将一叶银杏丢下，瞬间长出了苍天之树，绿盖如阴，堵住了洞内真气。两棵银杏虽未死，却因阳气损耗过多，由阳转阴，由雄变雌。

如今洞内宽阔，可容百人，有缘之人能从左边的一洞口看到里面有一人影打坐修道，紫气环绕；无缘之人满目漆黑，觉寒气逼人。当人心诚至真，于洞内盘坐时，能嗅到异香，让人神志清明。据说有眼疾者，只需在洞内休憩一会儿，就能减轻病痛。

玉皇殿背后是一片荷花池。池内荷花竞相开放，旁有一石碑，上书"荷花池"。传说中，八仙中的何仙姑久闻崂山钟灵毓秀，便云游至此。

走之前，何仙姑临时起意，从花篮里拿出一朵荷花放在这里，谁曾想这荷花竟活了下来，并繁衍出一池荷花。池水因这些荷花经久不涸，而且寒冬也不曾结冰，荷花照旧开放。

传说紫阳真人看到荷花不惧严冬，迎冬怒放，心想此地必是块灵气充沛的风水宝地，于是每天都到荷花池边，吸取天地灵气和日月精华。一天，他的徒弟见师傅废寝忘食，实在辛苦，于是下山买来水饺，跪求师傅，请他进食。孙真人忽生一念，认为万物都有灵性，想让天天陪伴自己的荷花也尝一尝人间的食物，尤其是那株傲视严冬、艳丽芬芳的荷花。于是孙真人便把饺子放在花上，只见荷花包裹住水饺刹那间就把它吞食殆尽。孙真人大惊，于是每天让徒弟将饭食喂给花食。这朵荷花最终修成了仙子，她为感谢孙真人而想以身相许。孙真人一心向道，便找人代替自己而成全其事。

后来紫阳真人得道飞升，明霞洞因此得名，山下人皆到明霞洞求神庇佑。有一年，一个书生进京赶考，遇到一位白胡子老人。他和书生是老乡，想让书生帮他捎一封书信回家。书生欣然应允，接过书信却发现信封上没有任何字迹，正要问带往何处。老人说："崂山明霞洞外有一个荷花池。你到那就大声念出口诀'石门开石门开，京城寄的书信来'就行了。"说完老者就消失了。书生考完试返乡，不忘老人嘱托，带着信就往崂山明霞洞荷花池处去。书生在荷花池边念完口诀，突然眼前有金光闪现，荷花池间出现了一座豪华庭院。院内雕梁绣柱，富丽堂皇。院里走出一位老妇人，慈眉善目，观之可亲。在她身后跟着一位美丽少女，纤纤细步，体态婀娜。书生随她们走入屋内，里面雕栏玉砌，金碧辉煌。书生将信递过，两人千恩万谢，准备饭食招待书生。只见少女从鼻子里擤出一碗鼻涕变成一碗热乎乎的面条端给了书生。书生顿觉恶心，心想这样显赫的家庭，却是这样的待客之道，真是让人心生不喜。书生心下厌恶，便起身告辞。老妈妈见书生面露嫌恶之色，尴尬之余便将一方手帕裹上一把豆芽递给书生，要书生带回家。书生不忍妇人为难，将其塞进了衣袋。老妇人和少女与书生道别后，亭台楼阁如幻影消失不见，只剩荷花池里的荷花娇艳依旧。书生大为诧异，他觉得带豆芽回家未免太寒酸，便把手帕里的豆芽都倒进了池水里，他看这手帕材质精良，绣工不凡，便将绣帕带回了家。回家后他和母亲说起了此事，母亲在灯下细细端详这方绣帕，突然发现上面有一颗金豆芽。书生这才意识到，他丢掉的竟是金豆芽，悔不当初。母亲却劝其说：金银钱财都是身外之物，生不带来，死不带去，何必贪恋钱财。后来书生高中状元，却辞官不就，和他母亲一起归隐山林。

虽然书生远离尘世，但其经历广为流传，一精通风水之人知道后便起了心思。他得知荷花池内藏有宝物，想要获得宝物，必须在冬天练就卧雪穿冰之术，在夏天炼成烈日下平心静气之法。于是他开始日日在山上修炼，但是脑中想的全是获得宝物之后腰缠万贯和坐拥美人之事，被七情六欲牵绊难以练成神功。时光飞逝，神功仍未练成，于是他决定铤而走险，用斧头劈开山石，放尽池水。池水流尽，便现出一洞，他穿洞而入，只见里面美女如云，光彩夺目。他见身边美女婀娜多姿，妖娆妩媚，不能自已，刚要触碰美人，只看到一道巨雷劈过，便不省人事。醒来后，自己躺在水中，琼楼玉宇皆不再。一位道长把他捞起，把洞口堵住后说："贪恋女色功不深，欲多常伤精怃神。自己勤劳多行善，他人之物手莫伸。"他听后羞愧非常，下山自谋生路去了。从此荷花池水变得浑浊，冬天也不再有荷花开放。

（五）华楼宫

华楼宫在华楼山王乔崮下，背为碧落岩，前临南天门。原称"灵峰道院"，因建在华楼山上，又称为华楼宫。为元代道士刘志坚创建，明、清、民国间都有重修。里面有老君殿、玉皇殿和关帝殿。东边大殿里供奉的是作为忠义化身的关公，中间大殿里供奉的是道教师祖太上老君。院内有元代学士赵世延撰文的石碑，宫外有山东巡抚赵贤写下的"海上名山第一"碑，周围风光绝胜，元代尚书王思诚评为华楼十二景。

（六）神清宫

神清宫在宋代建于芙蓉峰西侧，历经元、明、清三代重修，宫中祭祀太清道德天尊、上清灵宝天尊和玉清元始天尊。东厢是道士修炼布道之所，西厢是救苦殿，奉祀太乙救苦天尊。神清宫依山而建，镶嵌在逼仄的山岩中，四周狭长，所以景物分外幽深秀丽。其地古木参天，洞壑幽深，就算在白天也能感到遍体清凉，让人神清气爽，这正是神清宫名字的由来。庭中有银杏、紫薇、绿竹，岩缝中苍松挺立，庭院被笼罩于树荫之中，清朝文人王大来的"翠积松窗暗，云深竹榻凉"诗句，就是指此。摘星台在玉皇殿西，是一块两丈高的巨石，站在上面可将华楼山、石门山的秀丽风景尽收眼底。摘星台下是脱尘洞，埋葬着单义守道士的尸骨。在东北的岩缝中，有一棵"千年柏"，据说已有 800 多年的树龄。附近还有大玉顶，上有养鱼池，池水经年不涸。

（七）白云洞

白云洞位于崂山东边山麓，建于明末清初。白云洞名称的由来有两种说法，一是因白云洞海拔高，且临海湿气重，经常被云雾环绕；另一种说法是以建造者田白云道士的名讳为名。在乾隆年间重修后，白云洞才粗具规模。据传，当时建筑材料一夜之间全从海上运来，故有"神工白云洞，人工华严寺"之说。

洞后曾有一株松树，因顶如华盖，被称为"华盖松"。松树苍老遒劲，繁密葱茏，从下望去，像一条张牙舞爪的飞龙，这便是崂山十二名景之一的"云洞蟠松"，可惜现已无存。

洞内宽敞开阔，祭有玉皇神像，上有民国藏书家傅增湘题壁："夜月清皎，海气苍寒，玩石抚松，飘然登仙。"此外还有卧云窟、普照洞和菩萨洞、清虚洞。菩萨洞内有一座铁佛，据说是乾隆年间赵体顺道士从海中捡到的，觉得颇为有缘便供在了此处。普照洞是人工洞，虽小却光线充足，坐于洞中可俯瞰山海景观。洞里的一间小屋里有一坛张姓道士的骸骨。沿洞侧山路东行，便到了会仙台。会仙台因状如座椅，背刻"仙"字而得名。登台眺望，远看烟波浩渺，近观悬崖万丈，惊险非常。

（八）蔚竹庵

蔚竹庵地处崂山凤凰岗下，西北峭壁紧抱，东南峰峦环耸，其幽寂之景远为山外诸庵所不及。明万历年间，道士宋冲云游到此处，见此地苍松巨石，修竹深邃，泉水粼粼，于是建立道观，并广栽绿竹，道观掩映其中，故名"蔚竹庵"。庵前流水潺潺，茂林修竹，即崂山十二景之一的"蔚竹鸣泉"。

20 世纪 30 年代，郁达夫先生携带小女儿来崂山游览时，被蔚竹庵的风光所陶醉，写下《咏蔚竹庵》七绝一首：

柳台石屋接澄潭，云雾深藏蔚竹庵。
十里清溪千尺瀑，果然风景似江南。

这首诗后来由著名书法家谢莆子誉写，刻在内九水路边的石头上，向世人展现蔚竹庵别具一格的幽深之美。

二　释刹

（一）法海寺

法海寺在石门山西侧，因纪念创建者法海大师而取名为法海寺。法海寺建于北魏，距今已有 1700 多年的历史，是青岛最古老的一座寺院。据寺碑记载，宋、清年间均重修过，最后一次重修是民国期间，新中国成立后政府也拨款维修过。

第二次重修后，新建了五间讲堂宣扬佛法，新塑了如来像，对观音堂加以整修，金碧灿然。增建云堂、耳室、僧寮 40 间，颇具规模。清代重修后，增建八蜡殿，里面供奉三皇五帝，娘娘殿供奉三霄女，后殿供释迦牟尼。当初的法海寺香火鼎盛，金碧辉煌，占地辽阔，院落众多，所以僧人只能骑马去关门。现在的法海寺拆除了八蜡殿、娘娘殿，并分为前院和后院。

现在的法海寺前院是大雄宝殿，观音殿和地藏殿分列左右。后院有三圣殿、藏经楼和送子观音殿。法海寺现有五十多间房舍，前院有两棵银杏树，已有 1600 多年，相传是先有了这两棵树，后才有了即墨城，可见这两棵银杏树历史悠久。

法海寺西边，有三座墓塔，分别为元代圆通和尚寿塔、明代广进和尚寿塔、玉柱和尚寿塔。

法海寺为佛教临济宗寺庙，里边可以独立坐禅入定，允许挂旃，收徒自由，是崂山内唯一放戒的丛林寺。每月的初一、十五都做香赞，对外举行"祈晴""祈雨"仪式。寺僧早晚诵经，只要捐赠香火钱，就可以在庙内为逝者诵经超度。

1. 正门

法海寺一共有三个门，即"空门""无相门""无作门"，象征"三解脱门"。门内四大天王两两相对，怒目而视，守护寺庙。进门之后，中间的天王殿和两旁的钟楼、鼓楼就是第一重院落。

2. 天王殿

天王殿里供弥勒佛，也称未来佛、东来佛祖。大约在五代以后，我国汉地寺庙供奉的弥勒像一般都为慈眉善目、笑口常开的布袋和尚。据说，大肚弥勒佛像的形象来源于契此和尚。据载，契此号长汀子，世传他为弥勒菩萨的化身。他身量肥胖，经常在禅杖上挂着布袋云游化缘，故称"布袋和尚"。后来契此在明州岳林寺磐石上圆寂，留下偈言："弥勒真弥勒，分身千百亿，时时示时人，时人自不识。"

弥勒菩萨的背后，供韦驮菩萨。两尊菩萨一座向南，一座向北。韦驮又名韦驮天，是护法诸天之一。韦驮身披盔甲，双手合十，把杵放在肘处，形体英武高大，但面容温和安详。菩萨两端写有"宝杵镇魔"和"护持正法"。相传罗刹鬼趁人不备盗取佛牙舍利。韦驮英勇不已，即刻便将罗刹鬼抓获，夺回舍利，获得了诸多赞誉，认为他能驱邪除恶，世称韦驮菩萨。

韦驮拿杵的姿势很有讲究，可以凭此判断寺庙的规模大小。如果韦驮将杵放在肩上，代表这个寺庙是大寺庙，可以接待行脚僧免费吃住三天；如果韦驮把杵平放在手中，代表这个寺庙是中等寺庙，只能接待行脚僧免费吃住一天；如果韦驮把杵放在地上，代表这个寺庙是小寺庙，不能接待行脚僧免费吃住。

韦驮有一个关于昙花的传说。昙花原是花神，她爱上了每天给她浇水除虫的年轻人，一年四季不分昼夜地开花。玉帝知晓后勃然大怒，将花神抓了起来，将她贬为一年只能开一瞬的昙花，不让他们再相见，还给那个年轻人赐名韦驮，送到灵鹫山出家修行，让他忘记花神，忘记过往。日月如梭，韦驮果然忘了花神，不问尘世，一心向佛。而花神却忘不了他，她知道每年春天，韦陀都要下山采集朝露为佛祖煎茶，所以昙花就在那时开放。她将积攒了一年的灵气绽放在韦陀经过的那一刹那，希望韦驮能注意到她。可是多少年过去了，韦陀一次次下山经过昙花身侧，昙花一次次地默默绽放，韦陀却始终没有注意到她，更别说记起她了。直到一天，一位消瘦的男子从昙花身边走过，看到她忧悒愁苦的神情便问她："你为什么哀伤？"花神诧异，因为凡人是没法看到花神的真身的。神仙头顶发有金光，鬼怪散有黑气，而这个人明明只是一个凡人，却看得到自己的真身。花神虽觉得奇怪，也只是迟疑瞬间后回答："你帮不了我。"那个男子便离开了。

40年后那个消瘦的男子又从昙花旁边走过，他看起来比之前更瘦弱了。他再次问了昙花40年前的那句话："你为什么哀伤？"花神再次踌躇后答："或许你帮不了我。"消瘦的男子笑了笑又离开了。40 年后，那个消瘦的老人再次路过，更为衰弱。当年的男子已经变成老人，但是他仍然问了那句话："你为什么哀伤？"昙花被感动，不再迟疑，答道："我是因爱上凡人被罚的花神，谢谢你，你这一生问了我三次，但是你只是凡人而且已行将就木，是没法帮我的。"老人笑了笑，说："我是聿明氏，是来了断八十年前你们没有结果的那段缘分。"面对花神惊诧的表情，聿明氏的笑容更为祥和了，他说："你应该明白，缘起缘灭缘终尽，花开花落花归尘。"说完他闭眼打坐不再言语。待夕阳将尽，老人笑道："昙花一现为韦陀，这般情缘何来错，天诛地罚我来受，苍天无眼我来开。"言毕，夕阳照到了聿明氏的眼睛里，他抓住花神，让她同圆寂的自己一起去往佛国。花神在佛国见到了韦陀，韦驮也终于想起了前生因果，佛祖知晓后准许韦陀下凡了断未了的因缘。因为聿明氏违反了天规所以灵魂只能不停漂泊，不能进入东方极乐净土，受天罚再无轮回。昙花一现，只为韦陀。因为昙花是在夕阳落尽后才见到的韦陀，所以昙花都只在夜间盛开。

3. 钟鼓楼

山门后面，有钟楼和鼓楼相对而立。钟楼供奉地藏菩萨，鼓楼供奉千眼观音。每逢重要节日，就会敲钟、打鼓。一般早晨先敲钟，后击鼓；傍晚则先击鼓，后敲钟。

往前便能看到一左一右两个赑屃分别驮着高 3 米的碑，碑文分别是《元泰定三年重修法海寺碑》和《修复法海寺碑记》，记载着法海寺重修经过。传说中，赑屃别名霸下，是龙生九子中的老六，样貌像龟，喜好负重。传说中赑屃常背起山川峰岳惹是生非，被夏禹制服后，战功显赫。大禹治水后，就让它背起自己的功绩。现在中国古代建筑的石碑下大多都是赑屃。

4. 大雄宝殿

殿前是两棵高大的银杏树，雄树较之雌树更高。两树枝繁叶茂，古木参天，有 1600 多年的历史。左边的银杏树是雌树，每年会结两百多斤白果，寺庙都会将白果分给信徒们品尝。当地向来有"先有白果树，后有即墨城"之说。即墨隋朝建城，已有 1400 余年，法海寺建于南北朝，白果树树龄也确比即墨城大。明代即墨文人范养蒙有《法海寺道中》诗："海气腾朝雾，山岚四野齐。衣沾青霭重，人踏白云低。茅屋松林外，钟声古坞西。生平幽寂意，到此欲岩栖。"

大雄宝殿系木砖结构，歇山式建筑。大雄是释迦牟尼的德号。大，代表包含万物；雄，是威慑众魔的意思。大雄指佛具足威仪，能降伏烦恼魔、阴魔、死魔、天子魔四魔。因此弟子尊称他为大雄。宝殿的宝，是指佛法僧三宝。

大雄宝殿为九五开间，象征如同帝王的"九五之尊"。殿内供奉释迦牟尼佛像，佛像呈禅定印，又被称为"法界定印"。即双手手心向上放于腹前，右手放在左手上，两拇指的指端相接。这一手印表示入定禅思，让内心安宁。佛祖在菩提树下冥思悟道时就是这种手势。左右为迦叶和阿难两弟子，佛坛背后是海岛观音壁画，大殿两侧是十八罗汉。

5. 三圣殿

后院的正中为三圣殿，殿里供奉着西方三圣。"三"，代表着三角稳固和长久。大乘佛教认为，每位如来配有胁侍菩萨，以便普度众生，所以放置神像时会加上两位胁侍菩萨。此外，佛教认为，只要人内心向善，就可以被称为菩萨。

西方三圣即主尊阿弥陀佛、观音菩萨和大势至菩萨。阿弥陀佛，也称无量寿佛与无量光佛。阿弥陀佛成佛前，一共立下四十八个愿行，其中一个愿行是：他成佛后，信奉他，持诵他名号的人，生前能得到佛光庇佑，免除灾祸苦难；死后将由他亲自接引往生西方极乐净土。

观音菩萨，又称观世音菩萨、观自在菩萨。观音菩萨清净庄严，有好生之德，广度众生，大慈大悲，寻声救苦，有求必应。

大势至菩萨为阿弥陀佛的右胁侍者，又被称为大精进菩萨。"以智慧力，拔三涂苦，得无上乐，故名大势至。"他头顶的宝瓶里装有智慧光，让智慧之光普照世界，能让众生脱离三恶道，得无上之力。

观音菩萨代表着修行要具备的大慈大悲，大势至菩萨代表着修行要拥有的无上智慧。

法海寺香火鼎盛，相关传说不少，其中，除掉狗妖的传说十分出名。《城阳民间故事集》记载，唐太宗年间，法海寺闻名天下，烧香祈福的人络绎不绝，很多人都争着想成为这里的弟子。但是，这里总共只有九十九个和尚，因为多一个就会被狗妖吃掉。

当时，狗妖危害四方，它们烧杀抢掠，无恶不作，后来竟盯上了法海寺。有个大胆的狗妖灵机一动，计上心头，打算假扮成和尚去法海寺杀掉方丈，将法海寺占为己有，随意处置。他化身为一个和尚到了法海寺，结果守门和尚不让他进门，老方丈听说后赶了过来，一眼就识破了狗妖的伪装，但眼下不敢声张，于是他告诉狗妖："佛门讲究九十九，寺里现在正是九十九个和尚，多一个就会遭遇大劫，请三思。"

狗妖眼看今天没法进去，又生一计，笑了一声便走了。三天后寺庙里一个和尚不见了，老方丈大吃一惊，想通其中关节，马上做好了安排。

狗妖到了后胸有成竹："那天说好的，寺庙只能有九十九个和尚，现在少了一个，我可以进来了吗？"

老方丈当着狗妖的面数了数所有的和尚，还是九十九个。虽然狗妖百思不得其解，但它也不占理，骂骂咧咧地离开了。后来狗妖如法炮制，又害死了一个和尚，想填补空缺，方丈一方面故伎重施，另一方面想好了办法对付这个狗妖。

老方丈打扮成小和尚的模样，准备将狗妖引出来时，一个叫郭全的年轻人跪到了他的面前，愤恨地说："我爹和我娘都被狗妖杀死了，这些年我外出拜师学了一身功夫，现在想去找狗妖报仇。师傅说要报仇必须准备几样东西，于是我去要了九十九家的白面，做成个饽饽，又要了九十九家的布，做了件衣裳，还去九十九家要了铁锻造了一把宝剑。狗妖作恶多端，请让我为民除害去吧。"

听了郭全的话，再看他身上的三件宝物，老方丈点头应允。晚上，郭全装扮小和尚站在河边哭泣："我是法海寺的和尚，不小心摔断了腿，谁来帮帮我？"

狗妖循着哭声来了，听说他是法海寺的小和尚，只觉天要助他。于是狗妖说要带他回家帮他疗伤。狗妖背着他往前走，却将他扔到了石崮洞，郭全还在这里发现了其他被害死的小和尚的尸体。

郭全此前吃过用九十九家面粉做成的大饽饽，力大无穷，搬走石块，从洞中逃了出来，狗妖露出獠牙扑咬过来，但是郭全穿着用九十九家布料做成的衣服，狗妖怎么也撕不破他的衣服。郭全趁机拿出宝剑，一刀砍下了狗妖的脑袋，踢到了山顶上，又把狗妖的身体剁碎扔进了西海。从那之后，才有了狗头涧、浆沟（狗）与和尚崮子。

（二）华严寺

华严寺坐落于崂山东边那罗延山东麓，襟山带水，是崂山现存的唯一一座佛寺。华严寺旧名华严庵，因为古代不允许私自建寺，所以取名为庵，民国时期改称华严寺。

华严寺宏伟典雅，集中体现了明代规模宏大、气象雄伟的建筑风格。华严寺是阶梯式院落，傍山而建，每进愈高，结构精巧。第一进是僧舍，第二进是藏经阁，第三进是正殿，内供释迦牟尼，周围是禅堂。第四进为后殿，因供奉观音塑像，又名观音殿。

1. 山海奇观

海滨路旁边有一块 10 米高的半圆形岩石，名为砥柱石。上面刻有"山海奇观"四字，是崂山现存最大的古代石刻。岩石背面刻着清代山东巡抚惠龄于乾隆年间游崂山题字的故事。但关于这块石刻，还有另一个传说。乾隆年间，一位姓王的官员来崂山游玩，尽管看遍了崂山奇景，但总是错过崂山日出的景色，于是闷闷不乐。而皇上宣他进宫复命，他宁愿冒抗旨之罪也要等天气变好看到日出，但是三天过后，仍然阴雨不断。他失望不已，不仅没看到日出，还犯了抗旨之罪，心想今生可能再也无法回到崂山了。想到此处，甚是心酸，抬头恰好看到路旁有一块巨石，便提笔写下"山海欺官"四个大字，雇了石匠想把它们刻在石头上。官员走后，石匠觉得"欺官"两字不好，便自作主张把"欺官"改成了同音的"奇观"。于是便成了我们如今看到的"山海奇观"。

2. 藏骨塔

华严寺旁还有一座塔院，是历代华严寺住持的埋骨处，所以名为藏骨塔。塔院里的砖塔是第一代住持慈沾大师的藏骨塔，有一棵古松紧紧围绕砖塔，又名"松抱塔"。另一座石塔里的是第二代住持善和，即抗清英雄于七。顺治年间，于七揭竿而起，对抗清廷，声势浩大，轰轰烈烈，但最终被残忍镇压。后来于七在即墨望族黄氏的掩护下，逃到了华严寺，当时的住持秉持仁慈之心，用沸水毁去于七当初面容，说他患上天花，逃过一劫。后来于七拜慈沾大师为师，诚心向佛。慈沾大师死后，他成了华严寺第二代住持，是少有的高寿。

3. 鱼鼓石

寺前山谷的西面有一块巨大的岩石，石头上有一圆洞，一眼望不到底，用手拍打如同鱼鼓声响，故名鱼鼓石，旁边有清代人所写"云穴"两个大字，笔力苍劲。据说，刚刚建起华严寺时，有道士也看中了这块风水宝地，于是念咒施法，将鱼鼓石平地升起，欲摧毁华严寺。危在旦夕之时，寺内被一道佛光覆盖，护法神韦驮用降魔杵把鱼鼓石挡住，打回原位，现在石头上还有降魔杵留下的痕迹。

4. 那罗延窟

那罗延窟，崂山最大的天然洞穴，位于鱼鼓石的西面。洞宽 7 米，约有 10 多米高，洞壁皆是花岗岩。洞南有一块形状很像佛龛的石头，洞顶有一个圆钝的洞孔，正午太阳升至天顶时，日光便从石孔射了进来。据传，这个圆洞是那罗延佛在这里修炼升天时撞开的。那罗延窟南边的山坡上是天波池。此池久旱不落，清澈见底，仿佛接天而生，故名曰"天波池"。天波池对面的山脊上有三块岩石堆叠成的石门，从石门中可以看到海天一色，所以叫望海门。站在石上，东望大海，视野辽阔。明代诗人黄坦有诗："林杪晚生烟，寒光与树连。云归山雨后，松落海涛前。孤磬传清夜，长波没远天。一时人境寂，不复梦游仙。"

（三）潮海院

潮海院在崂山栲栳岛东部，创建于南北朝初期，又叫石佛寺。栲栳岛名字的由来有两种说法：一是因为岛上长有栲树得名，二是因为岛的形状像栲栳，即簸箕得名。

据载，晋代名僧法显幼时出家，潜心于佛。62 岁的时候，法显与同伴从长安出发，到天竺学习梵文，求取佛经。其间同伴陆续死去，只剩他历尽艰辛坐船来到了斯里兰卡，继续求佛问典。法显到天竺取经的时间比唐朝的玄奘早了两百多年。在取经 13 年后，法显决定回国，途中遇到了海上风暴，漂流到爪哇国，耽搁停留了五个多月，后来又耗时两个多月才到了崂山的栲栳岛。当时的郡太守李嶷热情接待了法显，主持集资兴建"石佛寺"，后来改名为"潮海院"。法显在这里翻译经书，后来到南京译经传法，后于荆州圆寂。法显取经回国后写了一本《佛国记》，后又称《法显传》《历游天竺记》，被称为世界三大游记之一，此书记载了法显与同伴的取经行程及其见闻，对我国文化产生了积极影响。

法显在崂山译经传法后，香火旺盛，带来了巨大影响，佛教也由此开始在崂山地区兴盛。清末时，潮海院与华严寺、法海寺已合称为崂山的三大寺院。寺内正殿供奉释迦牟尼佛像，后殿有十八罗汉，西边有娘娘祠。每年正月十六是这里的庙会节，十里八乡商贾百姓云集，争赶庙会，前往潮海院娘娘祠求子求福的香客也络绎不绝。

可惜"文革"期间，潮海院被毁，只剩残垣断壁。目前潮海院被划归栲栳岛驻军，属军事管理禁区。院门上是由湛山寺方丈明哲写的"潮海院"三个字，正殿里挂着法显的画像、法显取经路线图和简介。院内有荷花池，两侧是六棵古老的银杏树，已有 1600 年的树龄，但却依旧繁密葱茏。殿中的门柱上刻写着楹联：

钟鼓声中垂思百代云舒云卷，
貔貅旗下静观千年潮去潮来。

（四）海印寺遗址

海印寺遗址在太清宫三清殿前，是憨山大师所建，现已成广场。有仆碑一座，是修寺时所立，广场南面，有东西横亘一里长的石堤。西面有一个小码头，以供船舶停留上岸。晴空月夜，漫步于长堤之上，月色与海面相映，景色尤为幽艳清奇。可惜现在只余一石碑，上刻"海印寺遗址"，另刻有一行小字："明万历十三年憨山大师建海印寺于宫前，二十八年降旨毁寺复宫。"

那么曾经辉煌宏伟的海印寺为什么只余残垣呢？这其实是明代的一场"僧道之争"的牺牲品。

憨山大师是明代的高僧，曾在五台山为皇太后设道场祈福祈嗣，颇得圣慈太后喜欢。憨山大师发现《华严经》中记载"东海有处，名那罗延窟，是菩萨聚居处"，心里非常向往，便去往崂山寻找那罗延窟。圣慈太后知晓后给憨山大师赐银三千两，支持他在崂山建寺。不料当时崂山饥荒严重，哀鸿遍野，憨山大师怜悯百姓，将建寺的钱给了灾民，自己则在崂山深处潜心修佛。但是因为那里位置较偏，人烟稀少，不利于宣扬佛法，两年后他途经太清宫，发现这里三面峻山，大海当前，是一片难得的风水宝地，于是就在此搭建了一所茅庵居住。几年过后，万历皇帝把几部《大藏经》赐给各地名寺，圣慈太后赐了一部给崂山，因当时无寺可放，于是再次赐钱建寺。

这次憨山大师拆毁了破败的太清宫，历时四年终于建成了海印寺。海印寺壮观雄伟，香火旺盛。

太清宫道士们因此流离失所，以耿义兰道士为首，四处上访控告，但各衙门因憨山大师深得皇太后宠信，俱不受理，反而治了耿义兰诬告罪，多次将他打得皮开肉绽。耿义兰仍不放弃，最后决定去北京告御状，呕心沥血 10 年之久，终于遇到了愿意帮他的人，这人就是白云观道长张国祥。他找到了当时颇为受宠的郑贵妃，终于将诉状送到了皇帝面前，五年案辩后，道士们终于胜诉。

万历二十八年，万历皇帝下旨逮捕憨山，并以"私创寺院"罪将他发配雷州，并嘉奖耿义兰护教有功，敕封他为"护教真人"。

官司胜诉后，太清宫获重修翻新，一时风头无两。憨山大师实际上是皇帝和皇太后政治斗争的牺牲品，但是风雨飘摇的几百年过后，只剩这块海印寺石碑，见证着当年那段动荡的历史。

（五）慧炬院

慧炬院又叫石竹庵，在华阴集北，凤凰山下。前有石柱涧，岩峦回护，景致清幽。创建年代无考。隋代和元代均有重修。相传海印寺被拆毁后，其经幢、佛像等移置于此。据《慧光传》载，隋代名僧慧光的弟子道凭游历至华楼山，见石竹庵虽然已倾颓，但清静幽雅，于是出资重建。为了纪念他，就将石竹庵改名为"慧炬院"。

虽然慧炬院规模不大，但曾与多位名人结下不解之缘。一是明朝的监察御史蓝章曾多次游览此地，并为慧炬院留下过碑文。其子蓝田也写了许多关于慧炬院的诗。如："已知世网皆成幻，谁识禅家独是真。洞底春云初印月，定中好衲记前身。"二是清朝的易理学家胡峄阳，童年在村里读私塾，后来又到慧炬院学习。因为慧炬院虽然是寺院，但藏书丰富，又作书院。胡峄阳在此深造学习，勤学苦练。但去莱州府应试时，因考官要他脱衣搜身，他不肯受辱，愤怒离去，立誓终生不仕，后设私塾教授学徒。三是明朝年间海印寺被毁，憨山被流放雷州。有弟子将经书、佛像、法器等置于慧炬院，使这些珍贵的文物免于被毁。

（六）竹子庵

竹子庵得名于一个传说。很久以前，崂山有个财主叫赵吞天，他肥头大耳，长着对蛤蟆眼，尽管腰缠万贯，却爱财如命，一毛不拔，苛待下人，穷人帮他种地，却只能勉强糊口。

山下有个年轻人，叫张义，他一年到头给赵吞天种地，还是养不活爹娘。有一年收成不好，他收的粮食缴了租后就只剩半袋粗粮了。他拿着半袋粗粮，边走边哭，却被一个满头白发、慈祥和蔼的老婆婆叫住了。老婆婆把手里的泥钵递给了他："孩子，拿去吧，它能让你过上好日子。"

张义接过后没当回事，接着往家走。突然听到泥钵里"哗啦"一声响，低头一看，原来是自己给赵吞天割谷子的时候搓了一把小米，放在布袋里想带回来给娘尝一尝，可自己的布袋破了，小米就漏到了泥钵里。张义赶紧把米从钵里掏出来放到装粗粮的袋子里，可是从钵里拿出来的米好似无穷无尽，麻袋都装不下了。他高兴坏了，跑回家和爹娘一说，还把全村穷人都叫来收小米。

赵吞天知道后暴跳如雷，要是穷人都有饭吃，就没有人帮他种田了。于是他气急败坏地带着他儿子和爪牙们闯进了张义家，不管三七二十一就用脚使劲踩泥钵。但他才刚刚踏上一只脚，就被张义甩了两耳光。他儿子急忙把他拉出泥钵，却一下子拉出了两个赵吞天。他儿子也被两个爹搞糊涂了，他叫一声爹，拉一个爹，居然拉出了49个赵吞天。他们几乎要把天井给站满，儿子也分不清到底哪个才是真的爹。然后赵吞天们就七嘴八舌争论开了，纷纷说自己才是真正的赵吞天，甚至动起了手。正当闹得不可开交之时，从门口走进了给张义泥钵的那个老婆婆，听说极有本事，大家都叫她"南海婆婆"。

她笑着走近泥钵，把钵口一捣，往赵吞天的屁股上狠狠踢了一脚，就把他踢出泥钵了，于是钵里就再也不出赵吞天了。可是现在已经有50个赵吞天了，他们越打越狠，转眼就打死了49个赵吞天，剩下一个奄奄一息的赵吞天。儿子一看，不管是真的还是假的赵吞天，匆忙把他唯一的爹带了回家。没过两天，最后的那个赵吞天也死了。

村民们欢天喜地，从钵里产出了吃不完用不尽的粮食和布匹，于是想给那个老婆婆立个祠堂。村民把竹子和树丢进钵里，很快就盖起了一个庙，然后把剩余的竹子种在了庙的周围，取名为"竹子庵"。

三　书院

（一）华阳书院

华阳书院又称东崖书院，建于明朝正德年间，位于崂山华楼山南部，为蓝章所建。前有紫云阁，上有文昌阁，背崖俯溪，景致甚佳。嘉靖年间，辞官后的蓝章在书院里新建紫云阁，请名士授课。当时院内藏书甚巨，是即墨藏书最多的书院，吸引了省内外学子前来求学，华阳书院也由此成为当时即墨规模最大的书院。

蓝章，号大崂山人，山东即墨人，官至南京刑部右侍郎。华阳书院原来是蓝氏家塾，蓝氏后人都在此读书。华阳书院先后培育出进士、贡生等50余人，还有声名显赫"蓝氏三凤"。

乾隆年间，进士冯文炌在华阳书院教书。当时蓝中琮是诸多学子中的翘楚，冯文炌对他深寄厚望，还写咏松诗鼓励他。谁曾想天不遂人愿，蓝中琮20岁英年早逝。蓝中琮死了，蓝氏祖坟上的千头松也倒了，树运和人运紧紧相连，这似乎就是华阳书院衰败的开端。蓝中琮的后代蓝荣照在家塾读书的时候，爱上了一位女子，想要纳她为妾。他的父亲听闻后勃然大怒，杖打其不专心读书。蓝荣照羞愧不已，在书院自缢而亡。两名爱徒的英年早逝，以及自己没有子女，冯文炌万念俱灰，孤独死去。蓝氏后人另寻别院读书，此后华阳书院门可罗雀，凄冷荒凉。虽然后来多次修葺，却再也没有当年的光景了。

蓝氏后代蓝水曾在民国年间游览华阳书院，触景伤情，唏嘘不已，写下了：

> 当年选胜筑平泉，树石清幽别有天。
> 勇退聊寻山水乐，藏书但愿子孙贤。
> 谈经有地人何在，望月无楼夜不眠。
> 丹障哪知兴废感，高俊云表尚依然。
> 而今犹是旧平泉，浪说当年别有天。
> 阁圮已无书可读，楼倾空复月常圆。
> 门前逝水滔滔去，峰顶归云夜夜眠。
> 令我顿生兴废感，不能堂构愧前贤。

（二）康成书院

康成书院位于不其山东麓，得名于郑玄的字"康成"，为东汉经学家郑玄在崂山讲经论道时所建，规模颇大，蔚为壮观。清代初期，因为康成书院无人管理，逐渐破败。康成书院最为兴盛的时候，有近万名学子，是当时崂山地区影响力最大的一座书院。在它的影响下，青峪书院、石屋书院、下书院、劳山书院和华阳书院等书院如雨后春笋般建立。可以说以康成书院为首的各书院为崂山培养了第一代儒生，带来了求学的良好风气。从此，崂山人才济济，远近闻名。至今，崂山还有一个"书院村"。村庄北边有个"演礼村"，这里是郑玄当年教授礼仪的地方。

传说郑玄在康成书院讲学授课时，勤俭节约，经常到附近采集书带草，以编草绳捆书，这对郑玄的读书教学帮助很大。后来人们就把这种捆书的草叫作"康成书带"。至今，在康成书院旁仍有这种书带草。

传说，郑玄在崂山书院传道授业时，一个鹤发童颜的老人跪在他面前，请求郑玄收他为徒。郑玄被他活到老学到老的求知精神感动，便答应收他为徒。此后，老人在他的悉心教导下，刻苦学习，虽然在各弟子中最为年长，却是学得最好的一个。三年过后，老人学成离去，临走前送给郑玄一个绸缎包裹，以报答师恩，随后变作一只白色的狐狸离去。

郑玄这才恍然大悟，原来他收的是一只狐仙徒弟。打开其送的包裹，只见里面是一颗粉色的药丸。他才刚张开嘴巴，那药丸就飞进了他的肚子里。药丸甜丝丝的，很快就化开了，郑玄感到全身都流动着暖流，照镜一看，他白发变黑，弯腰变直，一扫老态。原来狐仙送他的药丸是回春丸，只需一颗就可以年轻30岁。30年后，回春丸失效了，郑玄恢复了真实年龄，因病离世了。

即墨文人黄体中有一首颂写书院的诗：

　　崂山嵯峨碧云端，三月涧深墨水寒。万壑纡回丹凤舞，千岩起伏紫龙蟠。烟雾层层锁三标，巨峰华楼郁岩峣。一蛇蜿蜒成曲势，万马奔腾逐怒涛。路转峰回地忽变，群山到此开生面。牛羊践没惟荒榛，内有康成读书院。昔闻开讲不其阳，相从负笈皆贤良。《毛诗》《周礼》尽在是，至今翰墨余馨香。落日空山鸟鸣幽，物换星移几度秋。行人争觅书带草，过客尚杯篆叶楸。从来世事有心故，秦汉遗迹何足数！山阴谁识神人鞭？姑岛空传天子墓。何如先生一亩宫，山高水长永无穷。道接洙泗源流外，名垂谢范史册中。我欲为起通德里，肖像康成祀故地。左列逢萌右王扶，直与崂山相终始。

第四章 崂山仙释

黄宗昌《崂山志》卷五有言："崂山处东南隅，又半在海，胜地名岩外，多人迹所不至，故修炼家时有也。"崂山东濒大海，环境清幽，适合修炼，所以历史上不少僧道清修于此，名道王重阳、丘处机、张三丰、名僧憨山等都曾修行于崂山。

一 崂山道仙

（一）八仙过海起于崂山的传说

俗话说"日没昆仑"，自古以来昆仑山就是八仙修炼的好地方。

某年春，韩湘子闲来无事巡视人间，在巡视的途中发现人间瘟疫肆虐，于是回去找其他仙人，铁拐李听后说不能坐视不管，他提议应去东海瀛洲采仙草，用来救治人间的瘟疫之灾，于是八仙决定过海去瀛洲，而过海的最好起点便是崂山。

八个仙人，汉钟离、张果老、曹国舅一帮，吕洞宾、韩湘子、蓝采和一帮，铁拐李和何仙姑一道儿，分别前往。他们约定八月十五在崂山头会面，前两帮准时到达，铁拐李和何仙姑晚了时辰，落在了后面。铁拐李和何仙姑假称父女，进了崂山，全崂山一片哭声，百姓挤破了土地爷庙的大门，想要祭祀逝去的亲人。铁拐李见此情景，拿出他的药葫芦，取出葫芦里的灵丹妙药，与何仙姑一起把药送给生病的百姓，神药果然是神药，所有吃了药的人，重病化轻，轻病化了，没两天工夫都痊愈了。

在崂山有个王哥庄，庄里有个相公，因为瘟疫一直躲在自家不敢出门，后来他知道外面来了神医救活了城里的人，然后才放心地出门。这一出门便碰见何仙姑正在挨家挨户地送药。何仙姑是神仙，神仙的模样可是人见人爱，都是桃花面、葱白儿手，长相俊俏喜人。相公一见何仙姑便动了心，一直不害臊地跟着她，还动手动脚，何仙姑虽然烦厌但也不便说，只能跟铁拐李抱怨，铁拐李劝解何仙姑勿发作，并让她牢记"仙家伸手必伤人"。这位相公看了铁拐李和他的铁拐，心想这家顶多是个庄稼人，不是什么大人物，但是表面上的礼节还是要有的，便央求铁拐李应允这门亲事，铁拐李灵机一动，说让相公和女儿何仙姑比试比试，相公说他没武艺，但钱财有的是。铁拐李哈哈一笑，钱财他们可不稀罕，相公着急了，说武艺没有，跑总还是会的，铁拐李便说那就比一比谁跑得快，相公能撵上何仙姑，这门亲事他就允了。何仙姑一听撒腿就跑，这位相公撒腿就追，但他哪能撵得上何仙姑呢，就这追赶的工夫，正好碰见了太清宫老当家的，名叫刘若拙，他正在桥上练"太极剑"，看见有人在追一小女子，便大喊一声："哪来的恶少，休得无礼！"相公一听停下了脚步，铁拐李也停下了，何仙姑便顺手将相公打下桥去。

道士刘若拙是个精通教义又有道行的人，见此情形，他忙问铁拐李尊姓大名，铁拐李端详了他一会便说："我姓石名八子，我家小女名叫小山人。道长能见危相助，真是道号千古。"说完便和何仙姑走了，一会儿便没了踪影。

刘若拙顿了顿才明白过来，十八子不就是个"李"，他可不就是铁拐李！小山人不就是个"仙"字，那不就是何仙姑吗！想明白过来他撒腿就追，一直追到了崂山头。

到了崂山头，只见崂山头的大海边上站着八个人，每人脚踩一块大石头。刘若拙一见就明白了，这是八仙，便央求仙人们带他一起去，铁拐李告诉他修行尚且不够，回去好好修行，等着以后再说。说完八仙便离开石头飞进了云雾中。

被八仙踩的这八块石头，就是现在的"八仙墩"，倒了的那一块是何仙姑蹬倒的。

刘若拙回到太清宫之后，便将那"泉水桥"改名叫"逢仙桥"，一直叫到今天。他为了修炼，不住在太清宫，往北行30里修建了"太平宫"，在那里面壁打坐。后来他终于得道成仙，被铁拐李带走。

（二）崂山道家喜歌的传说

崂山道家宫观的当家人，都不是本地的崂山人，全是一些看破红尘跑来隐居的，他们有的做官不得意，有的还杀过人，凭着一点身份，来崂山夺了宫观；当然真心修炼的也许有，但大半是来享清福刮地皮的。但有了宫观，没有供支使的小道士也是不行的，否则就不是来享福的了，然而要找小道士就得到人间"感化"，于是一种"喜歌"就应运而生。唱起了"喜歌"，就有人听得入迷，更过分的就直接扔掉老婆孩子，甘愿到庙里供出家人使唤。

最早道人去"感化"人唱的"喜歌"：

> 人人都说神仙好，
> 只有娇妻忘不了。
> 君在日日说恩情，
> 君死又随人去了。
>
> 人人都说神仙好，
> 只有儿孙忘不了。
> 痴心父母古来多，
> 孝顺的儿郎谁见了？
>
> 人人都说神仙好，
> 只有钱财忘不了。
> 终日只恨聚无多，
> 聚到多时眼闭了。

"喜歌"里尽说的都是"情、气、财"三个字。可见，早年崂山的宫观，都有产业，都是些大小财主，他的目的就是要寻找供人使唤的小道士。庄户人听了不免心动，于是便追随了去。

传说有个识字不多的庄户人，看出了这其中的些许门道，也写了一首庄户人家的"喜歌"贴在宫观门上：

> 人人都说神仙好，
> 神仙来自庄家佬。
> 蹲在庙里念经卷，
> 不等念完就死了。

人人都说神仙好，

谁把儿孙都忘了？

痴心父母古来多，

孝顺的儿郎也不少。

人人都说神仙好，

庙产千亩忘不了。

终日只恨聚无多，

不知多到何时了？

这一写，让那些跟着老道出家的小道士明白了，就又从宫观里跑出来不当道士了。

（三）崂山仙道代表人物

徐福

徐福，也作徐市，字君房，出生于战国时期的齐国，秦朝著名方士、道家名人、曾担任秦始皇的御医。徐福上书说海中有蓬莱、方丈、瀛洲三座仙山，有神仙居住。于是秦始皇斥巨资并派徐福率领童男童女数千人入海求仙，在这之前，秦始皇已经预备三年的粮食、衣履、药品和耕具。然而徐福携众人出海数年，并没有找到所谓的神仙。秦始皇三十七年（前210年），秦始皇东巡至琅琊（今江苏赣榆），徐福推托说出海后碰到巨大的鲛鱼阻碍，无法远航，要求增派射手对付鲛鱼。秦始皇应允，派遣射手射杀了一头大鱼。后徐福再度率众出海。然而多次寻找仙山的旅程都以失败而告终，不甘心的徐福便在当地"崂山"生活了下去，繁衍后代，其后代改姓崂或劳。

关于徐福的野史逸闻：

秦始皇时，西域大宛国的荒郊野外经常横尸遍野，后来有人发现有些鸟衔来一种草盖在死人脸上，死人就立刻复活了。官府发现了这件奇闻异事就奏报给秦始皇，秦始皇觉得此事十分神奇，便派人去采集神奇的草，并带着那种草到北城请教鬼谷子。

鬼谷子看了这草，便看出这草就是祖洲有名的不死草，这草只能生长在琼玉的田地里，它的叶子像菰米，长成的不多，但一株不死草就能救活上千人，秦始皇听后下令一定要找到这不死草。

于是秦始皇便派徐福带着童男童女各三千人，乘着楼船出海去寻传说中的祖洲之地。然而徐福出海后一去不回，谁也不知道他到了哪里。

后来沈羲得道成仙，道家始祖黄帝和老子派徐福为使者来接沈羲升天。徐福当时是乘白虎车、度世君司马生乘龙车、侍郎薄延之乘白鹿车，他们一起到人间来接沈羲。这时人们才知道徐福已经得道成仙了。

至唐朝开元年间，城里有个读书人得了怪病，这个病让他半身枯瘦、浑身发黑，此人家里甚至请了宫中的御医张尚容等来看，也不知道是什么病。这个病入膏肓的读书人决定把全家聚在一起，他说："我已经病成这样了，还能活多久呢？我听说大海里有神仙，干脆我就去求仙方吧，也许就能治好我的病呢。"家里人觉得事到如今也没有什么好的办法，他若想走便让他走，于是只好派一个仆人跟随着他，一直来到山东登州的大海边上，到了海边正好看见有条空船，此人便上了船，也无风向也无目的，任船随着风就走了。

读书人在海上漂流了十几天，终于靠上了一个小岛，正赶上小岛的岛民正在举行着什么活动，只见岛上有好几百人正在朝拜一个什么人。读书人上岸后，见岸边有个女人在洗药，就向那女人打听他们都是些什么人。那女人指了指一个坐在正中央的仙风道骨的人说："你看那边在大床当中坐着的那个白发老翁，那就是徐君，大家都在朝拜他。"读书人问徐君为何人。女人说："你没听说过秦始皇时出海求仙的徐福吗？"读书人说知道。女人说："他就是徐福。"

读书人一直等朝拜的人都散了，便上前拜见徐福，他说了自己的病情，请求徐福给治疗。徐福说："你得的是必死的病，但遇到了我，你就能活了。"徐福起初给读书人可口的饭菜，但又故意用特别小的碗盛饭给他，读书人嫌碗小饭少。徐福说："你能把碗中的饭吃完，我就再给你添，管你吃饱，只怕你连这小碗里的饭都吃不完呢。"士人就大口地吃饭，没吃几口，就像吃了好几大盆饭似的，很快就饱了。徐福又给他酒喝。酒杯也极小，还没喝几口就醉了。

到了第二天，徐福又给读书人几粒黑色药丸让他吃下去，读书人吃下去这神奇的仙丹立刻感觉有了反应，小解出黑色的液体，转而病就好了。读书人请求归于徐福门下。徐福说："你是人世上有官位的人。留在这儿不合适，我会让你乘着东风回去。"徐福给了他一袋黄色的药，并说：

"这药能治任何疾病，再遇见有病的人，可以用羹匙量着喝一点就能治好病。"

于是读书人回到登州，就把药献给宫中。唐玄宗大喜，当即就把那药给有病的人吃。所有人无论病得多严重，一吃病就治好了。

安期生

安期生，亦称安期、安其生。人称千岁翁，安丘先生。琅琊阜乡人，跟随河上公学道，是黄老学派传人，方仙道的创始人。道教视安期生为重视个人修炼的神仙，故上清派特盛称其事。据传，他得太丹之道、三元之法，得道成仙，位在玄洲三玄宫，被奉为上清八真之一，其仙位几乎与彭祖、四皓相等。在陶弘景《真灵位业图》中列在第三左位，奉为"北极真人"。

历史上安期生出现最早的是在《史记》中，《史记》说他师从河上丈人，习黄帝、老子之学，在东海边卖仙药。秦始皇东游登琅琊台，遇见了安期生，并与安期生交谈三天三夜，金银玉璧无数财宝给他，但安期生视珍宝如粪土，将这些宝物都放在琅琊阜乡亭，独自离去，只留下一封书信及一双赤玉舄为报答。后来秦始皇不甘心，派遣使者寻找安期生并请求他回来，还没到蓬莱山，就遭遇风浪无功而返。

《汉书》说他为策士，一生中与蒯通交友为善，曾经策干项羽，但未被采用。后来方士、道家多说他隐居海上成为神仙。《史记·封禅书》载："安期生，仙者，通蓬莱中，合则见人，不合则隐。"《汉书·蒯通传》载："通善齐人安其生，安其生尝干项羽，羽不能用其策。而项羽欲封此两人，两人卒不肯受。"苏轼《安期生》诗："安期本策士，平日交蒯通。尝干重瞳子，不见隆准公。"陆游《长歌行》诗："人生不作安期生，醉入东海骑长鲸。"传说，安期生寓居海岛时，以巨大海枣为食。《史记·封禅书》载，李少君对汉武帝说："臣常游海上，见安期生。安期生食巨枣大如瓜"。故后有"安期枣"之称。唐元稹《和乐天赠吴丹》诗："冥搜方朔桃，结念安期枣。"唐李白《寄王屋山人孟大融》诗："我昔东海上，劳山餐紫霞。亲见安期公，食枣大如瓜。"清方文《奉酬范质公司马》诗："东风柔橹别江沙，送我安期枣似瓜。"郭沫若《董老行》诗："传食共分秦侯瓜，延年自有安期枣。"据旧志载，斋堂岛上旧有海枣出产，八月开花结枣，次年春夏成熟，是否系安期枣，待考。

安期生对秦汉燕齐方士活动、方仙道的形成和秦始皇屡遣方士入海求长生不老药都产生了很大影响，故成为当时帝王重视、方士尊崇的仙人和中国道家史上的名人。

王旻

王旻，唐代道士，最喜欢游历群山，尤其是五岳，长相如30岁的人，一心钻研道教。于唐玄宗天宝四年（685年）上书，去崂山炼长生丹药。唐玄宗同意了他的请求，并将崂山改名为辅唐山。

孙昙

孙昙，唐代道士，生平不详。天宝二年（743年），奉唐玄宗之旨去崂山采炼仙药。孙昙的事迹史无记载，但崂山摩崖刻石有他的记录。其中一处刻石在招风岭前明道观之南石壁上，有线刻菩萨像，旁边镌刻着"敕孙昙采药山房"，这里旧称"柴房"，孙昙曾经在这里筑庐居住。另一处是有69个字的成篇刻石，可惜经过1000余年的风雨剥蚀已漫漶不清，据记载清代时尚可辨认37字，其大概意思是：唐天宝二年三月六日，奉命采仙药的孙昙在崂山发现了仙药，遣人报告，等待回音。

姜抚

姜抚，号冲和先生，唐代著名的术士，宋州人（今河南省商丘市）。自称年龄超过百岁，唐玄宗授予他银青光禄大夫一职。《新唐书》为他立过传。

据《册府元龟》卷三三六载："裴耀卿为左丞相，开元二十五年，逸人姜抚献长春酒，玄宗分赐年衰朝官，兼与方法……时士庶竞服长春酒，多有暴卒者，帝惧而止。"

《新唐书》卷204《方技传·姜抚传》载，姜抚在出名之前，自言通仙人不死之术，自己手上有长生不老的独家秘籍，隐居不出。这个消息很振奋人心，所以很快就在百姓中传播，接着从民间风传至官场。开元末年（741年），太常卿韦绦祭名山，兼访民间隐逸之士，闻听姜抚已满百岁，乍一见面，韦绦见姜抚颇有几分仙风道骨，便问老先生贵庚几何。姜抚轻拈花白的胡须曰："年近百岁！""百岁？"韦绦的眼睛马上就直了。姜抚神秘一笑："吾有秘方！"韦绦关心的不是大师的秘方是什么，而是如何将这位养生大师推荐给皇帝。若能让皇上万寿无疆，自己岂不是大功一件！于是，韦绦马上将姜大师带到洛阳觐见唐玄宗。

李隆基问大师有何长生秘方，姜抚回答："服常春藤，使白发还鬓，则长生可致。"李隆基频频点头，又问哪里有常春藤，姜大师说："藤生太湖最良，终南往往有之，不及也！"

虽然终南山也有，但不及太湖的。李隆基马上派人去太湖采常春藤。为了让大家伙都长生不老，李隆基还摆下"常春藤宴"，凡是与会者，每人都有份。

吃藤不忘送藤人，接下来该表示对大师的谢意了。对李隆基来说，封官比吃藤还要容易。于是，御笔一挥："擢抚青光禄大夫，号冲和先生。"姜大师从此位列三品。

姜大师寻思皇帝天天吃藤，总有厌食的一天，得换换口味。不久，他向皇上进言："终南山有旱藕，饵之延年。"李隆基立即派人前往终南山采集这一旱地野藕。

此事被右骁卫将军甘守诚识破，甘守诚在李隆基主持的养生座谈会上，撕下了姜大师的画皮。他说："长春者，千岁蔂也。旱藕，杜蒙也。方家久不用，抚易名以神之。民间以酒渍藤，饮者多暴死。"甘将军有备而来，说得有凭有据。姜大师脸红耳热，知道自己再也骗不下去了，羞愧害怕，请求到崂山采炼仙药，遂逃出洛阳。

李哲玄

李哲玄，字静修，号守中子，河南兰义人，生于唐宣宗大中元年（847年）二月十七日。自幼聪敏勤学，中进士第。因其性好清淡，受孙思邈、司马承祯等的人道学思想影响，遂弃官云游，寻访真道。几经辗转，入罗浮山曜真洞拜师学道，修行十数载。深研玄理，尽得精奥。拜辞师友后，从四川一路东来，云游化缘，济世度人。于904年来到崂山太清宫，与宫中道士张道冲、郑道坤、李志云、王志诚等相处极投缘，承众道士之美意留驻宫中。

太清宫自西汉武帝建元元年（前140年）崂山道教的开山始祖张廉夫创寺以来，一直维持着"三官殿"和"三清殿"两大主殿布局。在"三官殿"中供奉着天、地、水三官，即中国古代氏族领袖尧、舜、禹。相传尧无为而治，效法天地而风调雨顺，百姓得利于道，被后世尊为"天官大帝"；舜时，相传灾害较多，舜以德治天下，率百姓抗灾取得成功，百姓得利于德，被后世尊为"地官大帝"；禹时，洪水为患，禹在治水时一反先人堵截之法，取象于水，因势利导获得成功，被后人尊为"水官大帝"。三官殿的建立，基本反映了道教初期的观点。

建于公元前139年的"三清殿"则是道教修身理论的具体反映，道学家把修行到最高境界之前的三个阶段分别称为"大赤天太清境""禹余天上清境"和"清微天玉清境"。修道的初级阶段太清境为玄气（即人身体中从食物内分解吸收的能量，亦称"谷气"或"后天之气"）所成，此境界中的尊神为"道德天尊"，强调该阶段主要是明道守德，这是练功的基础；中级阶段上清境为元气（即身体中与生俱来的"先天之气"）所成，此境界中的尊神为"灵宝天尊"，强调该阶段一方面要发挥自己的悟性（亦称"灵感"），另一方面要结合道家视之若宝的法则（即由老师专门传授的符、咒、印等秘法）进行修炼，才能成功，所以视"灵宝"为天尊；高级境界玉清天为始气（即宇宙之气，亦称"外气"）所成，此境界中的尊神为"元始天尊"，强调修炼不能主观化，而应遵循自然的法则以达到回归自然的超然境界。"三清殿"的建置，证明崂山道人远在西汉时已对道学内修理论有了较深的认识。

但是，两殿布局与道学中"道生一，一生二，二生三，三生万物"的理论不甚吻合，李哲玄遂募化资金在"三清殿"西侧另建主殿一处，供奉"三皇"，称为"三皇殿"。从原始社会到奴隶社会间的历史阶段称为"三皇五帝"时期，三皇则为中国古代神话中的传奇人物。在古代传说中，说伏羲氏"仰观于天，俯察于地，始演八卦"，开创了最基本、最朴素的唯物辩证的思维方法，让人们遵循事物发展的客观规律（天道），故被尊为"天皇"。神农氏，在古代传说中他生有一副水晶肚肠，为了人类的生存和发展，他遍尝百草，如果吃了有毒的，他的肛肠就呈现黑色，自己得睡半天；如果吃下后肚肠仍旧鲜红，就告示人们可以采集食用。他成为人类依赖土地得以生存的主要导师，所以被尊为"地皇"。实际上，原始人类从基本依赖渔猎到从事农耕，是经过相当漫长的历史时期的，那时候为了鉴别植物的可食性，不知有多少先民付出了生命，古代传说举出一位形象的人为代表，供后人供奉，使后人不忘先人之功。轩辕氏，首先以武力统一了黄河流域各部落，为最终建立国家开创了基业，是实现社会管理的奠基人，故被尊为"人皇"。供奉"三皇"是道教思想尊重人类社会发展的具体表现。在道教的若干戒条中，都有忠于国家、尊敬师长的明确要求，这是崂山道士每次在民族危亡的关键时刻，都表现出强烈爱国主义行为的思想基础。

"三皇殿"的建成，进一步完善了太清宫的主殿结构与整体布局。同时，李哲玄率领宫中道众重修甬道，整理泉池及溪流，按照整体布局栽植树木和花卉，使崂山太清宫的园林艺术水平达到当时各名山道观的最高标准。现位于太清宫"逢仙桥"旁的一株糙叶树，树高 19 米，树围 3.9 米，树龄近 1100 年，就是李哲玄当年所植。此树虽逾千年，至今仍呈现出勃勃生机。树冠南北向达 33 米，东西向达 25.8 米，树荫覆盖面积为 950 余平方米，这在中国北方是极罕见的。此树主干虬曲，树瘤奇特，形似游龙，故被人们誉为"龙头榆"。

后周广顺三年（953 年），李哲玄以 106 岁高龄云游京师。适逢京都地区大旱，一连五个月未降滴雨，导致瘟疫流行。李哲玄为百姓治病，手到病除，救人无数，被京师百姓誉为"神医"，一时轰动四方。后周太祖皇帝闻知，下诏命李哲玄祈雨。李哲玄施法不久，果然大雨普降，城中瘟疫亦渐渐消除。后周太祖皇帝召见了李哲玄，并想重重地赏赐他，李哲玄推辞不受，太祖当即敕封他为"道化普济真人"，劝说他留在京都。李真人坚持要回崂山，遂于第二年返回崂山太清宫。回山后他潜心研究道家内功修持理论，在继承前人《太上黄庭内景经》《太上黄庭外景经》的基础上，结合自身修炼实践体会，撰著了《太上黄庭内景玉经》和《太上黄庭外景玉经》，书中强调脾在练功修身方面的重要性和脾与其他脏器之间的辩证关系，这对修身和养生都有很好的指导意义。李哲玄的著作，被后人纳入《道藏·洞玄部》。

自李哲玄完善崂山太清宫建筑布局之后，各大主殿及附属建筑在其后的 1000 多年中未作大改动，主要原因是其规划思想符合道教哲学思想。在"三官殿"外设置大门时，一改各地庙门朝南的习惯做法而朝东，这里运用了"紫气东来"的典故。

相传当初老子骑青牛西行，到了函谷关，见一官吏带着十余人，自称关令尹喜前来恭迎。老子下牛笑问何事相敬，尹回答说："我尹喜没有多少才学，但多少知道一点占气之术，昨天就看见一团紫气自东方滚滚而来，知道老师您大驾将至，所以命令下人洒扫道路在此恭迎，希望老师不要嫌弃我的笨拙，收我为弟子吧。"老子笑道："你真是有缘人啊！"随后跟尹喜进入关上，于袖中取出所著《道德经》五千言交于尹喜，吩咐说："修丹炼气，有许多办法和门路，至于最根本的学习方法，还在于明白其中的道理，发挥自己的悟性，像屏障一样地断绝各种欲望，隔绝各种俗缘。"尹喜九拜，谢老师的教导，从此弃官为民，参悟成道，著有《关尹子》一书传世。

"三官殿"门前和"三皇殿"殿院中各有一株桧柏，树龄已有2100余年，是张廉夫初创太清宫时所植。它们好像也从中悟出了道学之理，表现出不同的体态。位于"三官殿"门前的一株，虬枝斜干，给人以柔弱之像，似乎向前来观光的游客欠身施礼，细看主干又透出刚气，令人感到这种礼节不卑不亢，恰到好处，可算为阴中抱阳，柔中有刚。与之相反，位于"三皇殿"殿前的一株，则主干粗直，充满阳刚之气，给人一种威严不可侵犯的感觉。然而就在这株桧柏主干距地面1米左右处，生有一株攀缘植物——凌霄，其把根生在桧柏的主干里，毫不客气地吸食桧柏的营养，枝叶沿树干爬向树顶，有"踩着鼻子上了脸"的顽皮。在这件桧柏主干南侧距地面约10米处，生有一株盐肤木（九十年代已枯死）。这两件寄生树都有五十余年的树龄，"三树一株"同生共荣的景象成为植物界的一种奇观，也显示了这位2000多岁的树爷爷对晚辈无私奉献的情怀。体现出阳中含阴、刚中有柔的辩证关系。人物同理，性情同源，环境造福于人类，人类亦应爱护环境，李哲玄对道学的研究可谓明心见性，对环境的建设可称为天人合一。他于后周世宗六年（959年）八月二十日在崂山飞升，世寿120岁，骨骸葬于太清宫后山之阳，墓地仍存。

刘若拙

刘若拙，号华盖真人，唐宋间人，自幼在罗浮山出家入道，拜李哲玄的师兄青精真人为师。

刘若拙自小勤学苦练，深得道教内外双修的真谛，20余年后道成，始云游各名山，后唐同光二年（924年）东到崂山寻访师叔李哲玄，因他与李哲玄师出同门，又心性契合，而且崂山环境优美安静，是个很适合修炼的宝地，于是决定留在崂山。起初在太清宫南侧独自修行，当时崂山里猛兽较多，时常出没伤人，刘道士勇驱虎狼，为民除害，山民为他所居的茅庵赠匾"驱虎狼庵"，后人简称驱虎庵。李哲玄去世后，刘若拙入主太清宫成为道长。

宋太祖乾德五年（967年），朝廷主管道教事务的右街道录何自守因事获罪流配，赵匡胤素闻刘若拙之名，于是召刘若拙入京任左街道录，敕封为"华盖真人"，让他肃清道流。《皇朝通鉴》称其"善服气，年九十余不衰，步履矫捷。每水旱，必招于禁中，设坛致祷，其法精审"。几年之后，刘若拙坚持要回山，宋太祖只好让他重归崂山，因为爱惜他这个道人，拨巨款斥资建上苑宫作为刘若拙的道场，同时重修太清宫，新建上清宫为其别院。此为崂山太清宫受敕称宫之始。上苑宫建成后宋太祖已驾崩，其弟太宗继位，改元"太平兴国"，故上苑宫亦随之改称"太平兴国院"，又称"太平宫"。明黄宗昌《崂山志》中说刘若拙"丹颜皓首，不自知其年，衣弊衣，取掩形耳。不冠不履，冬不炉，夏不扇。一夕端坐化去，神色自若"。

丘处机

丘处机（1148—1227 年），登州栖霞（今属山东省）人，字通密，道号长春子，道教全真道掌教。丘处机为南宋、金朝、蒙古国统治者以及广大群众所共同敬重，并因 74 岁高龄远赴西域劝说成吉思汗止杀爱民而闻名（行程 35000 里）。无论是在道教史还是在传说中，丘处机都被奉为全真道"七真"之一，以及龙门派的祖师。

在金庸的武侠小说《射雕英雄传》和《神雕侠侣》中，丘处机的形象可谓是一名狂放豪迈并且有着超强武艺的传奇道士，这也取自现实，他确是抗金护民的民族英雄。

正大四年，丘处机在长春宫宝玄堂逝世，享年 80 岁。至元世祖时，追尊为"长春演道主教真人"。天下百姓纪念他的功德，自发将他的生辰正月十九之日定为燕九节，每年都会举行大型的庆祝仪式，至今仍是京津地区的著名风俗之一。

到访崂山：

据记载丘处机多次到访崂山，并在崂山开创了全真道教的"龙门派"。据《太清宫志》记载："宋庆元元年乙卯，真人丘长春……七真来崂山。止于本宫，讲道传玄，宏阐教义，道众大悟，各受戒律。"太清宫三皇殿之后巨石上刻有他的诗十首。

泰和八年，丘处机到莱西永真观后又来崂山，较长时间在这里修道，今白龙洞（仰口景区）有他的石刻诗 20 首。他认为"牢山"这一山名不好，并据山如同一只大鳌伏于海畔，改山名为鳌山，因而明代在山畔建"卫城"的时候叫"鳌山卫"，海畔叫"鳌山湾"，后又来青岛，在上清宫有题词和诗。

崂山有许多丘处机的词、诗刻石，多为其本人所写，后人再在石上刻字，如上清宫旁的丘长春词《青玉案》："长春真人于大安己巳年胶西醮罢，道众邀请来此山，上至南天门，命黄冠士奏空洞步虚毕，乃作词一首，名曰《青玉案》。"白龙洞刻诗 20 首，是崂山最大的一片石刻。

一生经历：

皇统八年，农历正月十九日，丘处机出生在山东登州栖霞。自幼失去双亲，生活困苦无依无靠。童年时就向往修炼成仙，幼时生活在村北的公山，过着"顶戴松花吃松子，松溪和月饮松风"的生活。传说，他为了磨炼意志，曾一次次将铜钱从石崖上扔进灌木丛，直到找到为止。

19 岁时出家宁海昆嵛山（今牟平境内）。1167 年开始学道，1168 年拜全真道祖师王重阳为师，王重阳为他取名处机，字通密，号长春子。

大定九年，王重阳携弟子四人西游，途中得道飞升于汴梁城，便嘱咐丘处机："处机所学，一任丹阳。"丘处机聪慧，在大师兄马丹阳教诲下，知识和道业有了长足的长进。

丘处机和其他师兄弟合称"全真七子"，他们分别是：丹阳子马钰、长真子谭处端、长生子刘处玄、长春子丘处机、玉阳子王处一、广宁子郝大通、清静散人孙不二（马钰之妻）。全真七子随王重阳一起弘扬道教全真派，大定八年至大定十年间，丘处机跟随王重阳在山东和河南传教。大定十年春，王重阳在河南汴梁升天后，丘处机跟随同门马钰、谭处端和刘处玄到陕西终南山拜会王重阳的朋友，后于 1172 年将王重阳灵骨迁葬终南山。大定十四年 8 月，丘处机隐居磻溪（今陕西宝鸡境内）潜修 7 年，又到陇州龙门山潜修 6 年。这期间，他"烟火俱无，箪瓢不置"，"破衲重披，寒空独坐"，生活极为清苦，但"静思忘念，密考丹经"，潜心道学，不仅如此，还广泛地与当地的文人学士交友交流，不仅得道愈精，在文学方面也有大的长进。

大定二十八年三月，金世宗召丘处机，于是他便从王重阳故居赴燕京（今北京），奉旨塑王重阳、马丹阳（时已去世）像于官观，并职"高功"，主持了"万春节"醮事。对皇帝作出了"持盈守成"的告诫。此时的丘处机已声名在外。

明昌二年秋，丘处机回到家乡，并在家乡修建了一处修道之所，金章宗赐匾额"太虚观"，也即后来的太虚宫。因该宫地处滨都里村，栖霞人俗称之滨都宫。

泰和三年，刘处玄去世，丘处机任全真道第五任掌教。丘处机掌教时间长达 24 年，由于丘处机知识广泛，阅历深厚，他掌管的全真道达到了其他教派不能达到的水平，他使全真道乃至整个道教的发展达到前所未有的兴盛。

泰和三年至兴定三年间，他在山东蓬莱、芝阳、掖县、北海和胶西等地传教；贞祐二年，山东发生杨安儿起义，金朝驸马都尉仆散朝恩请丘处机协助招抚乱民，丘处机凭借他的声望，使登州和莱州等地很快恢复平静。

贞祐四年，金宣宗下诏派东平军王庭玉请丘处机赴汴梁，但丘处机以判断金朝皇帝有"不仁之恶"，所以并没有答应他的请求。

金兴定三年，宋嘉定十二年，宋宁宗派遣将领李全、彭义斌持诏书敦请丘处机赴临安，丘处机认为南宋皇帝有"失政之罪"，也同样拒绝了此事。

兴定三年五月，成吉思汗派使者刘仲禄等人携带诏书前往山东邀请丘处机前往蒙古国相见，十二月，刘仲禄到达山东莱州昊天观，奉命邀请丘处机前往，丘处机说："我循天理而行，天使行处无敢违。"

兴定四年农历正月，丘处机挑选门人弟子赵道坚、宋道安、尹志平、李志常等18名弟子离开山东昊天观，启程前往，这时他已经年过73岁。几个月后到达大蒙古国统治的燕京（原金朝中都，1215年5月31日被蒙古国攻陷后改名燕京），丘处机一行人入驻玉虚观，得到当地官员的热情接待。此时，成吉思汗已经于兴定三年六月统兵西征中亚的花剌子模沙朝，而丘处机年事已高，欲约成吉思汗来燕京会见，于是写了一份陈情表。刘仲禄乃令曷剌急驰报告成吉思汗。成吉思汗忙于西征战事，不能到燕京，便写了回复诏书，派遣曷剌带回。

丘处机知道燕京会见不可能，便于兴定五年春天西行。当时刘仲禄欲为成吉思汗挑选处女，丘处机当即劝阻，他说，"春秋时期齐景公为了削弱鲁国，派人挑选美女80人送给鲁定公。定公与国相季氏朝欢暮乐，朝政日衰，孔子为此指责定公：君相沉溺于声色，国家何以图强？"后成吉思汗听从了他的意见，罢停了这事。

兴定五年四月出居庸关，途经漠南和中亚地区，在漠北草原拜会铁木哥斡赤斤后一路西行，途经镇海城时接纳田镇海的建议留下宋道安、李志常等九名弟子修建栖霞观，然后再经回纥城、昌八剌城、阿里马城、赛蓝城，于同年冬天抵达撒马尔干。

兴定六年四月，丘处机途经铁门关抵达"大雪山"（今兴都库什山）八鲁湾行宫觐见成吉思汗，实现了龙马相会（成吉思汗属马，丘处机属龙）。成吉思汗称他为"神仙"。同年冬，成吉思汗三次召见丘处机，询问治国和养生的方法，丘处机以"敬天爱民"、减少屠杀、清心寡欲等应签。后来，成吉思汗下诏耶律楚材将这几次的对话编集成《玄风庆会录》。

元光二年春天，丘处机向成吉思汗辞行，成吉思汗下诏豁免全真道的赋役，并沿途派兵护送，一行人于冬天抵达宣德府。

跟随丘处机一路西行的弟子李志常，根据一路上的西行见闻，后来写成《长春真人西游记》一书，具有重要的史料价值。

正大元年春天，丘处机应燕京官员的邀请主持天长观。

正大四年，成吉思汗下诏将天长观改名长春宫（今北京白云观），并赠"金虎牌"，以"道家事一切仰'神仙'处置"，即诏请丘处机掌管天下道教。

正大四年，农历七月初九日，丘处机在长春宫宝玄堂逝世，享龄80岁，瑞香氤氲整个北京城三日，世人称奇。逝世一周年，他的弟子将他安葬在长春宫内的处顺堂。

刘志坚

刘志坚，博州（今山东省聊城市）人，号云岩子，宋嘉熙四年（1240年）五月二十日生人。

刘志坚从小其实是个不摸文墨、不懂学识的人，但性格利索，办事干练，曾在元永昌王（即英王）府掌管鹰房，兼办外务，所以别人也叫他刘使臣。33岁时离开家乡入了道门，最开始拜东平县仙天观道士郭至空为师，郭教诲道："闻汝善养鹰，学道亦不异是，锻去生犷野性，屏去一切尘念，久之调服，自然入道。"刘志坚心领神会，历经邹、滕、沂、莒各县，寻访明道。后来来到崂山，见景色幻美，宛如仙境，十分开心，曰"我与此山有缘"，于是居于崂山西麓之华楼山一带，潜心苦修，在此成道。刘志坚最开始在崂山清虚庵栖居，后来在华楼山碧落岩下结茅庐修行，洞祁真人知道了，特赐"云岩"为号。元大德八年（304年），敕封"崇真利物明道真人"。大德九年（1305年）四月十七日，端坐而逝，葬于崂山凌烟崮，享年65岁。

元泰定元年（1324年）秋，刘志坚的门人黄道盈进京，上朝恳请大学士、光禄大夫赵世延为刘志坚撰写碑文，记述其苦修的一生。在碑文上，引用了刘志坚的一首自述诗："三十二上抛家计，纵横自在无拘系。来到劳山下死功，十年得个真力气。"该诗是他艰苦修行的真实写照。元泰定二年（1325年）建华楼宫时，将云岩子道行碑立在了华楼宫内院中，碑文今天仍存，其详细记述了刘志坚一生的事迹。

王嘉禄

王嘉禄，新城人，年少时进入崂山修行，周宗颐的崂山《太清宫志》里记载："王道士讳嘉禄，字无休，年二十许，面如重枣，挽双髻，披衲衣，蹬草履，负书囊，于元纪泰定三年丙寅，来劳本宫隐居数载。常游崂山头，遇道士授以五禽之术，久遂不食，但以石为饭，或以松柏叶，渴则饮涧水，久之遍身生毛，长寸许。一日思其母，归家复火食，毛尽脱落，食石如故。常囊石自随，映日食之，即辨其味。着齿无声，如米糕饵。后母死，复入崂山，遍游各处，有樵者遇之，盘石倚松，目光如电，顶有赤光，高数丈。遂求玄术，传辟谷之方，樵者回家，传授多人，皆寿活百余岁，后不知其所终。"

徐复阳

徐复阳（1476—1556），字光明，号太和，又号通灵子，山东掖县（今莱州）人。

徐复阳生于明宪宗成化十二年（1476年），年幼时因为失明而遭遗弃。十几岁时流浪至即墨鹤山，在鹤山遇真庵出家入道，拜张三丰弟子龙门派道士李灵仙为师。由于李灵仙懂得医术，诊疗得知弟子徐复阳瞽目的主要原因是肝气过盛而郁结于目，所以他一边给徐复阳传授道教内功以疏通血气、巩固元气；一边加以药物配合其内功锻炼。不出几年，徐复阳在李灵仙的治疗之下重见光明。后来有幸跟祖师张三丰学道及习武，无论道功还是武术都见长。又在鹤山遇真庵面壁9年，后任遇真庵庵主。鹤山派是由徐复阳开创的全真龙门派的一个新支派，并成为该派祖师。明嘉靖三十五年（1556年）他被皇帝敕封为"中元永寿太和真君"。同年仙逝，享年80岁，遗著有《迎仙客词》。

张三丰

张三丰，名君宝（又名"全一"），元末明初真人，武当山道人，武当派祖师，道号三丰子，太极拳的创始人。正史记载张三丰南宋淳祐八年（1248年）四月初九子时生于辽东懿州（今辽宁阜新，一说辽宁锦州），民间亦有其他出生地的说法，如陕西宝鸡、福建邵武。

张三丰为武当派开山祖师，被历代皇帝敕封封号：明成祖敕封"犹龙六祖隐仙寓化虚微普度天尊"；明英宗赐号"通微显化真人"；明宪宗特封号为"韬光尚志真仙"；明世宗赠封"清虚元妙真君"。

张三丰是道家内丹祖师和道家拳术祖师，是丹道修炼的集大成者，主张"福自我求，命自我造"。张三丰所创的武学有许多流派：王屋山邋遢派、三丰自然派、三丰派、三丰正宗自然派、日新派、蓬莱派、檀塔派、隐仙派、武当丹派、犹龙派等至少17支。

历代统治者对张三丰尊崇有加，元、明、清很多皇帝曾寻找过他，希望得到他的真传。张三丰最后一次现身是在清朝道光年间与吕洞宾一起出现在峨眉山，据记载他是在教授一个叫李涵虚的道士修炼，后来李涵虚道长创立了西派修道理论。

张三丰在崂山时，曾居于太清宫东南的驱虎庵，据《太清宫志》记载，称他为崂山道教祖师之一，据传，他也是崂山拳术武当派之祖。崂山明霞洞北上有一洞，名玄真洞，为张三丰修真处，洞口镌"重建玄妙真吸将乌兔口中吞"数字，传为张三丰手笔。此外，崂山还有张仙塔、邋遢石等与张三丰有关的名胜。

张三丰云游的去处多是具有悠久仙道传统的名山大川。据其所著《云水集》中《东游》一诗所述："此身长放水云间，齐鲁遨游兴自闲。欲访方壶圆峤客，神仙万古住三山。"在东游齐鲁仙境的过程中，素为海上仙山的崂山自然成为张三丰寻访的一个重要目标。

1277年，张三丰第一次来到崂山。他在明霞洞后山的洞中修行了十多年，之后便开始西行、南游，继续寻师。他历尽艰辛，走遍河山，只为寻求到真正的道门明师。尤其在当时宋元以来道教内丹学兴盛的趋势下，能学到内丹养生的秘诀大道便是张三丰所期盼的。终于，1314年张三丰67岁时在全真道祖庭所在地陕西终南山，拜得"希夷高弟子"火龙真人为师。学道四载后，张三丰复奉师命出山隐世修行。在这期间，他精研勤修内丹养生之学及武学技击之法，并能将此两门绝学融会贯通，从而使其诮家内外双修功夫达到出神入化的高超境界。特别是他在武当山面壁九年，开创了丹武合一的新道教派别，为中国道教史和武学史写下了重要篇章。

1334年，已经成为一代宗师的张三丰第二次来到崂山。他先后在太清宫前的驱虎庵、玄武峰下的明霞洞等处修行多年。在这段时间里，他的道学修炼达到了"散则为气，聚则成形"的境界。而这时的张三丰也开始留心著述，今天我们所看到的《张三丰先生全集》中的不少论著是在崂山的庵、洞中完成的。以《玄机直讲》《道言浅近说》《玄要篇》《无根树词》等为代表的一系列道学著作，对后来的道教文化产生了很大的影响。

几年之后，张三丰再离崂山而赴青州云门山等处云游。自此后，张三丰的侠义事迹以及神出鬼没的行踪使他在全国各地留下了大量神话般的传说，既而声名远播天下。以至于后来明朝开国皇帝朱元璋几次下诏邀请"神仙"张三丰出山。但张真人只留一首诗给当朝皇帝："流水行云不自收，朝廷何必苦征求。从今更要藏名姓，山南山北任我游。"从此便四海为家，更寻不得他的踪迹。但朱元璋仍不放弃，多次派人访请张三丰入朝，依旧被张三丰巧施以"元神脱壳"之术遁去，致使当时有好几位官员因妄言张三丰去世而犯"欺君"之罪。张三丰在朝野的地位和威望道教史上是罕见的。明朝廷屡次敕封张三丰为"通微显化真人""韬光尚志真仙""清虚玄妙真君"；他也是历代崂山道士中受皇帝敕封最多的一位。

据传，明永乐二年（1404年），张三丰第三次来到崂山。初时住在山民苏现家中，后入深山埋名隐居。这一时期张三丰通过移栽花木对崂山道教宫观的园林建筑做出了巨大贡献。尤其是他移植了"耐冬"山茶。据明代崇祯年间御史黄宗昌编撰的《崂山志》记载："永乐年间张三丰者，尝自青州云门来于崂山下居之。邑中初无耐冬花，三丰自海岛携出一本，植于庭前，虽隆冬严雪，叶色愈翠。正月即花，蕃艳可爱，龄近二百年，柯干大小如初。"这株植于太清宫三官殿的耐冬山茶，至今犹存。它高近7米，合围近1.8米，专家估算树龄约600余年，与史志记载张三丰于明永乐年间（1403—1424年）所植，在时间上完全吻合。现在国内植物学界的学者对这株山茶树有很高的评价，认为即使在四季如春的山茶之乡云南，像这样的树龄和长势也是非常罕见的，更不要说在冬季冰封千里的北方了。可以想见，内丹养生功深的张三丰当年植下这傲寒长生的"耐冬"山茶，很大程度上正是象征了道教哲学及修炼中所主张的"我命在我，不属天地"以及"道在养生""仙道贵生"的深刻思想。而此山茶怒放之时，又似落了一层厚厚的红色的雪，其美景又给文人墨客以灵感。清代大文学家蒲松龄在崂山居住时即受此山茶花树之启发，写下了《聊斋志异》中的名篇《香玉》。文章中身着红衣，令人见而忘俗的花神"绛雪"，其实就是蒲老先生对张三丰手植的这株山茶花树所进行的艺术塑造。而随着《聊斋志异》成为世界文学名著，崂山山茶的知名度也越来越高。今天，崂山及青岛各处都有"耐冬"山茶，这是张三丰的一大功劳。而自张三丰以后，崂山各道教宫观开始大兴栽植名贵花卉之风：太清宫除山茶外陆续从南方引栽了桂花、梅花、灯台花、银薇、小叶黄杨等；上清宫则引植牡丹、玉兰、紫薇、芍药等；其他玉清宫、华楼宫、明霞洞等，亦均各有名花引植入院。所以，张三丰当年在崂山移栽树木花卉，为中国道教宫观园林增添了意韵深远的哲学底蕴和美学内涵，对明朝以后的道教建筑文化产生了相当重要的影响。当时全国各地较著名的道教宫观，都非常重视具有象征意义的花卉树木的栽培，而且不同派系的道观长期栽种象征本派特色的花卉。例如全真道华山派的道观中多栽植紫薇以象征门派，这是为了纪念五代时华山道教中杰出的养生和数术大师——陈抟老祖。据传他著有奇书《紫微斗数》，乃是与奇门、六壬相比肩的数术绝学。这种以花卉象征道派传统的方式，其实也正符合了道家所提倡的"道法自然"思想。

当然，张三丰作为以养生武学扬名天下的道教宗师，其三住崂山更大的贡献还在于他将所创的道法在崂山发扬光大。前面已经提到，张三丰出家入道的因缘乃是由于幼年的眼疾。其双眼得云庵道长的妙手治疗痊愈，而张三丰自此亦深得道教医学真传，精通医理。在他第三次返崂山后，便将道教医学和内丹养生结合起来研究，再加上他驰名天下的道家武学功夫，一并传授给崂山道士。这样，直接和间接地培养出了一批发展崂山道教、光大全真门派的中坚力量。在明代中期，即先后有两位盲道人受教于张三丰而名扬于世。

孙玄清

孙玄清，字紫阳，号金山子，山东寿光人。他生于明武宗正德初年，同徐复阳一样，从小也是患上眼疾，不过他先是出家为僧。20岁时来到崂山，听说了徐复阳的事迹，便弃佛而入道，拜李显陀为师，在崂山明霞洞修行。机缘巧合，遇到了常在后山洞中静修的道教宗师张三丰，遂得张三丰传授静心养性之法和阴阳颠倒五行之术。孙玄清逢此难得的机会，发奋勤苦修炼，20年后终于双目复明。嘉靖三十七年（1558年），崇好道教的明世宗闻知此事，邀其进京。世宗敕封他为"护国天师府左赞、金山子海岳真人"，令他"掌管真人府事"。孙玄清由此也开创了全真龙门派下的一个新支派金山派，崂山明霞洞因此成为金山派的祖庭。作为金山派的开山祖师，孙玄清于明穆宗隆庆三年（1569年）飞升。遗著有《释门卷宗》。孙玄清是明嘉靖年间全真道士中最为显贵者，金山派也是较早融摄斋醮祈禳等正一符箓法术的全真龙门道派。现在的山东崂山、泰山和辽宁千山等地的道教宫观多属于金山派。

刘贞洁

刘贞洁，字恒清，山东即墨马山东农家女，俗称刘仙姑。刘贞洁9岁才能开口说话，15岁时虽不知书，但能领悟到道经的要义。明万历年间，慈宁太后传旨派车马将其接至京城，听她讲述了《体原》《豁悟》等八部经，赐号慧觉禅师。因为平日只穿巾袍道装，人称仙姑。据传后来进崂山，居住在明霞洞之东铁佛涧，后又居明霞洞与慈光洞，最后由其侄迎归故里，于其村东筑白云庵居之，死于清顺治四年（1647年），享年71岁。

边永清

边永清，字震围，号玄隐道人，明保定府满城（今河北省满城县）人。明熹宗天启年间任乾清宫管事西协兼视忠勇营提督太监。明亡后，他与同是太监的杨绍慎携养艳姬、蔺婉玉等4名宫女及金银珠宝，化装成乞丐逃至崂山，先是被百福庵道长蒋青山收留，不久到修真庵出家，边永清改名边静宁，杨绍慎及跟随他们的4名宫女也同时出家入道。养、蔺二位本是宫中的御用乐女，当了道姑后，每天跟随师父诵经打坐，很快对道乐产生了浓厚的兴趣。道士的经歌既有词又有曲，是当时民间音乐的一个组成部分。边永清与她们一起精心研究道乐曲牌，并发展创新，其创编的大型祭悼曲牌《离恨天》《六问青天》《山丹花》等流传至今。

边永清约于清康熙十年（1671年）去世，修真庵由杨绍慎继任住持。其间部分屋宇曾因地震被毁，杨绍慎率众募资重修，修成以后请进士张若麒撰文立碑为记。此后修真庵几经兴衰，至清末民初时，仍有道众20余人，庙产300多亩。1914年9月，日本侵略者从仰口湾登陆时，曾有炸弹落入该庵，幸未造成大的损坏。新中国成立后该庵顷圮，在其原址上建起了楼舍厂房。

杨绍慎

杨绍慎，字我修，号玄默道人，明天启年间任乾清宫管事提督上林苑监四署太监。明亡后，与太监边永清一同到崂山修真庵出家为道士，改名为杨静悟。边永清去世后，他继任崂山修真庵住持。崂山王哥庄村东有土山，名为"双台"，边永清与杨绍慎二人之墓皆在其下。

于一泰

于一泰，号守元子，清东昌（今山东省聊城市）人。顺治年间居崂山明霞洞。后来迁至大庙，收徒讲道，闻名而来的听者众多。于一泰是清初崂山道行较高的道士，年84岁，但面目如儿童一般。一日，于一泰对其徒弟说："吾死后，勿建塔，筑一墓足矣！"说完便端坐仙逝。

李阳兴

李阳兴，成山卫（山东荣成）人，明嘉靖年间入崂山，拜师朴一向道士。时巨峰白云庵已圮，李阳兴在其师初修的基础上，继续修复该庵，盖起玉皇殿三间，房顶用铁瓦覆盖，也称铁瓦殿，香火盛极一时，来拜师的人众多。

王生本

王生本，号得一子，即墨人。曾入太清宫为道士，清乾隆三十四年（1769年，一说康熙年间），停留于崂山白云洞，在旁边建好房子栖下，专攻医术，有一个特别的习惯，就是吃五谷不去皮，此人113岁时一头白发变回了黑色，后端坐而逝。

刘精一

刘精一，字知微，清代长洲（今江苏省吴县）人。面目清瘦，仙风道骨，乾隆年间住崂山太平宫静修参道，70年不吃火食。后某日端坐而逝。

张然江

张然江，清代高密（今山东省高密市）人。家境富裕，但性格安静，不喜欢浮华，善作诗作画，和他兄弟都为本地的知名之士。清嘉庆年间离家来崂山，至崂山明霞洞，见到崂山的美景十分愉悦，曰："山青海碧，是足以栖吾矣。"于是着黄冠入道。其兄弟追寻至此地，劝他返回故里，张然江不肯回去，其兄弟只能独自离开。张然江所画的山水，清淡中有深远之意境。

陈合清

陈合清，清代胶州（今山东省胶州市）人，七岁出家于崂山修真庵，后入京白云观受戒，继复访道辽东千山，晚年始归崂山。陈合清鹤貌松姿，身姿矫健，88岁时犹强健如青年。一日对他弟子说："尔等好自修，莫蹉跎自误，道在至诚，无他嘱也。"言毕更衣危坐，溘然而逝。

韩太初

韩太初，韩谦让，字太初，以字行。清朝同治年间来崂山，从薛一了学古琴。"青出于蓝胜于蓝"，成为远近闻名的古琴大家，他还曾任太清宫长老兼监院。《太清宫志》卷十《名人游山记》载，韩谦让，性淑和，尚简朴，薄己厚人，视险如夷，深悟琴理，静参道玄，四方人士闻名跋涉相访，日不暇计。友人题其堂曰"道恰琴心"。据传，其徒犯有过错时，他并不直言责怪，而是将道徒唤至身边，他从容鼓琴，直到对方被音乐打动，自己跪下承认错误。

《名人游山记》还载，光绪九年春，山东沂水人、翰林院翰林尹琳基，自幼酷爱古琴，他辞去官职，专程来崂山向韩太初学琴，在太清宫旁筑一小院，自题"东海餐霞"，百姓称其为"翰林院"，今尚存。他日与韩太初学习琴艺，并研"经学"。

孔子嫡裔、衍圣公孔令贻慕韩太初的大名，来崂山访韩太初，谈玄论道，聆赏琴艺。

1898年德国占领青岛一带，崂山一半划入租借地的范围。

光绪三十三年（1907年）山东巡抚杨士骧由济南来胶澳租借地，拜访德总督，为中国人建的"三江会馆"揭幕，参加礼贤书院学生的毕业典礼，又代表清廷向"办学有功"的德国汉学家卫礼贤奖四品顶戴。杨士骧善古琴，专程去崂山太清宫拜访韩太初。韩太初演奏了《赏春》《离恨天》等曲目，当韩太初演奏完，杨士骧也演奏了《碣石幽兰》，韩太初又演奏了《高山流水》，杨士骧十分高兴，说：你我二人高山流水可谓知音。二人当夜同室而眠，深夜谈琴。杨士骧赋诗一首：

> 我闻太清宫，道士善弹琴。
> 访得韩道长，琴床眠龙吟。

韩太初唱和一首：

> 出家太清宫，从事学古琴。
> 凝神弹古调，心静鸣正音。

岑春煊，少年在京师时，琴棋书画俱佳，有"京城四公子"之称。出身翰苑，官至封疆大吏总督，但一直痴迷古琴。他来崂山访韩太初，互相演奏，交流琴艺。二人合创了一首古琴曲，题为《山海凌云》，一总督、一道士合作创曲传为佳话。岑春宣题"山海凌云"四个字被镌于石，立于太清宫畔。

自此以后，韩太初的大名，名扬各地。每有名人到青岛即想拜访韩太初，聆听如天外之音的韩太初古琴，韩太初已成为崂山道士中的一张名片。

1912年清帝退位，大批逊清旧吏客寓青岛，有许多慕韩太初之名去崂山拜访的。其中出身翰苑、清末任东三省总督的赵尔巽去访韩太初，互相演奏，赵尔巽为韩太初题"欲逃庄周人间世，来听成连海上琴"。后赵尔巽去京任清史馆馆长。

清末曾任内阁协揆（副总理）的徐世昌，亦去太清宫，至今有大型摩崖刻石，为徐世昌手书："癸丑四月辛丑，约苏州吴郁生（按：曾为军机大臣），广州李家驹（按：曾任巡抚）游崂山，同游者于式牧（按：曾任侍郎）、合肥李经迈（按：曾任侍郎）、张士珩，宿于华岩庵，明日至太清宫……道士韩太初善琴……"

韩太初93岁羽化，其古筝传人为庄紫垣。

刘永福

刘永福，清胶州（今山东省胶州市）人，儒生，擅长医，精卜筮，生于清道光十六年（1836年），中年（约光绪初年）来崂山，在崂山修真庵出家为道。他独辟一室，塞其户，趺坐其中，人有乞其医者，辄慨然无难色。年92年岁趺坐而逝。1930年，王哥庄村民集资在庵北三里处为之立塔。

邹全阳

邹全阳，荣成人，于民国初年出家，来到崂山白云洞，后离开遍访名山大川，所谓"云屐所至，遍于五岳"。云游15年后，他先是回到即墨武庙，但当时此庙已近荒废，邹全阳为重新修复四处募集资金，终于将其修复完成，后和徒弟重回白云洞主持庙事。

后来崂山遭受日寇的破坏，邹全阳为游击队提供修理枪械的场所，全力支持抗日行动。民国三十一年（1943年），崂山山下的王哥庄村遭到日机轰炸，百姓遭难，房屋尽毁。邹全阳为拯救民众，入城"募化衣百领，粮千斤"，赶赴该村救赈，并帮助村民修建房屋。然而邹全阳来到该地的次日，日军便踏着铁蹄而来，进山扫荡，并在白云洞发现了游击队存放的器械，日军逮捕邹全阳逼问游击队的去向，邹全阳及道众宁死也不肯泄露机密，最终被日寇全部杀害。前人有赋叹曰："天道实难问，善人竟不终。千秋伤过客，古洞明月中。"

二　崂山佛僧

（一）憨山大师

在明代，有四位了不起的僧人——云栖袾宏、紫柏真可、憨山德清、藕益智旭。他们四人在佛教的中兴和发展上起到了重要的作用，并称为明末"四大高僧"。其中的憨山德清（1546—1623），更是旷世难遇的一代宗师，他精通儒、释、道三家思想，与禅宗六祖惠能在思想见解上有颇多契合之处，功德巍巍，为后人所敬仰。

憨山生于明代嘉靖二十五年，原是安徽全椒人，俗姓蔡，字澄印，号憨山，法号德清。就其建树与影响来看，憨山的一生可以根据居住地划分为三个重要时期：五台山时期、崂山时期和曹溪时期。如果说五台山的经历成就了憨山的名望，让他名声大噪，那么崂山时期则是他修为精进、道行渐高的时期。也有学者认为，十二年的崂山隐居修道生涯在憨山从高僧成长为佛教大师的过程中起到了关键性的作用。总之，憨山与崂山的因缘颇深，"大师"与"仙山"相互成就，亦促成一段广为流传的佳话。

憨山的一生，著述颇丰，交游甚广，阅历极富，充满传奇色彩，给后世留下许多脍炙人口的故事。相传，憨山的母亲洪氏信奉观音大士，她梦到自己满怀怜爱地搂抱、打量和抚摸观音大士携带至家中的小男孩，之后便怀孕，生下了憨山。传闻虚实难证，不过憨山萌发出家之志与母亲信佛敬僧的思想和言行应该不无关联。幼年的憨山聪慧异常，与一般孩童不同，经常思考一些颇具哲理的问题。

根据《憨山老人自序年谱》记载，憨山十二岁时辞别家人，入南京报恩寺学佛法，受到了寺内太师翁西林和尚的喜爱和赞赏。西林和尚心生栽培之意，便带着憨山去拜访当时在三藏殿讲学的无极大师。适逢名臣赵大洲也在，赵见到憨山后也表达了对他的赞许和期望。从这些人对憨山的态度中不难看出，幼年憨山确有过人之处，具备修习佛法的天资。之后的几年，憨山一直在报恩寺学习。起初，西林和尚只是从徒孙中挑选较为突出的人担任憨山的老师，但憨山仅三个月便能熟练背诵《法华经》，其他诸经亦不在话下。西林和尚觉察到了他的巨大潜力，便请了专门的先生教其举子业，先学四书，次习五经、史书、古文、辞、赋等，学习面之广可见一斑。不凡的天资和广泛的学习使得憨山既能赋诗，亦能作文，更为其日后精研佛理、融会贯通奠定了基础。但憨山似乎并不喜欢这样的生活，经常生病，于是想要放弃举子业的学习。

憨山十九岁的时候，跟他一起学习的诸位友人都考取了功名。他们中的有些人劝憨山也前往应试，走仕途之路。在众多好友的劝说之下，憨山是否动过求取功名的心思已不得知。就在这个时候，憨山矢志求佛之路的引路人适时登场了，这个人就是住在栖霞山的云谷大师。云谷大师道行高深，与太师翁西林和尚往来较密。当他在报恩寺内居住的时候，听闻有人劝憨山应考，担心憨山有离开佛门的念头，于是在憨山面前大力称赞参禅修习的妙处，又细数历代以法传人的诸祖、高僧的故事及著作，让憨山取来阅读。憨山从书箱中找到了一本《中峰广录》，还未读完就大感畅快，顿觉参禅悟道才是真正令他愉悦之事，于是立志出家，潜心向佛。他当即烧毁了自己旧日习作的诗文，请西林和尚为他披剃，彻底放弃举子业的修习，投入佛门，一心参禅学理。

自古以来，一心向佛者不在少数，真正参透佛之要理者却寥寥。大概是憨山之心极诚，修习后不多时，他就在梦中见到西方三圣——阿弥陀佛、观音菩萨、势至菩萨。这自然给他的修行增添了不少信心。这年冬天也就是嘉靖四十三年冬天，报恩寺禅堂建道场，请无极大师来讲《华严玄谈》，这个无极大师便是憨山幼年初到报恩寺之时在三藏殿讲学的大师。憨山随众听学，并在此时受了具足戒，正式成为一名僧人。在听讲的过程中，憨山恍然有悟，对《华严经》的注疏者——华严宗四祖、唐代的清凉澄观大师——心生敬慕，于是以清凉之义取字"澄印"。道场听讲、受具戒、参究的人很多，但却很少有像憨山这样全身心投入并即刻有所领悟的人。可见憨山确实慧根深种，与佛有缘。

憨山二十岁的时候，太师翁去世，临终前将自己的未竟事业交付给憨山。从此以后，年轻的憨山不仅要自己参禅悟道，也多了传承太师翁佛法的责任。随着第一位启蒙导师的离世，憨山开启了跟从云谷大师钻研禅宗的修习生涯。云谷大师对憨山十分欣赏，他的指点对憨山的成长也有重要影响。

嘉靖四十五年二月，报恩寺遭雷击焚毁。本是天灾，皇帝却以救火不力为由降罪寺院，抓捕了少师祖（报恩寺当时的负责人）等十八人。寺院既已失势，寄住其中的很多僧人便纷纷离去，唯恐受到牵连。越是危难时刻，越能体现出一个人的品行、胆识和担当，憨山此时的行为有力地证明了太师翁的眼光。他不辞艰辛，倾尽心力救助被捕的人，最终使他们免于死罪。当时，憨山与大他一岁的雪浪法师共同归从无极大师。两人很有默契，相交甚好，都有兴复之志。憨山向雪浪言明了自己的心志：兴复寺院绝非易事，必须具有大福德、大智慧的人才能办到，你我二人应该努力修行，静待时机的到来。也是在这个时候，憨山萌生了远游的想法。

福无双至，祸不单行，寺庙焚毁后，少师祖又不幸去世，这对当时的报恩寺来说无疑是雪上加霜，再加上太师翁平素并无积蓄，为其办丧礼等事宜的钱都依靠借贷，此时寺院已欠债颇多。就在这重重困难下，身负太师翁遗愿的憨山仍然不移守护之心，想尽办法偿还借贷，维持寺院的日常运转，此时憨山只有二十一岁。这之后，憨山一直致力于听学修行。

公元 1567 年，明穆宗继位，年号隆庆。朝廷发布檄文在报恩寺设立义学，以培养僧徒。开办学校，自然要请讲学的老师，憨山即在受邀之列。这几年，憨山往来于各寺院教学授业。二十六岁那年，憨山踏上云游之路。起初，他与好友雪浪同行，且多是近游。该年十一月，憨山将报恩寺的诸事务安排妥当后即心生远游之意，雪浪法师担心他难耐苦寒，劝他先游气候温和、风景悦目的吴越之地。憨山却认为若非苦行恐难有所获，况且修行之路就是要远离舒适，遍尝苦楚，如果一味悠游于自己习惯的地方，那跟在枕席间徘徊没什么两样。于是，憨山一人一钵，开始了自己的行乞求食之旅。这一行，憨山收获颇丰，偶遇自己当年在天界寺救助的旧知己、日后同游的伴侣——妙峰大师，也得到了遍融大师和笑岩禅师两位高人的点化。

二十八岁那年，憨山想要前往五台山游学，便寻得一本《清凉传》。此书属五台山九部志书之一，比较全面地记述了五台山的历史、自然景物和佛教史迹。憨山按照此书的介绍，开始了游览之路。他先登北台，看到关于憨山（山峰名，位于北台东北面）的介绍，心生向往，于是请僧人指路。因见此山奇秀异常，故以山的名称为号，这便是他"憨山"一号的由来。

1575 年新春正月，已至而立之年的憨山与知己妙峰大师从河东出发，前往五台山。二月十五日到达五台山，居住在塔院寺内。寺庙的主人大方法师为他二人选择了最幽峻的居处——北台龙门，二人从雪堆中扒出间老屋定居下来。眼前的万山冰雪正是憨山一直神往的景象，身居此境，身心之愉悦自不必说了。此后的八年，憨山一直在五台山居住修行，在佛法领会上大有长进，境界渐高，修为渐长。

居五台修行期间，憨山还结交了不少皇族子弟、官员和士人。他利用俗世的这些交情解救了被奸商诬告的大方法师，保全了五台山的树木，使其免遭奸商砍伐，也令五台山的塔院道场得以保全。之后，他又协助朝廷在五台山修造塔寺，并在妙峰等人非议的情况下坚持为社稷尽力，不避逢迎附和之嫌，修建无遮大道场，以祈皇嗣。憨山的这些举措对佛教的发展大有益处，也因此让他声名远播。对于俗世之人来说，身负盛名自然是好事，但修行之人却恐虚名累己。抛却名声，去往深山悟道，才是他们的正道。憨山在五台山赢得名声的同时，也自然而然地产生了离开此地、另觅修行场所之意。

憨山与崂山的因缘要追溯到他十九岁那年听无极大师讲《华严玄谈》的时候，当时他仰慕清凉大师的为人，以清凉之义取字"澄印"，初表心意。后来，憨山游五台山，又按照《清凉传》所述，四处寻访清凉大师的修行踪迹。可以说，清凉澄观大师是他一生最为敬仰的人之一。在《清凉疏》中，清凉大师又将《华严经》中记载的崂山那罗延窟描述为"古佛圣迹"。这在憨山的心中种下了游崂的种子。不过，憨山之所以自五台山来崂山，还有另外两个原因：一是他为皇室祈嗣的事件得罪了朝廷的宦官，憨山恐深陷皇室纠葛，所以只能离开当时的佛教圣地五台山；二是憨山曾立志兴复报恩寺，数年来一直边修行边等待机会，倘若远走他乡，恐失去重建本寺的机会，于是他选择了在离京都不远的崂山隐居，以便日后抓住时机，完成兴复之愿。诸种因缘下，崂山最终成为憨山避名止谤的修行之地。

自万历十一年四月至二十三年二月，憨山在崂山苦修。初至崂山，他便立即找到那罗延窟，无奈此地并不能住人。他又往山南最深处探寻，找到了古刹观音庵，但废弃已久。憨山觉得此处背负群山、面临大海，幽静偏僻，奇绝非常，犹如仙境，便打算住下来。最初，他只在树下铺了一张席子，在露天中坐了七个月，后来当地的张大心居士用茅草盖了一间屋子供憨山居住。

来崂的第二年，李太后为嘉奖憨山在五台山祈皇嗣的功劳，派人寻访，但憨山拒绝进京受赏，称容许他安居在崂山的山海之间就已经是恩赐了。李太后有感于憨山的德行，又听说崂山无房舍可居，遂命人在西山建寺，邀请憨山前往居住。憨山推辞不就，仍居住在茅草屋内。李太后于是拨了三千金派内使送去给憨山修建房屋。憨山难辞其诚，又不愿接受钱财，就把三千金全部用来赈灾。后在李太后的扶持下，建成海印寺，憨山在崂山有了立足安居之地，佛法弘扬之事亦日益兴盛。但僧、道争地的矛盾愈演愈烈，经多年诉讼，万历二十八年（1600）憨山以私造寺院罪被充军雷州。虽因弘法而罹难，但居崂十二年所做的弘法宣道、教化僧俗、赈灾济饥等举措也成就了憨山在佛教发展史上的重要地位，亦促成了他与崂山的不解之缘。在这期间，他的修行境界也日益高深，完成了从"高僧"到"佛教大师"的蜕变。晚年的憨山，无论流离颠沛之状如何，都不忘佛法的弘扬，未曾有过一丝懈怠，着实令人景仰。

憨山的一生，求佛之心专一不二，兴佛之心坚定不移，行脚无休，终成功果。有关憨山大师的事迹虽已皆成过去，但他的精神却能够鼓舞和振奋今天的人们，给身处困厄的芸芸众生增添一些跋涉的勇气和信念。

（二）崂山其他代表僧人

普丰

普丰，唐代僧人，于唐代初年从四川峨眉山来到崂山，在今王哥庄大桥村东修建大悲阁，后人也称其为峡口庙。普丰还在今铁骑山的东面修了桃花庵，在峡口庙东五里的东台村建起了普济寺，这两所寺院都是峡口庙的下院。

安定

安定，胶西（山东胶州）人，俗姓赵。元末至正年间到崂山，隐栖在华严寺西山的那罗延窟中。安定在窟中面壁 10 年，某天忽然悟出法乘，于是在墙壁上写下："口说无挂碍，今朝挂碍无，风光随处好，净土不模糊。"写完，安定整理好自己的佛衣，便坐化而去。

罗祖

罗祖，罗梦鸿（1442—1527），山东即墨人，人称罗祖，又称罗清、罗静、罗英、罗梦浩、罗因，号无为居士，直隶密云卫（今北京密云县）戍兵。

　　罗祖 14 岁从军，28 岁时便退掉军名，让他的子孙顶替，自己则苦修 13 年，一心向道。成化十八年（1482 年）终于明心悟道，于是创立罗教，最初称为"无为教"，依附宗门临济宗，当时在崂山一带，民众几乎都信奉无为教。太监张永等徒众记录下他的言行并写成《苦功悟道卷》等五部宝卷，于正德四年（1509 年）刊印发行，历史上称"五部六册"。

　　后罗祖因传道而下狱，之后获释出狱仍回到密云一带传教。嘉靖六年（1527 年）阴历一月二十九日坐化而去，享年 85 岁，葬于北檀州（密云）附近。

　　罗祖的葬礼十分隆重，密云卫总兵杨都司等为他捐棺板并建造了一座 13 层高的石塔，名叫"无为塔"；除此之外还立了一块石碑，上面书写着"无为境"三字，直到乾隆十一年（1746 年）石塔、石碑才被官方拆毁。

　　罗祖死后，无为教的教权由他的妻子儿女继承了下来。罗教后在大运河水手中广为流传。因为当时的水手、纤夫们终年漂泊，时常处于生死未卜的状况之中，他们十分需要一种精神上的慰藉。而罗教所宣扬的教义便是：人生在世充满苦难，但加入了罗教，有了罗教的庇护就可以在劫难降临之时，受到"无生老母"的拯救，免遭劫难，并且可以回归"真空家乡"，得到"永生"，不再受四生六道轮回之苦。这种宣传，对于苦难中的水手、纤夫们，有着极大的吸引力。更关键的是入教之后，生活上可以有一定的保障。据传，早在明季，就有密云人钱姓、翁姓和松江人潘姓，在杭州北新关外拱震桥一带"共兴罗教"，修建罗教庵堂。此地是京杭大运河的南端和粮船的起航之处，有大量水手、纤夫们在这里聚集。老病残疾水手、纤夫们很容易动心加入，罗教变成了他们的栖息之处，罗教庵堂也大多由老弱残疾水手管理。

　　罗教并不属于正统的"佛教三宝"，罗教被指其假托佛教禅宗，所倡是邪，"彼口谈清虚而心图利养，名无为而实有为耳。人见其杂引佛经，便谓亦是正道，不知假正助邪，诳吓聋瞽"。但不能否认的是无为教的出现是宗教徒对于神的一种新的认识上的突破，并且在中国民间宗教史上具有划时代的意义，中国民间宗教从此由白莲教"一枝独秀"的时代进入了教派林立、"百花齐放"的时代，据统计，仅见诸明清档案记载的民间教派就有 107 个之多。无为教对后世许多民间教派和一些帮会（如青帮）的形成和发展有着深远的历史影响，"罗教的思想深刻动人，且浅显易懂，不仅对其他各派民间宗教影响深巨，而且冲击着正统佛教的世袭领地，在明清时代中国的宗教世界掀起了一场无声的风暴"。

万历年间，各种教派势头日上，佛教徒也涌现出很多诵习"五部六册"的人，此后历代都有过禁止的措施但都无法绝止，并且还衍生出老官斋教（斋教）、一字教、大乘教、三乘教、龙华教、糍粑教、金幢教、观音教、真空教、青帮、一贯道等流派。各种教派五花八门，遍及全国各地。

达观禅士

达观禅士，名真可，字达观，是明代的名僧，他当时与憨山和尚相处最好，并一同参了曹溪一本，后来隐居到天台山，然后又去五台山修行。憨山和尚自五台山来崂山居那罗延窟时，达观也追随着他到了崂山，并在一洞窟中相见，达观在崂山停留了十余日，在离别时对憨山说："崂山非佛界，不可居。"憨山没有听取他的建议，而且还在崂山建海印寺，结果后来果然因为道士耿义兰进京上奏憨山私自建立佛寺的行为，于是憨山被逮捕入狱。达观禅士得知这个消息的时候，他还在庐州，于是准备上京去营救憨山，还没等动身就听闻憨山已经被流放雷州，而且已经起程南下，已到长江渡口。达观见到憨山后，悲叹道："公负荷大法，公不生还，吾不有生。"可见达观和憨山的情谊深厚。

自华

自华，俗姓谭（一说姓谈），名海近，明代名僧。四川夔州府奉节人。幼年时患一种疾病，于是入了佛门，并拜妙莲寺青山上人为师。12岁时到了金陵寄居古林庵，住了15年。在这期间遍历名山，开阔眼界，积累学识。后来到了普陀，在华洞中参禅。明代末年，自华已到晚年，行至即墨，想将崂山作为自己的归宿。因为他与慈沾和尚相识，所以直接居住在御史黄宗昌家，后来即墨一周氏施一块地给了自华，自华便在崂山华岩山西北麓建了寺庙，并命名洪门寺，又名西莲台。自华在崂山西莲台修行了6年，某日忽然端坐说道："叵耐这个皮袋，终身惟作患害。撒手抛向尘沙，一轮明月西迈。"然后便坐逝而去。徒弟将自华葬在莲台，并在墓前建了一座塔。

桂峰

桂峰，俗姓王，名姓香，明代名僧。少年时，桂峰遇到一陌生的僧人对他说："此他日莱、牟间第一祖师也。"于是从此之后，他便在佛禅上多注意留心，后因体弱多病，于是便出家，去了即墨城东的崇宁院，在那里掩关面壁六年多，一边念佛，一边修禅。后游历京华，开席讲佛，游历五年后回到崂山，栖居在即墨北灵山，卓锡大兴禅林。而憨山当时正在崂山兴建海印寺，桂峰知道后，说："吾将投足于无畏之途，浴身于不波之沼，彼憨师筑室路旁，岂能久乎？"后憨山和尚被逮入狱并发配雷州，桂峰大师竭力奔走，为无故受牵连的僧人辩解无罪，但最终桂峰和尚没有成功。

慈沾

慈沾，俗姓李，明代末期即墨观阳里人。天性聪慧，喜欢与人谈空门静理，年幼时不幸丧父，一直尽心服侍母亲。江南临济派第三代传人一生和尚来到即墨说法，遇到慈沾，两人十分投缘。慈沾母亲去世之后，便拜一生和尚为师，取法号慈沾。

崇祯末年，御史黄宗昌罢官归乡里，在即墨县城西北建"准提庵"。当时一生大师回归南方，于是慈沾应邀主持准提庵。至清代，黄宗昌之子黄坦出资在那罗延山建起"华严禅院"，委托慈沾大师负责鸠工兴建，禅院建成后，慈沾以临济派第四代传人的身份出任华严禅院第一任住持，改禅院为"华严庵"。

即墨黄氏是明代的遗臣，对清政府的统治抱有反对情绪，于是与当时的反清绿林义士走得很近，慈沾和黄氏交好，也跟着他结识了一批这样的人物。清朝顺治年间，胶东农民起义遭到清政府的残酷镇压而失败，慈沾毫不犹豫地搭救了雪夜逃进寺里的农民起义领袖于乐吾（于七），后来又为他落发剃度，使之成为华严寺第二任住持。

慈沾晚年潜心于诸家经典的研究。华严寺中收藏了许多珍贵文物，如明万历年间颁赐的描金三大佛像和许多明代版本的佛经，以及明代手抄本《册府元龟》、憨山大师手书的中堂等均属极为珍贵的藏品，这些收藏多数是慈沾大师的功劳。

慈沾圆寂时，享年84岁。

《即墨县志》载他，"平生不为苟得，不募缘，不蓄幼童……居墨三十余年，未尝见有怒色嗔语"。

善和

善和，俗姓于，人称于七。名乐吾，字孟熹，明栖霞（今山东省栖霞县）唐家泊人，行七。生于明万历三十五年（1607年），23岁中武举，身形魁梧，性格豪爽，任侠行义。

清顺治五年（1648年），于七带人起兵反清，后来一度受招安，任栖霞把总。顺治十八年（1661年），再次率领旧部反清，轰轰烈烈的义军势力遍及胶东半岛，并一度攻破宁海州，杀死知州刘文淇，震动了朝廷。朝廷决定调动三路军马，围攻义军根据地锯齿山。于七带领的义军与清军战斗，一直持续到第二年春，结果义军全军覆没，于七也不知踪迹。据即墨和崂山地区的地方著述介绍，于七突围后，于康熙元年（1662年）辗转到崂山，便在崂山出家于华严庵。慈沾和尚为他削发，更换僧服；为了不被人认出，便用开水使其毁容，后痊愈后面容大变。于七便皈依佛门，法号寂澈，法名善和，隐居佛寺，晚年得成正果，慈沾死后，继任华严庵住持。康熙五十九年（1720年），善和和尚去世，年113岁。华严庵的僧徒们为他建立了一座石塔，上书"庄严示寂弘戒大师澈公上善下和塔"，该塔在"文化大革命"中被毁，倒塌的石柱、石碑至今犹存。善和遗像今存于青岛市博物馆。

昌仁

昌仁，字义安，俗姓矫。聪慧沉静，父母死后，义安便削发出家于崂山华严庵。成年后进京受戒，因为精通诗书文字，当时的名流争相接待，于是多年在外周游。后光绪年间回幼年崂山华严庵久住。昌仁和尚平时除禅定外，喜欢作诗娱乐，著有《山居诗稿》。据传他坐逝时，仍然在从容作诗。

仁济

仁济，东牟（今山东省烟台市牟平）人，自号"九巅和尚"。幼年时就开始专攻科举，优于他人。40多岁时偶然读到了《华严经》，相见恨晚，大有感悟，便说："匆匆浮世，半属空花，若不早修，负却此生矣。"于是便离开家来到了即墨，栖住在准提庵，开始了十余年的苦行。

抗日战争时，仁济和尚避居在华严寺，住持法舟和尚十分敬重他，并特地在祖师堂为他开辟一室来供他坐禅。仁济和尚一生都深居简出，闭门修禅，不问世事。当地和外来的游客很少能见到他的真面目。

三　庙观僧道曾是崂山人的负累

据记载，崂山的庙观在元明兴盛时期可达百余座。几乎每条山洞都分布着庙宇或宫观，至今当地人还流传着"九宫八观七十二庵"的说法。

崂山优美的景色引来了无数来自五湖四海的道僧在此大建宫观寺院。崂山此地，正处在山东的东南方，区位有着天然的南北分界的观赏体验，它不仅有北方的壮阔，也有南方的俊秀；不仅有险峻的高峰，也有温柔的溪流；它有幽静的山涧之水，更有汹涌的大海之涛。总之这里山高水阔，气候宜人，是出家人的宝地。

然而事物的发展总不是一帆风顺的，崂山的庙观兴盛一时，也必然迎来它的衰败。崂山虽物厚天泽，但也承载不起过多庙观。崂山道观曾近百座，僧庙也三十多处。庙观的建设资金大多来自官府拨款或者富庶人家的资助。但这样的资金来源只是一时的，想要庙观运行下去，就要靠自己扶持自己。崂山的庙观都有自己的生产。崂山的太清宫、上清宫都有官府划给土地山场的石刻记录。靠土地山场的收入，来维持着宫观里道士的日常生活和开支。崂山太清宫占的山场就从太清涧到八水河涧，其他庙观也各有划分土地。但是有些小的庙观，人手不够用来维持生产，生产一少，庙观也就没了来源，于是逐渐衰败。

崂山自从有了庙观，就带来了僧道和百姓争利的问题。崂山本地人历来生活艰苦，他们的生活大都"靠山吃山"。他们开出的那点梯田种的粮食，根本填不饱肚子。山上的柴草便成了他们补充衣食的重要来源。崂山的山场过去分为三个部分：大部分归官府所有，称官山，山上的树木不准砍伐，但柴草药材农民可以无条件地获取，所以农民也叫它公山；另一部分是民山，属少数农户私有；再一部分是庙山，是官府拨给庙观的产业，由僧道经营管理，民人不得进入。这样就出现了一个问题，多一处庙观，就得占去一块官山，农民就会减少一块可收获柴草的山场。庙观越多，农民利益就越少。这是一个不可调和的矛盾。而且庙观为了自己的兴旺，还千方百计地扩大占地面积；农民为了生存，不管官山庙山，有草就拾，道民斗争不可避免。早在明朝道民就有争讼，太清宫内的地界文书刻石中的"永不起科"，就是有力的旁证。

僧道占领了山场，与百姓争夺山场的资源，这种情况到了清朝越来越激烈严峻，清末更为严重。清孙凤云于光绪十五年写的《游崂续记》中有一段记叙，他在先天庵问上清宫道人友真此庵荒废之故，友真曰："此下宫某道人激变也。八水河西官山，村民赖此樵牧为生。某道人据为己有，民失其业，乃纠众多人，将山林斩伐一空，故荒废至此。"现在八水河发现的光绪十年立的"正堂程判"碑，正是官府处理这次事件的一个判决书。文中称，太清宫道人妄图以完粮的手段霸占八水河到天门口的十里官山，农民不肯，上山把树都砍光了，引起诉讼。官府判决道人以完粮占官山犯有影射罪，考虑各方利益，将该官山的十分之二划给了太清宫作庙产，由道人管理经营；十分之八仍属官山，准许农民进山拾草打柴和放牧。为明山场四至，立石为界。这块碑告诉我们，太清宫道人不满足其庙产西到八水河的边界，还要向流清河延伸。这种行为，不只是占了官山，主要是从农民手里夺利。据清黄肇颚的《崂山续志·剩言》记载，"僧道与民构讼，久矣"，光绪年间就有两次，即上面说的光绪九年这次，和十七年的一次，而且"事更甚于前"。此前15年即同治九年，已经发生了一次格斗和诉讼。太清宫道士霸占山场，武力阻止农民进山拾草打柴，引起民愤。农民联合起来打败了道士，诉讼民胜。农民称此为"伐山"，史志有详细记载。

与百姓争夺利益的庙观不止一家。崂山北九水观崂村前立着两支石碑，一支刻着村民告道人胜诉的布告，一支刻着买山官契。清末太和观道人欲将村民赶走，霸占村民赖以生存的土地山场。农民理争不果，便将道人告到即墨县。拖至民国，农民复告到济南，直至1926年由青岛市判农民胜诉。村民穷尽所有，集资7300元大洋，从政府买到村庄周围山场4200余亩，以保证子孙后代安居此地。

第五章　崂山名流

作为"神窟仙宅""洞天福地"的崂山，为世代达官显贵、文人墨客所神往，先后留下了秦皇汉武、诗仙鬼圣等的足迹。

一　达官显宦

秦始皇

秦始皇，生于公元前259年，卒于公元前210年，秦王朝的建立者。秦始皇统一中国后，曾数次巡视天下，其中有三次到琅琊台（在今山东省胶南市），而且都与徐福出海求仙药有关。《史记·始皇本纪》记有秦始皇"自琅琊北至荣成山"，曾以连弩候射大鱼。自今胶南市的琅琊湾沿海向东北航行，直抵今荣成市的成山头，崂山是必经之地，故清代《即墨县志》记有："福岛县东南五十里，相传徐福求仙住此，故名。"黄宗昌《崂山志》有明清之际学者顾炎武撰写的序言，认为秦始皇确来过崂山。顾炎武在其《日知录·劳山考》中，更进一步认为《史记》中的"荣成山"乃传写之误，应为"劳成山"，即崂山。据《道藏》记载，秦始皇在崂山与安期公畅谈三天三夜，毫不疲倦，分别时恋恋不舍，问安期公："不知咱们什么时候还能再见？"安期公回答说："10年以后，吾皇可到海上三仙山蓬莱、方丈、瀛洲与山民相见。"于是秦始皇便命徐福出海寻仙。

汉武帝

汉武帝，名刘彻，西汉皇帝，生于公元前156年，卒于公元前87年。汉武帝雄才大略，文治武功皆有建树。即位后，多次巡行天下，并东至山东一带海上，祀神求仙。西汉武帝4岁被封为胶东王，受崂山道家的影响，自幼喜爱道学和神仙之术。虽然在执政后实行"罢黜百家，独尊儒术"的政策，但他对崂山及"崂山神仙"的向往并没有因此消失。在执政的第一年，就"令祠官修山川之祠，为岁事，曲家礼"，并"东巡海上，考神仙之事"。根据史书记载，汉武帝曾经两次回到童年受封的地方，在不其城（现在青岛市城阳区）建明堂、祀神仙。据《汉书》记载："汉武帝太始四年夏四月，幸不其，祠神人于交宫。"不其即不其山，西汉初年不其山泛指崂山之名称。从此处记载可以看出汉武帝曾抵达崂山祭祀求仙，祈盼长生不老。

晏谟

晏谟，东晋时南燕青州（今山东省青州市）人，齐相晏婴之后，遍游齐鲁名山大川，熟知山东各地风土民情。东晋隆安二年（398年）即位的南燕国君慕容德，曾向晏谟问及齐地之山川丘陵、贤哲旧事，晏谟历对详辩，画地成图，了如指掌，慕容德深嘉许之。著《齐记》，记曰："泰山虽云高，不如东海崂。"晏谟认为，泰山虽然高耸入云，但是却比不上崂山的山海相映、奇险秀朴。

刘迎

刘迎，字无党，自号"无净居士"，东莱（今山东省莱州市）人。金大定十三年（1173年），荐书对策当时第一，次年登进士，授官豳王府记室，又改任太子司经，著有诗文东府集《山林长语》。刘迎曾来崂山游观，并到过崂山东麓狮子峰一带，写有七言古诗《鱼》，诗中的"鳆鱼"即鲍鱼，为崂山著名特产。该诗首句为"君不见二牢山下狮子峰，海波万里家鱼龙"，形容崂山人杰地灵、物产丰饶。

朱仲明

朱仲明，即墨（今山东省即墨市）人，金朝举人，曾任即墨县教谕，游玩崂山时，留有《玉皇洞》《华楼崮》等诗词，后世流传。

赵孟頫

赵孟頫，字子昂，号"松雪道人"，元代诗人、书画家，湖州（今浙江省湖州市）人。赵孟頫生于1254年，南宋灭亡后，赋闲于家中，后来被人荐用，任兵部郎中，历官江浙等处儒学提举，官至翰林学士，元至治二年（1322年）卒，称魏国公。赵孟頫擅长书画，精通律法，专攻诗文词曲，其书法骨力秀劲，远转流美，世称"赵体"。著有《松雪斋集》10卷，外集1卷。元大德十一年（1307年），赵孟頫曾游览崂山，写有七绝《咏劳顶》。另在仰口景区犹龙洞左摩崖上，刻有老子的《道德经》之经文，并镌有"大德十一年赵孟頫书"，系根据赵孟頫书帖投影放大而刻成。

于钦

于钦，字思容，元代益都（今山东省青州市）人。由助教累官至兵部侍郎，曾奉命来山东，周览山川，考水经地纪和历代沿革，曾到访过崂山，感叹崂山奇峰险峻，著有《齐乘》六卷。

王思诚

王思诚，字致道，元代嵫阳（今山东省滋阳县）人。王思诚自幼天资聪颖，元至治二年（1322 年）中进士，至正年间（1341—1368 年）迁国子司业，被任命为监察御史，多次上书，言及时政问题，多次被朝廷采纳。他出任河南、山西肃政廉访司使时，正值陕西行台上奏想要开凿黄河三门，设立水陆站来连通关陕，王思诚考虑到各方面原因，认为这种做法不可行，于是作诗一一罗列其中的困难，当权者采纳了他的言论，否决了陕西行台的奏折。后来又被任命为通议大夫、国子祭酒。到了至正十二年（1352 年）承命以农事来山东，三月到达即墨县，游遍崂山华楼等山峰，并将华楼分成 14 处景观，对每一景观都写有赞诗。

戴良

戴良，字叔能，元代浦江（今浙江省浦江县）人。生于 1317 年，精通经史百家及医卜释老之说，元至正中期（约 1353 年前后），因为荐擢儒学被举荐。后来到了吴中跟随张士诚，得知张士诚不足以与之为谋，于是带家人渡海到达胶州，在此期间曾游过崂山，写有《望大劳山》诗，后来移居昌乐。元朝灭亡后，往南出走，变更姓名隐居四明山，自号九灵山人。明太祖征召其入京，想要授予官职，他自称年老体弱多病，以此来推辞，不肯做官，因为多次忤逆圣旨，在明洪武十六年（1383 年）自杀于京，年 67 岁。戴良作诗风骨高秀，并多有磊落抑塞之音，著有《九灵山房集》30 卷。

杨泽

杨泽，明代即墨（今山东省即墨市）人。成化四年岁贡生，曾任武邑知县。游崂山时留有《上苑》《黄石宫》等诗篇，其《上苑》一诗，镌刻于崂山太平宫门前路南巨石上，为后世吟咏传颂。

严嵩

严嵩，字惟中，又字介溪，明代江西分宜（今江西省吉安县）人。弘治年间进士，嘉靖二十一（1542 年）年任武英殿大学士，入阁，专国政 20 年，官至太子太师。嘉靖四十一年罢官，后病死，著有《钤山堂记》。据《太清宫志》记载："明嘉靖四十三年甲子春，严嵩由济南登泰山，复来崂山太清宫，游览山景，数日而去。"

陈沂

陈沂，字宗鲁，后改字鲁南，号石亭，因喜欢苏东坡的诗词，又被称作小坡，浙江省鄞县人，后迁徙全家至今江苏省南京市。陈沂生于明成化五年（1469 年），正德十三年（1518 年）中进士，授予翰林院编修。嘉靖年间，被任命为江西参议，又任山东参政和提学使，后以山西行太仆寺卿致仕。陈沂善诗工画，尤擅隶篆，为当时"金陵三俊"之一，著有《维祯录》《金陵古今图考》《遂初斋集》《石亭集》等。陈沂任职山东时，曾遍游崂山，留下了许多诗文，至今在崂山的许多景点仍可见他的勒石题刻。明嘉靖十二年（1533 年），陈沂游崂山时曾撰写《鳌山记》（又名《劳山记》），记述了五日的崂山游程，对崂山各处景观作了详细的介绍。

文征明

文征明，初名璧，字征明，以字行，更字征仲，另号衡山，明代长洲（今江苏省吴县）人。自幼聪慧，向吴宽学习写文章，向李应祯学习书法，向沈周学习绘画。正德末年以岁贡生诣都，授翰林院待诏。明世宗登基后，曾参加撰修武宗正德实录，后致仕归，卒于嘉靖三十八年（1559 年），时年 90 岁。文征明诗文书画都很精通，而绘画尤为突出，世人称其书画兼有赵孟𫖯、倪瓒、黄公望之长，著有《甫田集》《文翰诏集》《太史诗集》等。据《太清宫志》记载，文征明游览崂山太清宫时，曾与道士"谈玄论道，精研琴理，逗留十余日，告辞而归"。但该志所载之时间为崇祯三年庚午（1630 年），而文征明系嘉靖三十八年（1559 年）去世，此事存疑待考。

马存仁

马存仁，明代涿州（今河北省涿州市）人。举人出身，嘉靖六年（1527 年）任即墨知县，清慎明正，离任时，送者遮道垂涕。在任时常游崂山，其《华楼山》一诗情景交融，意境深远。

王九成

王九成，字舜夫，号石泉，明代即墨鳌山卫（今山东省即墨市鳌山卫镇）人。嘉靖三十四年（1555 年）中举人，担任保定府通判，著有

《石泉识言》三卷。嘉靖四十五年（1566年）正月，时年76岁的王九成撰写了《狮峰重修太平宫碑记》，文中除详记宫殿、道路的修建外，还阐发了道家经典。

杨舟

杨舟，字尔浮，明代即墨（今山东省即墨市）人。嘉靖四十三年（1564年）时为贡生，著有《载轩集》。游玩崂山时留有《太平宫》《仙宫远眺》等诗词，其中有"云开山见骨，潮涨海生花"之佳句，该句表现了崂山山海相连、云雾缭绕、烟波浩渺、水天一色的景象。

赵贤

赵贤，字良弼，明代汝阳（今河南省汝南）人。嘉靖年间进士，担任户部主事，出监临清仓，治辽东饷，皆清正廉洁。后被迁右金都御史，巡抚湖广，卓有政绩。万历初年，张居正整饬吏治，赵贤被誉为巡抚之冠，终于南京吏部尚书之任。赵贤曾于万历初年游览崂山之华楼山，书写并镌刻"海上名山第一"碑于清风岭，高度评价了崂山的自然景观。

邹善

邹善，号颖泉，明江西安福（今江西省安福县）人。嘉靖年间进士，被任命为山东提学金事，当时与诸生讲学，万历年间授太常卿致仕。邹善在明隆庆二年（1568年）来游崂山，在太平宫和狮子峰留有《眠龙石》和《明明崖》五言绝句。在华楼山将"接官亭"改名为"迎仙岘"。他撰写的《游劳山记》对崂山的景物评价颇高，有"海之奇，尽上苑，山之奇，尽华楼"的精辟评价。

周鲁

周鲁，明代登州（今山东省蓬莱县）人。武举人，擅长写诗，曾遍游崂山，著有游山诗文及勒石题记多处。在崂山明霞洞题写《玄真洞》诗一首，在崂山鹤山"一线天"南壁有刻诗一首："数数频来似有情，青山与我久要盟。战袍脱却浑无事，一曲瑶琴乐太平。"在崂山北九水也有他的"仙古洞"题刻。

黄嘉善

黄嘉善，字惟尚，号梓山，明代即墨（今山东省即墨市）人。万历五年（1577年）进士，初任叶县知县，历升大同知府，擢兵备加按察使，不久升宁夏巡抚，抚宁夏十年，休养生息，烽火不惊，后授三边总督，累官至兵部尚书兼京营戎政。著有《抚夏奏议》《总督奏议》等。黄嘉善游崂山时，留有《溪上》《和憨山韵送达观禅士西游》等诗，有"坐深凉月满，应似五湖秋"等佳句。

周如砥

周如砥，字季平，号砺斋，明代即墨（今山东省即墨市）人。万历十七年（1589 年）进士，选庶吉士，后任国子监祭酒，以文章名天下，天下士多出其门下，《山东通志》称："如砥文章名天下"。年老归故里后，深居简出，谢绝官场交往，关心人民疾苦，常评议地方利弊，曾呈请皇帝减免百姓的额外赋税。死后赠礼部侍郎，谥文穆，有《青黎馆集》传世。周如砥于万历四十二年撰写了《重修鹤山遇真庵碑》，对鹤山之景观及遇真庵之历史皆有记述，为研究崂山道教提供了宝贵资料。此外，还写有《黄石草堂》《法海寺》《白云庵》等游崂诗篇。

周王番

周王番，明代沐阳（今江苏省沭阳县）人。明万历年间任即墨县县丞，有文才，善诗，常游览崂山，撰写赞咏崂山诗篇颇丰。有《劈石口》《康成书院》《吊五百义士》《田横岛》《狮子峰观日出》《石门》《夕阳洞》《松风口》《白沙河观鱼》《舞旗埠》《登巨峰最高处》《黄石宫》《迎仙岘》《石楼》及《仙岩》等。其《劈石口》一诗，镌刻于崂山名石"劈石"之右半。

蔡元培

蔡元培，现代教育家，字鹤卿，号子民，浙江省绍兴人。生于清同治七年（1868 年），光绪年间进士，光绪二十年（1894 年）授翰林院编修。1905 年在上海参加同盟会，1912 年 1 月任南京临时政府教育总长，1917 年任北京大学校长，1919 年五四运动爆发后被迫辞职，1927 年任国民政府中央研究院院长，1932 年与宋庆龄、鲁迅等组织中国民权保障同盟，1940 年在香港病逝。1934 年 4 月，蔡元培在山东省主席韩复榘、青岛市市长沈鸿烈的陪同下游览崂山，参观了各处景点，并到太清宫阅览了珍藏的《道藏》。

沈鸿烈

沈鸿烈，字成章（1882—1970），湖北天门人。自幼勤奋好学，18 岁时考中秀才。1905 年东渡扶桑，入日本海军学校学习。1911 年夏毕业回国，加入国民政府海军。由海军"楚观"舰候补员起步，先后担任国民政府参谋部海军局科员，黑吉江防舰队参谋、参谋长，尔后参与创建东北海军，官至东北海军副总司令、代总司令。在东北军中是一位有文化教养的将领。

1931 年 9 月 18 日，日本军队突然进攻东北军大本营沈阳，制造了"九一八"事变，占领中国东北。沈鸿烈辗转来到青岛，重建东北海军司令部，下令停泊于辽东沿海的东北海军各舰艇南驶青岛，泊于崂山沙子口一带，并征用太清宫部分建筑，作为海军基地。当时，沈鸿烈时常来沙子口，巡视东北海军，下榻于太清宫，故对太清宫的历史沿革、建筑布局、院落景致，颇有考究。

他非常喜欢太清宫的恬静环境，企盼解甲归田时，能来太清宫修身养性。然而，发生于太清宫的"崂山事变"，彻底改变了他的人生轨迹。"崂山事变"是东北海军内部派系斗争的结果；沈鸿烈则借此事变，达到了挟东北海军之势夺取青岛行政权的目的。

由于历史的原因，1928 年张学良"东北易帜"后，东北海军没有统一到中央海军军部，故东北海军的军费开支始终在东北地方财政收入中列支。"九一八"事变后，东北沦陷，东北海军虽然安全撤至青岛等地，但却丧失了财政来源，军费开支遇到极大困难，官兵军心动摇。当时，以海防第一舰队舰队长凌霄为代表的东北海军高级将领曾多次向沈鸿烈建议夺取青岛的行政权，以发展海军的陆上势力，解决军费来源问题。这个建议深得东北海军将领的赞同。沈鸿烈正想借用凌霄等东北海军留日系将领的势力，达到逼使国民政府同意任命其为青岛市市长的目的，所以对于这个建议从内心里是同意的。但是，他却以军人不宜干涉政治为由拒绝了凌霄等人的建议，其目的在于迫使留日系将领发难，从而达到既能使中央政府同意任命他为青岛市市长，又能排斥留日系其他将领独揽东北海军大权的目的。凌霄等人见沈鸿烈拒绝了他们的建议，便决定乘沈鸿烈来崂山向海军官兵训话之机，将其扣押，迫使沈鸿烈同意他们的建议，并夺取沈的军权。

1931 年 12 月初，沈鸿烈来崂山指导舰队训练，凌霄等人乘机将其软禁于太清宫内，并迫使其向张学良发电，称病辞职。凌霄等人的举动，引起了东北海军内航警系（原东北航警学校）军官的不满，他们认为沈鸿烈与凌霄等人同为留日学生，又共同创建东北海军，有事应共同商量解决，采取扣押、逼其交权的办法是不道德的。因此，以海圻舰水兵第一分队副队长关继周为首的航警系中下级军官组成了一支敢死队，登陆太清宫，解决了警戒的士兵，将沈鸿烈救出。沈鸿烈随即解除了事变主谋者凌霄等人的职务，并遣送回原籍，从而排除了异己，独揽了东北海军的大权。这就是著名的"崂山事变"。

"崂山事变"不仅使沈鸿烈独揽了东北海军的大权，也迫使当时任青岛市市长的胡若愚辞职。张学良为安定东北海军的军心，解决军费问题，遂任命沈鸿烈为青岛市代理市长。"崂山事变"也使蒋介石认识到东北海军仍然是一支重要的军事力量，从安定青岛局势、用东北海军制衡地方军阀及山东省省主席韩复榘的势力考虑，蒋介石决定任命沈鸿烈为青岛市市长。1932年1月，南京国民政府正式发布任职命令。

上述这些游崂名人留下了大量的诗文、游记、专著，或传颂于世，或镌刻于石，不仅丰富了崂山的文化内涵，还使崂山盛名远播。

二　文人墨客

郑玄

郑玄，字康成（公元127—200年），东汉高密（今山东高密）人，创办崂山康成书院，遍注群经，是汉代经学集大成者。据《后汉书》及《三国志》等记载，汉灵帝中平年间，郑玄在北海相孔融处讲学，徐州黄巾军攻破北海的中平五年（公元188年），"玄与门人到不其山避难"，在今铁旗山东麓的书院村建立康成书院，聚徒讲学。在崂山客居约一年，时间虽短，但他和他建立的康成书院及"书带草"的影响却千年永存。唐代文学家陆龟蒙在《书带草》赋中写道："彼碧者草，云书带名，先儒既没，后代还生。"明代学者有诗赞曰："郑公好上古，著书沧海滨。云林绝浮俗，长与麋鹿存。虽为汉大儒，不做天子臣。高风扬齐东，寂寞甘苦辛。"到了清代，顾炎武凭吊康成书院遗址后无限感慨地写道："荒山书院有人耕，不识山名与县名。为问黄巾满天下，可能容得郑康成？"可见世世代代都在怀念他。

东汉末年，恰逢黄巾军起义，专注学问的郑玄，为了不受战乱的打扰，就来到崂山隐居，而追随他的学生也都纷纷来到这里。青岛社会科学院文史研究员张树枫介绍说："因为郑玄名气很大，尽管是战乱时期，各地的青少年们还是慕名而来，多的时候有上万人。"

为了能够授课讲学，郑玄就在崂山创办了一所书院，用自己的字号，命名为"康城书院"，这是中国的第一座书院教育机构。由此，郑玄开启了培养才俊、传承文化的书院教学先河。这里的青草本来是山间最寻常的植物，因为草叶长而坚韧，郑玄在教学期间，就用这青草捆扎书简，时间久了，当时的百姓称这种草为"书带草"。苏轼就曾经赋诗句"庭下已生书带草，使君疑是郑康成"，可见这小小的青草也沾染了崂山文化的风雅。作为书院历史的发端之地，崂山的松涛海浪中融入了琅琅读书声，这里也成为历代文人、贤士辈出的礼仪之地。张树枫说："应该是它融汇了内地和海滨这两大文化圈的影响。我想这是一个交汇点，这是崂山文化一个特色。至今，这个地方还有书院村，就是这么来的。"

书院村，位于崂山的西南。这里的村民百分之九十都姓蓝，已经70多岁的蓝恭智，写得一手好字，他的书法作品曾经获得过国家级的奖项。他说："我就是个农村人，标准的庄稼汉，你可别叫我书法家，我就是农民，我就是爱好这个东西。"距离郑玄在这里著书授徒的年代，已经过于久远，而蓝恭智的家也不是什么书香门第，但他从小就喜欢写字，只要放下手里的农活，就会沉浸在书法的世界里。

这个有着深厚历史的村落，不仅名字里散发着文化气息，还有一个特别的现象。书院村只有两百多户人家，但却是名副其实的教师之乡。蓝恭智说："书院村的确是出人才，崂山区一共有中小学40所，书院村走出的校长有4个，教师有47个。"没有人能够解释这个特殊的现象，仿佛书院村的孩子们，天性就喜欢文雅气韵。从郑玄开始，也许这千古遗风的文脉，早就深入了这片土地，浸染了人们的心灵。

李白

李白，字太白，号青莲居士，祖籍陇西成纪（今甘肃省西部）人，唐代大诗人。天宝初年被召入京，供奉翰林，后因得罪权贵，被"赐金还山"，与杜甫相遇于洛阳，共游齐鲁。游崂山时，李白曾写下千古名篇《寄王屋山人孟大融》一诗；留下了"我昔东海上，劳山餐紫霞。亲见安其公，食枣大如瓜。中年谒汉主，不惬还归家。朱颜谢春晖，白发见生涯。所期就金液，飞步登云车。愿随夫子天坛上，闲与仙人扫落花。"据考证，此诗当作于天宝三年（744年）至天宝十三年（754年）之间。李白作此诗一是为了赠予友人孟大融，期盼与友人共登崂山，畅饮抒怀；二是表达自己仕途坎坷不顺的愤懑之情。李白是一位浪漫主义诗人，从他的诗词中可以看出他的率真、洒脱与狂放不羁，不与世俗同流合污，想要寻得一片净土来安放为世俗和朝廷腐败所不容的心灵，于是，崂山这座富有灵气与仙气的山峰就成了李白歌咏的对象。相传李白咏崂山的诗传到京城后，唐玄宗对崂山仙境产生浓厚兴趣，于天宝七年（748年）派道士王旻、李华周和孙昙来崂山采药，他们落脚在明道观，现在崂山招风岭前仍存有"敕孙昙采药山房"等石刻。就是那次采药，孙昙写下了《棋盘石明道观自咏》一诗："日上万峰雪渐消，负笈携铲不辞劳。一生采得长生药，救生济苦疾病消。"此后，崂山被改称"辅唐山"。

相传李白游至崂山，住在北九水上头的一个草庵中。夜里独自在灯下饮酒作诗，忽然听见屋门开启，从外头走进一个书生打扮的人。那书生走到李白身边，向他施了一个礼，便向李白要酒喝。于是，二人一边喝酒，一边吟诗作对起来，相当投缘，遂成知己。此后，书生经常至此草庵寻访。一天夜里，那书生姗姗来迟，整晚郁结于心，愁眉不展，长吁短叹。天明临走时，书生从怀里掏出一块血红色的石头，洒着泪递给李白道："李兄，吾乃这山头上的相公石化身。只因今日山下有人要上山来掏吾心，拿进京去献给皇上捞取功名，吾不甘为此小人所取之，故留与兄台留作纪念。望太白兄把它琢磨成一方砚台伴随吾兄行文作诗吧！"说完，撤身而去。

后来，李白照那石相公的嘱咐，把那块红石琢磨成一方砚台，起名为"相公砚"。此后，李白成为风神俊朗、诗名盖世的大诗人。这虽然是个传说，但我们能从中追寻李白到访崂山的踪迹。

苏轼

苏轼，字子瞻，号东坡居士，眉山（在今四川）人。北宋文学家、书画家。熙宁七至九年（1074—1076年）任密州（今山东诸城）知州，酷爱山水，仰慕崂山名士，渴望与之交往，但夙愿难偿，连连发出"崂山多隐君子，可望而不可见，可见而不可致"的叹息。据传，苏轼在密州离任前，游览了崂山，在太清宫题"方壶胜景"四字；在太平兴国院（太平宫）道人乔绪然的导游下，参观了庄子庵，庵前有一个崖下村，在王哥庄西南0.8华里处，居民多姓苏，品德质朴，互帮互助，苏轼誉之为"仁义之里"，并应邀到苏姓居民家中做客。元丰八年（1085年），苏轼到登州赴任，乘船在仰口登陆，重访乔绪然及崖下村苏姓居民，在太平兴国院作道歌《归去来辞》。之后，苏轼虽改任扬州、定州，但对崂山的眷恋之情愈烈，1094年派专人来崂山崖下村中立一石碑，上镌"东坡仁里"四个大字及"元祐甲戌秋月为崂山苏姓里民题"等字。碑的后面镌有立碑经过。该碑高198厘米,宽73厘米,厚26厘米,现已出土。

顾炎武

顾炎武,本名绛,字宁人,号亭林,自署蒋山佣,学者称他亭林先生,江南昆山(今江苏省昆山县)人,明清之际思想家、学者。顾炎武生于明万历四十一年(1613年),14岁为诸生,耿介绝俗,见明朝多故,弃举业,讲求经世之学。明亡后,顾炎武怀着匡复故国的目的,遨游北方大地,历时25年,行程达数万里,后来他又身入西北和中原。清康熙二十一年(1682年),顾炎武客死异乡,年70岁。著有《日知录》《天下郡国利病书》《音学五书》等。

顾炎武漫游北方时,最先来到爆发抗清农民起义的山东省胶东一带。清顺治十五年(1658年),他从莱州到达即墨县,受到即墨名门黄氏家族中黄坦的接待。他游览了崂山胜景,凭吊了郑康成书院故址,还会见了避居崂山的许多明代遗臣和文士。正因为顾炎武此次崂山之行,后来在康熙五年(1666年)发生的"即墨黄培文字狱"中,使他受到了牵连,在狱中囚禁了7个月,顾炎武在狱中正义凛然,无所畏惧,幸有友人竭力营救才幸免于难。

顾炎武在其崂山之行中,写下了《劳山歌》《不其山》《张饶州允抡山中弹琴》《安平君祠》等诗篇,还为黄宗昌撰写、黄坦续写的《崂山志》写了《崂山志序》。《劳山歌》把崂山的宏伟壮丽和变幻奇异写得淋漓尽致,其文飞腾游走,笔力遒劲,颇具李白《梦游天姥吟留别》的特色。对崂山之山名作全面的探求,也是始于顾炎武,他最精辟的见解是,《史记》中之"荣成山"应写为"劳成山"。另外,崂山"神仙之宅、灵异之府"的美誉,也出自他的手笔。崂山名声之远扬,顾炎武功不可没。

蒲松龄

蒲松龄,清代文学家,字留仙,一字剑臣,别号"柳泉居士",世称"聊斋先生",淄川(今山东省淄博市)人。明崇祯十三年(1640年)生,卒于清康熙五十四年(1715年),年76岁。著有《聊斋志异》。康熙十一年(1672年)游崂山,适逢海市出现,写下了《劳山观海市歌》。他还以崂山上清宫白牡丹的传说和太清宫的耐冬为题材,写了脍炙人口的《香玉》故事,在《聊斋志异》中,还有《崂山道士》《成仙》《聊斋志异》《聊斋文集》《聊斋诗集》《聊斋俚曲》《海公子》等故事都涉及崂山。

在路大荒编订的《蒲松龄集》中,《劳山观海市歌》同其他 57 首诗,皆被归系于癸丑年(康熙十二年),因而蒲松龄于康熙十二年游崂山之说,得以攀缘附会而流传于世。据清代文人蒲松龄好友唐梦赉之《劳山看海市》一诗的记述,与蒲松龄所见之景相同,是当时一同来崂山之所见。据此考证,蒲松龄来崂山是在康熙十一年(1672 年)的夏天,唐梦赉、张绂都是同行者,蒲松龄一行到崂山后,先在王哥庄的修真庵住宿,然后游历了崂山上清宫、下清宫和八仙墩,因遇到大雨而住宿在青石涧,在他们返至番辕岭(今称返岭)时,雨后新霁,海上出现了海市蜃楼,蒲松龄和唐梦赉各自以诗记下了自己的雨后观感。

历史文化名人常常在一定的条件下,"读万卷书,行万里路",他们当年的游历成为今日山水旅游文化的重要内容.使山水景观"因人以显"。对于崂山来说,蒲松龄即是这样的一位名人。

作为清代伟大的小说家,蒲松龄的名字不但在国内家喻户晓,而且在英、法、德、意、捷、波、俄、越、朝、日等许多国家也受到广大读者的爱戴。更重要的是,在游览过崂山的古人中,蒲松龄还是用诗歌、小说等文体对崂山之美作过深情赞美的重要作家之一。因此,在今天的崂山旅游资源开发中,从突出旅游景点的历史文化内涵来说,蒲松龄是值得特别重视的一位文化名人。

由于坐馆生活的限制,也由于蒲松龄一生专心于读书、写作,在他一生之中,除 31 岁到 32 岁在江苏宝应县做过一年幕僚,以及有几次去济南参加考试外,都是在淄川老家度过的。据可靠资料记载,崂山和泰山是蒲松龄一生游览过的两座名山。他先游崂山,第二年又去了泰山。今存《泰松赋》和《登岱行》是他登泰山的纪行之作。经对照,可明显看出泰山留给他的印象远不及崂山深刻。这是崂山自古以来就富于神秘色彩,蒲松龄又以谈鬼说狐为平生事业,又对神秘事物有极大热情的缘故。

蒲松龄、唐梦赉等人这次出游不仅饱览山色,看到了壮观的海上日出,而且在番辕岭一带有幸目睹了崂山的海市蜃楼。这一神奇的经历本身就是可遇不可求的,因此,同行诸人多有不同形式的文字记载。尤其是唐梦赉,以杂记、诗、词、曲多种样式对于观日出、见海市的奇遇作了非常详细的描述。而蒲松龄则写了《崂山观海市歌》,为我们复现了崂山海市蜃楼的真实面貌。诗中关于海市蜃楼有这样的句子:"山外水光连天碧,烟涛万顷玻璃色。直将长袖捫三台，马策欲挝天门开。方爱澄波净秋练，乍睹孤城景天半。坪埛横互最分明，缥瓦鱼鳞参差见。万家树色隐精庐，丛枝黑点巢老乌。高门洞辟斜阳照，晴光历历非模糊。褷属一道往来者，出或乘车人或马。扉阖忽留一线天，千人骚动谯楼下。转眼城郭化山丘，猎马百骑皆兜牟。"大意是说，海市蜃楼开始时像万顷碧波，澄净可见；忽然又变为天边孤城，女墙（矮墙）分明，琉璃瓦——可见，城中房屋隐于树丛之中，树上有归巢的乌鸦。这一切在夕阳（海市的夕阳）的照耀下，连同洞开的城门极为清晰。城外绵延不断的道路上，许多人或乘车或骑马，从城门进进出出。接着，又像是关上了门户，孤城内外的景观隐去了，再度出现的是城门望楼下上千的人群在骚动；转眼间，城郭又化为山，有百余人骑着马、戴着头盔正在打猎。蒲松龄一连用了许多意象描写海市蜃楼的壮观景象，让人心旷神怡，目不暇接。

　　这种奇观持续了"一食顷"（一顿饭工夫），令蒲松龄诸人大饱眼福，也让现代游客神往。不过，今人把蒲松龄与崂山联系起来，主要不是因为他写了一篇《崂山观海市歌》。实际上，崂山海市蜃楼本不易见到，一般旅游者对蒲松龄这首长诗也不甚了解；人们之所以提起崂山便会想到蒲松龄，或者说蒲松龄之所以成为旅游崂山的重要文化名人，主要是《聊斋志异》中的两篇小说广泛传播、深入人心的结果。这两篇小说都以崂山为背景，《崂山道士》写道士的方术变化，《香玉》写花精的富于人情。它们的创作地点虽然不一定就在崂山，但无疑与蒲松龄曾亲自游历崂山有关。正是这两篇小说（尤其是《香玉》），使蒲松龄走进了当代旅游者的审美视野中。可以说蒲松龄与太清宫的那株红耐冬，或者说蒲松龄与"绛雪"，已共同组成了崂山的一片奇丽风景，让我们置身其中时生出无限的遐思。

　　"绛雪"就是蒲松龄小说《香玉》中的主人公之一。今天，人们有幸游览崂山太清宫的话，能在宫中的三宫殿中见到她。这是一株高约7米，胸径约60厘米的特大号山茶花，因开花在每年11月到次年3月，故又称耐冬，古书中也叫曼陀罗。树下赫然立着一块木牌，上书："此耐冬——山茶，即蒲松龄所著《聊斋志异》中《香玉》篇之绛雪。"这自然不是今人的附会，因为《香玉》开篇即说："劳山太清宫，耐冬高二丈，大数十围，牡丹高丈余，花时璀璨似锦。"小说写的是胶州一位姓黄的书生在宫中读书时，与由白牡丹所化的女子香玉浪漫而缠绵的爱情以及与由耐冬所化的女子绛雪的深厚友情。小说情节曲折动人,先写黄生与香玉两情相悦,一刻不能相离之际,白牡丹却为即墨人蓝氏强行掘去,移至其家,不久即枯死。黄生这才知道香玉原是花妖,然而深情难忘,"日日临穴涕"。原初不想与黄生相见的绛雪,此时也常常与他一起凭吊香玉,陪他度过了这一段寂寞痛苦的时光。后来黄生的至情感动了花神,香玉被特许重降宫中。但香玉魂魄已散,为了使她真正复活,黄生每天用"白蔹屑""硫磺再加一杯水,培植浇灌牡丹花"。一年后香玉恢复原貌,爱情终于战胜了死神。

　　小说中的绛雪是一位"性殊落落",极有个性的女子。她有着成人之美的君子胸怀,黄生与香玉生死相许的爱情正是在她的帮助下才得以超越阴阳阻隔而再续前缘。因此,这篇小说中绛雪的形象也是最为动人的。而这一人物无疑也使太清宫这株饱经风雨的耐冬远远超出了植物学意义上的山茶花,而蕴含了更为丰富的历史、文化和艺术的内涵。小说中的黄生曾有过"绛雪,吾良友也"的赞叹。对于我们现代人来说,绛雪也通过耐冬让我们感受到一种纯美的人性魅力。

　　徘徊、流连于"绛雪"身旁,好奇的游客肯定会追问,作为香玉原型的那株白牡丹的下落。事实上,柳泉先生笔下的香玉也确实不是凭空杜撰,而是从崂山的关于牡丹的传说中受到了启发。不过,这个传说中的牡丹,生长地却是在上清宫。明代大学士高弘图在他的《崂山九游记》中曾饶有兴致地记载了这一传说。据他所见,上清宫当时确有一株白牡丹,看起来年代已久。道士们给他讲述了关于这株牡丹的神奇故事:距离当时一百多年前,这株牡丹被"大力者"(指有超人力量的神界人物,亦可借指有大权势者)连根掘走,几年后"大力者"一不留神,白牡丹就从他那儿逃了出来。宫中道士梦见有白衣人叩打宫门,并叫喊:"我现在回来了!我现在回来了!"第二天早晨到原来种白牡丹的地方一看,果然花的根茎又出现在土中,并吐出了新芽。而"大力者"庭院中从崂山掘去的那株白牡丹,却在这一年枯死了。

　　这个美丽的传说,据高弘图说,在他游览崂山时还为人们所津津乐道。高弘图是明末人,生活于万历、天启、崇祯年间。他的这篇游记结尾处注明"己卯夏五月记","己卯"为万历七年(1579)年,距离蒲松龄游崂山1672年,还不到一百年。蒲松龄很可能在游览中听到了这个流传已有二百余年的白牡丹传说,于是在《香玉》中对它作了艺术加工,把白牡丹从上清宫"移"到太清宫，塑造了美丽多情的香玉。

令人遗憾的是，上清宫中高弘图曾经亲眼观赏过的那株白牡丹，并未像绛雪一样至今仍保持着鲜活的生命力。正如小说《香玉》最后所写的：黄生死后，寄魂于花，生于白牡丹左侧，后为无知的小道士砍去，不久"白牡丹亦憔悴死"。如此说来，白牡丹本是"为情而死"，只是小说中也说"无奈耐冬亦死"。而实际上耐冬还活着，这让我们感到些许庆幸，她为了将黄生与香玉的爱情故事讲述给后人而重返人间。果真如此的话，蒲松龄九泉有知，更会对这位深情的奇女子赞叹不已的，何况我们现世的人呢？

绛雪以美丽、多情、重义而名贯九州，成为游人游崂山观赏、流连时间最长的景点。为此，不免有人问道，她来自哪里。据研究，她来自崂山头东22.5公里的海岛长门岩上。目前海岛上有大小不同、形状不同、树龄不同的耐冬树549棵。在一代代自生自灭的古树老根上，有重新荣发新芽长起来的子子孙孙，也有的已有百年以上的历史。每年大约有半年绿色，半年花开。开花季节，漫山遍谷，高坡低洼，碧绿的枝头，翠叶丛间，生出朵朵璀璨晶莹的红玛瑙，映日争霞，争芳斗艳，如盘的花朵间，丛丛黄蕊闪烁着万点金星。从海上望去，整个小岛既像一座绿莹莹的翡翠谷，又像一座红光满天的"火焰山"，长门岩是名副其实的"耐冬的王国"。

明代诗人杨慎曾写诗赞茶花："绿叶红花斗雪开，黄蜂粉蝶不曾来。海边珠树无颜色，羞把玉枝照玉台。"耐冬属亚热带树种，它的生长条件是温暖湿润的气候，半阴、背风地带；最适宜的温度是18℃—24℃，相对湿度60%—80%，喜肥沃湿、排水良好的酸性土壤。长门岩在北纬36°，是茶花分布的最北界线。岛屿面积0.25平方公里，海拔84.7米，但气候温暖湿润，土壤微酸性，排水良好，又距离陆地较远，人迹罕至，耐冬树成片生长。但由于海风大，一般树龄低于陆地上生长的。将耐冬引种到陆地，栽到背风向阳之地，单株长势比海岛更好。目前崂山地区20年以上的大树52株，百年以上的20株，其中太清宫绛雪600年，与之相邻的开白花的耐冬也已达400年，高5.65米，胸径27厘米。每年冬季在三官殿一红一白竞相开放，成为太清宫中冬季最美的一景。

大约由于《香玉》与崂山有着这么多令人深信不疑的联系，也由于蒲松龄确实来过崂山，后人多愿意相信蒲松龄曾独居崂山，创作了《聊斋志异》中的某些篇章；在太清宫有蒲松龄写书亭，以崂山为背景的《崂山道士》也被认为是在写书亭内构思而成。

据说当年蒲松龄月夜独坐亭中凝思，忽见对面墙上有人一闪而过，像是穿墙而去，原来却是送茶道童的影子。蒲松龄由此受到启发，写了《崂山道士》。这面墙也被称为"穿墙壁"，成为崂山的一个景点。

《崂山道士》这篇故事写的是一个游手好闲的年轻人叫王七，"少慕道，闻崂山多仙人，负笈往游"，在宫中见到一位白发垂颈的道长，苦苦哀求，得以收为徒。每天出去砍柴，一月余，手脚都磨出老茧，难受其苦，产生回家的念头。一天回来，见师傅有朋友来访，日已暮，尚无灯烛。师傅剪纸成月，室内光亮，嫦娥由月中跳下，为饮酒人歌舞。后三人又移入月中。这一表演使王七大开眼界，打消了回家念头。又一个月，王七除砍柴外仍一无所获。其苦难熬，决意回家。临行前苦求师傅教其穿墙术，师傅教之，王七一试而过，大喜。师傅告诉他，要严肃对待法术，做有意义的事，否则就不灵验。王七回家后，将师傅的告诫抛到九霄云外，想在妻子面前炫耀一番。结果一试，不仅没有过去，反而在头上撞了个大包。

为了方便旅游者了解柳泉先生在崂山撰写《香玉》《崂山道士》情景，近年在太清宫的"关岳祠"旁，恢复蒲松龄写书亭。这是一飞檐、红柱、木结构的小亭，西侧白粉墙，即蒲松龄笔下的"穿墙壁"。穿墙壁立在这里，告诫世人无论做什么事情都要光明磊落，心地坦白，否则总有一天会被无形的墙撞得头破血流。

被称作东海仙山的崂山，不仅有着神仙道士的奇闻轶事，还有众多流传在山野之间的鬼狐精怪的故事，这些故事大多都在民间传诵，蒲松龄正是怀着浓厚的好奇心来到崂山，收集这些故事。

作为读书人，蒲松龄屡次科举考试，都不能金榜题名，他逐渐心灰意冷，开始把时间投入到自己有兴趣的事情上。用现在的眼光看，蒲松龄喜欢收集民间的奇闻异事，通过文学加工整理，编写出充满奇幻色彩的短篇小说。

民间故事，自然都是流传在乡野之间。蒲松龄特意在崂山脚下摆了个茶摊，凡是有路过的乡民，就免费招呼人家来喝茶，蒲松龄这么做，当然是要听他们讲崂山里神仙鬼怪的故事。自古就被称为神仙之宅、灵异之府的崂山，在蒲松龄看来，这是一方充满传奇的宝地，住在太清宫这个千年道场里，经常会有道士和他讲起长生不老、神仙法术的事情，这些亦真亦幻的故事，让蒲松龄听得如痴如醉。

盛伟是蒲松龄研究会的副会长，可以说他的一生都在致力于蒲松龄和《聊斋志异》的研究工作。从年轻的爱好到深入的研究工作，50 年来，盛伟仔细分析了《聊斋志异》里面的 491 个故事，他得出了一个肯定的结论，蒲松龄绝不是弄玄猎奇，而是用特殊的角度阐述哲理："其实他应该是儒家的思想，在每一个故事，都有这么一种概念，惩恶扬善，叫人应该走一条正确的道路。"

《聊斋志异》里众多的故事，都堪称经典，而一个故事对一个地域有这么深远的影响，恰恰是盛伟研究的核心问题，"崂山的宗教文化，影响了蒲松龄，蒲松龄又反过来，用他的创作，又影响了崂山的宗教文化，这是一个相互的关系"。也许当时的蒲松龄，并没有想得如此深奥，他仅仅是被崂山吸引了。崂山的一草一木在他看来都充满了灵气，太清宫里的古树名花，每一株都历史悠久，而又多姿多彩。蒲松龄最喜欢纯白和嫣红的茶花，娇嫩的花朵让他心生怜爱。白天的欣赏，晚上的神往，恍惚间蒲松龄觉得有两个女子在太清宫里翩翩起舞，那妖娆曼妙的身姿不正是茶花仙子的幻化吗？他将白衣女子取名香玉，将红衣女子取名绛雪，写成一段伤感美丽的爱情故事。崂山的民间故事，通过蒲松龄以文字的方式，为大众所熟知。

虽然从实际情况来看，蒲松龄一生仅到过崂山一次，逗留时间不太长，在他明确以崂山为背景的两篇小说中，我们并不能找出他在崂山写作的证据，但是，我们完全可以肯定，这两篇小说的创作的确是以蒲松龄游崂山的所见所闻所感为前提的，甚至这样的例子还不止于这两篇小说。现代作家叶楠先生在他的《崂山绛雪》一文中就说过："《聊斋志异》中，很多篇目，都可以在这里的古刹、山村、奇花、异水、怪石、幽泉、飞禽、走兽……找到构思的踪迹。"

康有为

康有为，原名祖诒（1858—1927），字广夏，号长素，又号更生，广东南海人，人称"南海先生"。光绪二十一年（1895 年）乙未科进士，授工部主事。1898 年发动变法维新运动，失败后逃亡国外。之后，回国组织孔教会，参加张勋复辟活动。著有《新学伪经考》《孔子改制论》《大同书》《康南海先生诗集》等。晚年移居青岛，1927 年 3 月 31 日病逝于青岛福山支路 5 号寓所，葬于李村象耳山，1985 年 10 月 27 日迁于浮山南麓。康有为生前两次游历崂山。第一次于癸亥（1923 年）五月，自沙子口乘船至崂山太清宫湾。游太清宫、龙潭瀑、上清宫、巨峰等名胜，作《崂山》诗，镌于太清宫后巨石上。诗中对崂山的山海景观倍加赞扬，誉之为"天上碧芙蓉，谁掷东海滨？"第二次于丙寅（1926 年）秋七月，游上清宫、太清宫，赋《重游太清宫》诗，其中有"白果耐冬多阅劫，崂山花闹紫薇明"句，耐人寻味。时康氏已届古稀之年，饱经风霜，看到那阅尽人间劫数的千年白果树和五百多年的耐冬花，怎能不令诗人回首坎坷的一生。

章太炎

章太炎，清末民初民主革命家、思想家、著名学者（1869—1936），名炳麟，初名学乘，字枚叔，后改名绛，号太炎，浙江余杭人。章太炎与青岛颇有渊源，1897 年德国出兵强占胶州湾，沙俄出兵占领旅顺港，他曾上书李鸿章，提出联日抗欧、挽救时局的主张。1917 年广州正在准备进行护法战争而选举"非常国会"时，发生了"青岛事件"，章太炎大声疾呼："我们是不是还要进行护法战争呢？难道从日本人、英国人手中以军事力量夺回山东不是一件更令我们自豪的事情吗？可是我们呢，我们现在呢？我们在这里要做什么？难道我们要在国内再度掀起一场战争，那我倒想请问各位，国民将如何看我们？"他发表演讲强调指出：要抓紧处理"青岛事件"。

1934 年来青岛的章太炎，曾在青岛小住。尽管章太炎身体欠佳，仍兴致勃勃地去游崂山。路过太清宫东山北端接近青山口外，路左巨石上见到"清宣统元年（1910）己酉四月，桂林岑春煊游劳山太清宫，访琴观山景，留题'山海凌云'四字，篆于宫后大石壁上。"岑春煊于 1933 年在沪作古，章太炎感到物是人非，即兴作挽岑春煊联，云："喑呜叱咤有项王风，公岂徒尚勇乎？唯受善，故群材采用；温让恭良得夫子教，老而渐闻道矣，以小人，斯北面终身。"车过南九水观川台，得知那是因刺杀宋教仁罪而已于 1919 年伏法的洪述祖的别墅时，触景生情，随咏挽宋教仁联，云："为我扫幽燕；愿君化彗孛。"章太炎以驳康有为著称，所作的《驳康有为论革命书》成为他的代表作。游览中，在太清宫逢仙桥北端山谷旁，见到早在五年前（1927 年）已在青岛弃世的康有为题诗石刻时，不由地忆起当年所作嘲康有为变法不成、反组保皇会的对联："国之将亡必有；老而不死是为。"

沈从文

沈从文，现代作家（1902—1988），原名沈岳焕，笔名休芸芸、甲辰、上官碧、璇若等，乳名茂林，字崇文，湖南凤凰人。1931—1933 年，沈从文住在福山路 3 号，当时在青岛大学中文系讲述《小说史》《散文写作》等内容。由于是山里人，看到青岛的山，从骨子里就爱上了它，特别是到崂山游玩以后，留下了深刻印象，"精神特别旺盛"。在这期间，沈从文创作了《泥涂》《阿黑小史》《风子》三部中篇小说；《三三》《都市一妇人》《若墨医生》《黑暗占领了空间的某夜》《静》《三个女性》等20 多篇短篇小说；还写了《记胡也频》《记丁玲女士》《从文自传》三部长篇传记。

沈从文在青岛期间，曾经多次攀爬崂山，第一次是从现在的崂山北路，仰口景区进的山。同行的有杨振声校长及闻一多、梁实秋、赵太侔诸先生，从仰口下车后，就开始爬山，这座山当地人叫猪头峰，硕大的猪头在山顶仰头北望，逼真的猪鼻子让人真想上去咬一口。回头望去，山坡尽处是大海，一弯金色的"新月"——仰口湾，海水掀起阵阵波浪。到了一个山梁，有一处石刻，上写大字"海天一览"，几位文人还研究一番。休息一会，开始向"三步紧"景观出发，穿石隙，钻山洞，拿出闪转腾挪的功夫，时而穿行在乱石杂草之中，时而驻足欣赏身边美丽的风景。尽力气爬到三步紧处，发现原来是一个天生的天梯，有一块风化的倾斜45度的岩石，长 7—8 米，风化后留下台阶，东面有块巨大的岩石正可拿来做扶手，到尽头，在另一块岩石刻有"三步紧"三个字，双手攀岩，屏住呼吸，使劲爬几下，一步更比一步紧，不紧就前功尽弃，会滑下山崖。不能看下面，一看倒吸一口冷气，真要从这滑下，怕连完整骨头都找不齐。爬二步到达山巅"会仙台"。这里有神仙椅，可并排坐三人，椅背勒一"仙"字，传说登上会仙台，便可与神仙相会。靠坐其上，背山面海，山风袭耳，天作顶篷，还真有做神仙的奇妙遐想。

沈从文爬在椅背抓牢岩石探头望，高山风景不错，五彩缤纷的颜色把崂山装扮得分外好看，无法用语言形容的色彩相互融合描绘的大自然画卷让人陶醉。海风吹来，山下梯田、农舍、小船尽收眼底。西下就是著名的白云洞，洞旁的两棵老白果树，一雌一雄，比肩而立，相伴而生，已经过了千年。三三两两高大的赤松点缀在周围，还有一望无际的竹林。从三步紧下山，就是白云洞，道长邹全阳带领众道士在门前迎候，安排在贮云轩住下。洗了一把脸，外面已经高喊，请青龙阁喝茶。水是泉水，在白云洞西门外一泉打来，茶是竹茶，喝上一口，果然不俗。不一会工夫，道家饭已经摆上，全是些山中特产，有拳头菜、天母菜，粗粗打磨的做成的面食，几个人是狼吞虎咽，可惜没有酒助兴。这一次，一住 6 天。第二天，由小道带领，先去明道观，然后上了棋盘石，在山间的小道上，有德人留下的德文路标，上面标明前方的路程和名称，文人们围着看了半天。后来沈从文写道："青岛的海边、山上，我经常各处走走，留下了极好的印象。我曾先后去过几次崂山，有一回且和杨金甫（杨振声）校长及闻一多、梁实秋、赵太侔诸先生在崂山住了六天。以棋盘石、白云洞两地留下印象特别深刻。两次上白云洞，都是由海边从山口小路一直爬上，这两次在三步紧临海峭壁上看海，见海鸟飞翔的景象，至今记忆犹新，从松树丛中翻过岩石的情景，如在眼前。"沈从文等文人夜里住在白云洞贮云轩里，白天就在周围爬山。从白云洞西门出去，有逍遥路，过河有小径可到明道观和棋盘石，棋盘石东去可到华严寺，沿海转又可回到白云洞。在海边沈从文遇一少女，成了《边城》里的主人公。

第六章　崂山金石

宋嘉祐年间，欧阳修著有《集古录》（又称《集古录跋尾》）一书，这是中国现存最早的金石学著作。此书收录了众多钟鼎彝器铭刻，且介绍了器物的出土、收藏情况、所属年代及逸闻逸事等。自此书后，金石一事开始被世人所重视。

华夏文明源远流长，金石文化作为文化艺术之一，既是中华文化的载体，也是中华文化不可缺少的重要组成部分。金石中记载了众多人事的变迁以及世代的沿革，因此它具有极高的研究价值。从古至今金石名家及其传世之作不在少数，记录、研究刻石专著的也很多。

崂山的寺宇众多，碑碣林立在奇峰峻石之中，摩崖上记载的各代文字更是不可胜数。但崂山地处黄海的一隅，搜罗者及研究人员常常会忽略此地。清代孙星衍撰写了《寰宇访碑录》一书，赵之谦撰写了它的续编，这两本书中都没有崂山金石的相关描述，这种遗漏对于崂山文化和金石研究者而言都是一大憾事。胶县王崇葆后来写了《崂山金石录》一书，其中对于崂山金石多有描述。

一　吉金

吉金，指的是古代钟鼎彝器等古器物。受儒家思想影响，古代人认为祭祀是吉礼，因此把铜铸的祭器称为"吉金"，后来便把"吉金"作为钟鼎彝器的统称。清代著录古器的书籍，多称作"吉金录"。汉代以前的文章中所称的"金"往往指的是青铜，"吉金"则是纯粹而美好的青铜。《墨子》一书在描述大禹铸九鼎时写道"使蜚廉采金于山川，而陶铸于昆吾"，这里所说的"采金"就是指开采铜矿取得铸鼎所需的青铜。《诗经·韩奕》一诗中有"革金厄"句，句中的"金厄"指的就是青铜的轭（马具）。由于把青铜称作"金"，后来人们又将青铜礼器也称之为

"金"，把青铜器上的铭文称作"金文"。以"金文"为主要研究对象的"金石学"，成为中国古代一门很重要的学问。

徐福岛古铜印 清代光绪年间，崂山当地人掘土种植的时候发现一枚铜印，上面撰写着"太原仙道图书"字样。徐福岛即现今大福岛，位于今崂山区沙子口镇东南海中，距南窑半岛尖端仅 250 米。据王葆崇《崂山金石目录》载："秦徐福入海求仙，曾停舟于此。"该铜印出土后，被当时的即墨令索去，下落不明。

南城阳古铜印 南城阳村，今属城阳区流亭镇。光绪年间，当地人在土中挖到一枚铜印，长不足一寸，宽约一寸，上面刻有狮纽，篆刻的文字是"周昌之印"。周昌在秦朝为泗水卒吏，秦末农民起义中，随汉高祖刘邦入关破秦，任御史大夫，封汾阴侯。周昌耿直敢言，刘邦欲废太子，他直言谏止。卒后谥号悼。

即墨钱刀 即墨，齐邑，在今山东平度东南。《钱谱》中记载，钱刀有大小两种，大型的长 17 厘米，宽 2.7—3.0 厘米，重 51—61 克；小型的长 14—16 厘米，宽 2.0—2.3 厘米，重 33—35.5 克，年代较晚。

霸王台古戟枝 清道光年间，山民在霸王台附近凿井得戟头一枝，斑锈很重，不知道是哪个年代的。霸王台现址在今城阳区夏庄镇云头崮水库内，1956 年鉴定该处为商代遗址。

晒钱石古钱 在崂山区王哥庄镇青山村东南三四里处的试金滩以南，为传说中仙人晒钱处，名晒钱石，游人偶尔在此处可拾得古钱。清末有游人得古钱一枚，大如开元通宝，手一拿就酥了。

铁瓦殿铁瓦 崂山铁瓦殿出土的铁瓦，直径一尺二寸，长三尺，背铸捐施者姓氏，檐瓦作龙形，形状特别精巧。现如今山民仍然有保存着的，青岛市博物馆也存有类似的铁瓦。铁瓦殿原址在今崂山区沙子口镇巨峰南麓，它的前身是白云庵的玉皇殿，明嘉靖年间道士李阳兴将此殿重修，用铁瓦来覆盖，名为铁瓦殿。

海印寺大佛铜像 这个铜像高三尺，重 40 斤，袒腹露胸，面作含笑态。民国十四年（1925 年）移至即墨城，后来不知道被什么人购买了。

华楼山石铜像 据《崂山金石目录》记载，清同治年间，位于华楼山附近高家崮的村民于沟中挖到了特别多的古铜器，可惜铜器上并没有字迹，无法考证它们的年代。高家崮即今城阳区夏庄镇的高家台村。

开井山龙井铜铸龙牌 长宽各有数寸，正面有六行字，上面写着："杀生偷盗脑血开，贪言狂语压尘埃。吃酒吃肉一时死，手接铜钱天降灾。"落款"嘉靖二十四年正月十五日领头僧人大乘"。背面也有字"韦驮尊天伽蓝监察牌"。正反面字迹都已不清晰，但也还依稀可见。

寿阳庵铜像铜器 据《崂山金石目录》记载，寿阳庵有一室，藏古铜像、铜器特别多。寿阳庵址在今崂山区沙子口镇烟云涧，建于明代正德年间。该处古铜像及铜器原为巨峰白云庵的物品，白云庵倒塌后移放在寿阳庵至今。

玉蕊楼古铜瓶 据《崂山金石目录》记载可知，玉蕊楼在不其山的西南方向，楼坍圮已经很长时间了，山民在遗址中得到古铜瓶一个，中间衔着一条铜龙，可旋转不可出入，山民打碎了它然后拿了出来。

白云洞菩萨铜像 据《崂山金石目录》记载，在崂山白云洞之前有一个菩萨洞，内供铁佛像，造型古拙，相传是清代乾隆年间由渔民在海中捞得，另有一个说法是由山民在铁佛涧拾得。

明道观古箭镞 据《胶澳志》记载，在民国十六年（1927年），本埠工程员前往崂山察看水源，在明道观西北十里王家附近，拾得古箭镞一个，箭头特别锋锐，颜色呈现墨绿色，铜制但已锈滥，触碰即剥落。

迎真庵铁钟 据《崂山金石目录》记载，崂山迎真观西院有一口悬铁钟，上面铸有"明正统十三年四月吉日造"等字样。迎真观原址在今城阳区夏庄镇崂山水库南岸，创建于元代至大三年（1266年），1958年建崂山水库时将庙拆除，铁钟也被毁坏了。

城阳古铜瓶 清代道光年间，城阳村民修葺民房时，掘地发现在一个石窟内有两只铜瓶、一只瓷瓶。瓷瓶色泽浓郁有如翠玉，鉴古学家鉴定为汉代之物。

太平宫铁钟 位于崂山区王哥庄镇仰白湾西上苑山太平宫，在它的东院有一个钟亭，里面悬置了一口铁钟，清晨撞钟，声音可以传播至数百里，是有名的"上苑晓钟"。钟亭石柱上刻有一行小字"大清康熙五十五年三月吉立"。但铁钟上的铸字却为"光绪十八年谷旦韩同茂号庙捐敬献，无锡南门许和记造"。探究其原因，是原来的铁钟已经丢失不知去向，现在悬挂着的铁钟是由今即墨市金口镇金口村天后宫移来的，重343公斤。

二　摩崖

把文字直接刻在山崖石壁上称"摩崖"。冯云鹏《金石索》一书有言："就其山而凿之，曰摩崖。"如汉碑中之《石门颂》，魏碑中郑道昭之云峰山题诗、题名等。清人叶昌炽《语石》认为："今人见题名，或称之为摩崖，不知摩崖不皆题名也。即桂林诸山，诗、赋、赞、颂姑无论，唐宋《平蛮》诸碑、韩云卿《舜庙碑》，非巍然巨制乎？……晋、豫、齐、鲁间佛经、造像，亦往往刻于崖壁……盖摩崖，犹'碑'也，为通称，为虚位，亦为刻石之纲，其文字则条目也。"现在的人看见石头上、山峰上有题名，便认为这就是摩崖，其实摩崖不全都有题名。

阅读《古代石刻通论》一书可以知，摩崖石刻是石刻中的一个类别。所谓摩崖石刻，就是利用天然的石壁以刻文记事的石刻。这里的摩崖石刻专指文字石刻，它也被认为是一种专门镇压风水的符咒。但在说及石制造像时，往往又提到了摩崖造像，本节主要介绍崂山上的摩崖文字石刻。

晋烟台顶题名　由石老人村东北行 2.5 公里为石湾庵（大石寺），庙东 1.5 公里为烟台顶。明代为防止倭寇入侵，曾在崂山沿海设报警烟墩多处，因该山山顶曾设过狼烟台，故以此得名。此处有崂山最古老的两处石刻，相距很近。一处上面镌刻着"高阳刘初孙、魏世渊晋太安二年"等字，这些字共四行，高 49 厘米，宽 26 厘米，字径 3—5 厘米不等；另一处为"渤海朱泰武、晋太安二年岁在癸亥平原羌公烈"，共三行，高 50 厘米，宽 42 厘米，字径 3—5 厘米不等，据《胶澳志》记载："崂山刻石惟以此为最古。"这两处的刻石已经有 1690 年的历史，极具文物价值。

唐棋盘石石刻　石头上镌刻着"敕采仙药孙县遗祭山海求仙石"等十几个字样，字体像篆书和隶书。在它的西北方向另有一块石头，上面刻有孙县的遗像，上有光圈，下有莲座，高约六尺，眉毛和胡须都很完整。西边不远处有一块大石头上面刻有"大唐天宝二年三月六日采仙药孙县山房"等字样。据传说，孙县是唐代有名的道士，好丹术，曾于唐天宝二年（743 年）被唐玄宗李隆基派到崂山采仙药，在明道观南、棋盘石北的涧水边建有采药山房。据说，这采仙药不是采草药，而是炼"仙丹"；这山房也不是砖石瓦房，而是茅草屋。孙县奉皇上的命令以道士身份来崂山采仙药，在山海之间炼丹并找到了仙石。这对于正史关于唐玄宗热衷道教、大力提倡炼丹采药是个很好的证实。由此可见，历史不仅仅以书本为载体，石刻、文物皆是为历史正名的依据，这也是考古的魅力所在。

金狮子岩石刻　"狮子岩"又称"狮子峰"，它在崂山上与绵羊石相邻，犹如一只强悍威猛的雄狮傲视沧海，因而被称为"狮子峰"。狮子峰背山面海，凛然云表。在狮口的上下颚间，由于风雨的剥蚀，岩石颗粒参差，形成了历历可数的"牙齿"，十分逼真。狮子峰顶部及其周边石壁有多处明清时期古诗石刻，极具观赏价值。

金明霞洞石刻　明霞洞位于崂山南部昆仑山腰，自山下拾级而上，一路幽篁夹道，1公里许即可到洞口。此洞开凿于金大定年间，洞额提"明霞洞"三字，旁书"大安辛未年立"等字，这几个字相传是清代书法家王序所题，另一个说法是丘长春所写。据说原洞高大宽敞，明代道人孙紫阳曾在此处静修。清康熙年间遭雷击和暴雨的毁坏，大半陷于地下。洞东巨石尚存，题刻有"天半朱霞"四个字。洞前平崖如台，由此遥望大海，空蒙浩渺；俯视崖下，沟壑纵横。崂山盛景"明霞散绮"即在此地，诗人王心鉴《游青岛崂山》诗赞曰："何处寻仙人，幽境隐全真。岭翠逾白鹤，峰奇生紫云。明霞澄天地，潮音悦昆仑。海上有青岛，山中无红尘。"

金太平宫白龙洞石刻　太平宫最开始名为太平兴国院，又称上苑，系宋太祖为华盖真人刘若拙敕建道场，金明昌年间（1190—1195年）重修。正殿名三清殿，配殿为三官殿和真武殿，坐落在崂山东部上苑山北麓、仰口湾畔。

据说，在崂山现存的寺观中，太平宫是有史料可考的最古的道观。据明朝嘉靖四十五年（1566年）和清顺治十年（1653年）重修太平宫的碑文记载，太平宫是宋太祖赵匡胤（960—976年）为华盖真人刘若拙建立的道场，由于它落成于太平兴国年间，因此最初名为太平兴国院，后改名为太平宫。与此同时，又兴建或重建了太清宫和上清宫，作为它的别院。

"海上宫殿"四字刻于太平宫迎门之石照壁正面，相传是清代书法家华世奎书写的。洞内因刻有丘处机的题诗，而且书、刻较佳，保存完好，所以极负盛名。丘处机多次游览崂山，留下了许多诗词和手书，其中以镌于白龙洞的七绝21首最为著名，这21首刻在石头上的诗分别为：

　　卓荦鳌山出海隅，霏微灵秀满天衢。群峰削蜡几千仞，乱石撑空一千株。

道祖二宫南镇海，王明三崮北当途。始知物外游仙境，不向人间作画图。

初现山色有无时，十日迁延向未之。咫尺洞天行未到，空余吟咏满囊诗。

浮烟积翠绕山城，叠嶂层峦簇画屏。造物建标东镇海，云舒霞卷日冥冥。

三围大海一半田，下镇金鳌下接天。日夜潮头风辊雪，彩霞深处有飞仙。

松岩郁屈瑞烟轻，洞府深沉气象清。怪石乱峰谁变化，亘初开辟自天成。

重冈复岭势崔巍，照眼云山翠作堆。路转山坳三百曲，行人一步一徘徊。

洞府仙名唤老君，神清气爽独超群。凭高俯视临沧海，守静安闲对白云。

华盖真人上碧霄，道山从此蔚清标。至今绝壁幽岩下，尚有群仙听海潮。

山川都属道生涯，万象森罗共一家。不是圣贤潜制御，安能天地久光华。

可叹巍巍造物功，山河大地立虚空。八荒四海知多少，尽在含光一气中。

佳山福地隐仙灵，万壑千岩锁洞庭。造化不教当大路，为嫌人世苦膻腥。

牢山本是即鳌山，大海中心不可攀。上帝欲令修道果，故移仙迹近人间。

因持翰墨写形容，陟彼高冈二十重。南出巨峰千万叠，一层崖上一层峰。

修真恰似上山劳，脚脚难移步步高。若不志心生退息，直须天上摘蟠桃。

白发仓颜未了仙，游山玩水且流连。不嫌天上多宫府，只恐人间有俗缘。

修真野客非才子，行到仙山亦有诗。欲向洞天观晓日，不劳云雨待清词。

四月山吐月犹斜，直上东峰看晓霞。日色丽天明照海，金光射目眼生花。

鳌山四面海浮空，日出扶桑照海红。浩渺碧波千万里，尽成金色满山东。

天柱巍峨独建标，上穿云雾入青霄。不知日月星辰谢，但觉阴阳气候调。

洞有佳名号白龙，不知何代隐仙踪。至今万古人更变，犹有嵌岩对老松。

这 21 首诗相当生动地描绘了崂山的景色，诗前有序云："东莱即墨之牢山，四围大海，背负平川，巨石嵬峨，群峰峭拔，真洞天福地，一方之盛景也。然僻于海曲，举世鲜闻，其名亦不佳。予自昌阳醮罢，抵于三城永真观，南望烟霭之间，隐隐而现。道众相邀，迁延数日而方届，遂闲吟二十首，易为鳌山，以畅道风耳。"诗的末尾镌刻"泰和戊辰三月栖霞长春子书"。

金上清宫右丘处机石刻　上清宫，俗称上宫。位于崂山东南麓，昆仑山之阳，宝珠山坳中。宋代初期，上清宫修建完成，后来经历了几次严重的山洪，最终坍塌。1297—1307 年（元代大德年间），道士李志明再次重建上清宫，后来历代多次修缮重建。如今我们仍然可以看到右边的石头上刻有丘处机的诗：

醮罢归来访道山，山腰路僻海湾环。掉船却向波涛看，化出蓬莱杳霭间。

群峰峭拔下临渊，绝顶孤高上倚天。沧海古今吞日月，碧山朝夕起云烟。

青山本是道人家，况此仙山近海崖。海阔天高无浊物，云深地僻转清嘉。

晓日曚昽渐起云，云光惨淡不全真。直须更上山头望，似驾天风出世尘。

怪石嵌空自化成，千峰万状不能明。断崖绝壑无人到，日夜时闻仙乐声。

　　海上观山势转雄，清高突兀倚虚空。朝昏磊落生云气，变化时由造化功。

　　重重叠叠互相遮，簇簇攒攒竞斗嘉。眼界清凉心底爽，神仙自古好生涯。

　　巨石森森岭上排，巅峰岌岌到无阶。三秋水冻层冰结，九夏云寒叠嶂霾。

　　五岳曾经四岳游，群山未必可相俦。只因地角天涯背，不得高名遍九州。

　　陕右名山华岳稀，江南尤物九华奇。鳌山下枕东洋海，秀出山东尽不知。

　　上清宫东面的一块石头上刻着"访道山"三个字（因为当时主要是道士在崂山中修行居住，因此现在的崂山在当时又被称作"道山"），旁边还有一块大石头，上面刻着丘处机词一首，其序云："余自胶西醮事完毕，与道众来游鳌山。道众多雅士，奏空洞步虚毕，乃作《青玉案》词一首。"词曰："乘舟共约烟霞侣，策杖寻高步，直上孤峰尖险处。长吟法曲，浩歌幽韵，响遏行云住。　　凭高目断周四顾。匝地风波吞岛屿，玉山不见，碧霄凝望。似入钧天去。"

金太清宫三官庙后丘处机石刻　金泰和八年（1208 年），丘处机到崂山修行，在太清宫谈玄传道，名声大噪。在三官庙后的石头上刻有丘处机的十首诗，上端刻着"大安己巳年到此，作诗十首"，下端刻着"庚寅年一月上石"。十首诗分别为：

　　烟岚初到上清宫，晓色依稀路径通。才到下方人未食，坐观山海一鸿濛。

　　烟云惨淡雨霏微，石洞留人不放归。应是洞天相顾念，一生嗟我到来稀。

　　云海茫茫不见涯，潮头只见浪翻花。高峰万叠连云秀，一簇围屏是道家。

　　松风涧水雨清幽，尽日清音夜不收。野鹤时来应不倦，闲人欲去更相留。

　　溪深石大更松多，郁郁苍苍道气和。不是万年樵采众，浮云蔽日满岩阿。

　　贯石高名共切云，游山上士独超群。仙超贵重三茅客，仕族尊荣万石君。

　　西山仰视判天高，山上仙家种碧桃。桃熟几番人换世，洞中秦女体生毛。

　　清影窈袅步虚齐，日下高吟凤舞低。谈笑不知浮世事，相将飞过九天西。

　　烟霞紫翠白云高，洞府群仙醉碧桃。鼓透碧岩雷震骇，满山禽兽尽呼号。

　　道力神功不可言，生成万物独超然。泰山海岳知情重，没底空浮万万年。

元华楼山丘处机石刻　华楼山位于崂山北宅镇兰家庄西，因山巅的"华楼石"而得名。自元代以来，华楼山就成为来崂山的达官文士必到之处，其中的题词石刻数量居首位，来此地瞻仰前人风采的游客也很多。在玉皇殿后，有丘处机的诗词石刻：

　　随机接物外同尘，应付无边内养神。心帝出离三界苦，洞天又想四时春。金丹大药更年现，火鼎交离逐日新。一服定超生死海，不知谁是有缘人。

　　莫厌追欢笑语频，寻思离乱可伤神。闲来屈指从头算，得见清平有几人。

　　此外，丘处机的诗词石刻在全国各地均有所发现，在鹤山有"鹤山遇真庵"，在神清宫有"访道山寻真"等字，在神清宫道中则有"游仙齐"及题诗，在黄石洞有《清天歌》一章，而在云门所题的"南天门"三个字最为巨大，字直径三尺，笔画灵动有力，被世人赞为仙品，"此字只应天上有，人间难得几回闻"。

元华楼山云岩子石刻　刘志坚，号云岩子，元朝时在华楼山修行，后来与他的一众弟子在此修建华楼宫。云岩子的石刻一处在玉皇殿后被发现，末尾写着"大德二年十二月二十日"。诗的内容是炼丹的秘诀："炉中养就药通神，汞里丹砂不计春。两意分明曾说破，仲源不悟洞中宾。"

"粮养精血气，身安得自然。四时无患染，何处觅神仙。若使蛟蛎知我字，至今万古不沉埋。"另外一处在虎啸峰岩石上，词云："屈指追锡前世名头，省悟今生。今生要不做修行，犹恐轮回作争行。如真常满如期开，暮鼓分明，便器宝剑铸向炉底天火。"从这两首诗词可见当时道士炼丹修行已属常见，大量炼丹的内容也因此作为重要题材进入诗词中。

元华楼山黄道坚石刻 华楼山上有一处刻着黄道坚的诗："法性煌煌满太虚，微尘扰扰复何如。上超碧落一尘外，下入黄泉九地余。大劫任从沧海遍，空山自有白云居。也知日出言词怪，莫道疯狂类接舆。"

元黄石洞石刻 黄石洞在华楼山的北面，位于华阴北山的山半，北面倚靠着王乔崮，峰峦重翠，南面临着崂山水库，湖光波影。里面的一处石头上刻着"至元五年二月赦：即墨县尹奉全真弟子张"等字。

元华楼山诸真人散刻 道教以"道"为最高信仰，道士是信奉道教教义并修习道术的教徒的通称。历代以来，有许多知名的道士在崂山修行炼丹，并在崂山留下了众多丹诀石刻，其中皆蕴含了丰富而深刻的哲理。

王重阳诗作："背上葫芦蒲酒沽，无中却是有中无。清光墨蜡斑斑现，月里丛林永不枯。"马丹阳答作："琼浆玉液不消沽，舌上甘津不暂无。学得飞仙既寂法，灵苗秀草永难枯。""饥生阳火炼金精，食饱伤心气不升。止念神清为日用，夜间少睡自身轻。""住行坐卧常噤口，呼吸调神透香馨。甘津玉液舌根涌，到此方知体得真。""修行何处用工夫，马速猿颠须并除。牢捉牢擒生五彩，暂停暂住免三涂。""倘然自在神丹漏，路汲从容玉髓枯。酒色财气心不尽，德玄德妙恰如无。""家住终南水竹村，又无儿女又无孙。三千里外寻知友，引入长生不死门。"

在古代，无论是道士还是诗人，他们不仅写诗，也喜欢和诗，类似于南方少数民族隔山而唱的"对山歌"，极具妙趣。

丘处机《双双燕》词："春烟澹荡，青山媚，行云乱飘空界。花光石涧，秀出洞天奇怪。户牖凭高万丈，尽耳目、临风一快。多生浩劫，尘情旷朗，浑无纤芥，堪爱！ 逍遥自在，疏栁锁，抛离业根冤债。风邻月伴，道合水晶天籁。无限峥嵘盛景，尽赐于、山堂教卖。千盛宝珠，酬价问君，谁解？"

马丹阳《归山操歌》："能无为兮无不为，能无知兮无不知。如此道兮谁不为？为此道兮谁不知？风萧萧兮木叶飞，声嗷嗷兮雁南归。嗟人世兮日月催，老与死兮犹贪痴。嗟人世兮魂欲飞，伤人世兮心欲催。难可了兮人间非，指青山兮当早归。青山昏兮明月飞，青山晓兮明月归。饥餐霞兮渴饮溪，与世隔兮人不知。无乎知兮无乎为，此心灭兮那复疑。天庭忽有双华飞，登三宫兮游紫薇。"很明显，这首诗仿楚辞，读来朗朗上口，作者心境有如画卷般展于眼前。

云岩子刘志坚刻进道诗："落魄红尘数十年，朝朝恣性日高眠。尾闾通透泥丸穴，丹皂能分造化权。只此云霄应有路，算来我命岂由天。莫言大道人难会，自是凡夫不学仙。""南北经游数十春，潜行玄理暗修真。不求世上无穷物，只向寰中觅个人。悟得已知消息大，内丹常运溯流津。假饶千载重相见，也似如今日转新。""京洛幽闲清影中，居住古观古壕东。俗情已染心无染，尘世虽同道不同。炼药岂辞千日苦，运精常遣四肢通。世间最贵堪珍重，除却人身总是空。""求仙之士乱纷纷，涉历山川走似云。纵学长生寻外物，算来至道未尝闻。身中自有升天路，背上谁无出世纹。堪叹凡夫总不悟，尽甘荒野作丘坟。""休读九经三史书，与君到了不相符。争如保息元和气，未自躬案大药炉。存得阳精终济老，练成金质定冲虚。分明有个长生路，怎奈凡夫转迷途。""求贵贪财无尽时，高官富极又何为。争如心静忘机虑，未胜身贫得自怡。倚枕任从春日永，运精不遣鬓毛衰。他年物外相逢处，自是神仙别有期。""真铅真汞不难寻，自是凡夫错用心。日魄月魂明甚朗，木精火候理何深。辛苦运精须九载，变化通灵辨五金。出世只须餐一粒，昆仑蓬岛尽知音。""夹脊双阙至顶门，修行路径此为根。华池玉液频频咽，紫府元君遣上奔。常使气充关节透，自然精满谷神存。一朝得到长生地，须感当时指教人。""天纲空疏万象疏，一株松倒华山枯。寒云去后留孤月，腊雪来时向太虚。十洞龙蛇归紫府，千年鸾凤落苍梧。自从别却先生后，南北东西少丈夫。""修行不要意茫茫，常把心猿意马降。世事不贪长守分，外劳不动内阴阳。忘言少语精神爽，养气全神记忆强。若是昼夜还不睡，六贼三尸尽消亡。""道人日用是如何，景灭情忘气自和。一粒丹砂炉里滚，两条银焰透烟萝。木人会唱环中曲，石女能吟白雪歌。兔角敲开圆满月，真人无梦笑呵呵。""先生有志不须愁，牢牵意马锁猿猴。白牛常立金栏里，免了轮回贩骨头。""三十二上抛家计，纵横自在无拘系。来到崂山下苦工，十年得个真气力。"

另如"天有三才日月星，地有三才水火风，人有三才气血精"等都是道语，令人回味无穷。这些石刻大多镌刻于元大德二年，为秀丽挺拔的崂山增色不少。

元明霞洞有恒阳乔某镌七古一首 “崂山道士人不知，学透先天耀红日。厌薄神仙不肯为，咳唾一声天地裂。夜来传法怕高声，语落人间鬼神泣。”仔细体会这首诗的内容，大概是赠送给某个道士的一首诗。

明玄真洞石刻 镌着“重建玄妙吸将玉兔口中吞”11字。末尾处没有署名，相传是张三丰本人亲自篆刻。

明华楼南天门石刻 晋朝时，黎阳王有四首七律诗刻在崂山山石上，即《万历庚申季春，同陈大参、陶宪副登崂山诗》：“青齐度地已周遭，胶即奇观大小崂。丘崒独昂东海上，峥嵘不让泰山高。眼空禹服三千界，天涌扶桑万里涛。自是先秦留气象，阵云半战势争鳌。”“白气悠扬瑞霭霏，平波浩漭荡斜晖。翠浮粉黛频添鬟，墨染浓云欲点衣。碧海沧波分树绿，暮天风雨见花稀。避秦宜向山中隐，丰草长林同息机。”“叠巇飞凌不可攀，海天空阔水潺湲。神仙似隔蓬莱岛，帝子空余函谷关。再世独怜秦历祚，二崂遂属汉河山。风尘今古何时息，吾已劳劳鬓早斑。”“崇岩复岭降东皋，灏气飞云压海涛。一自嬴秦更姓名，遂将劳盛改名崂。石公洞里甘肥遯，神母山中忽夜号。上有二崂依旧在，乘舆回首鬓重焦。”“公余遣兴上层峦，行到山头夜已阑。簇拥游人如蚁聚，崎岖蹊径似龙蟠。谷传天籁吟风细，松荫平林带月寒。直至华楼高处坐，一声长啸海天宽。”“遥瞻山色郁苍苍，杖履直登万仞冈。金液流珠存道脉，玉盆承露散天香。风吟绿树笙簧韵，酒映红霞琥珀光。此地凭高宜尽兴，须知明日是重阳。”“翠屏壁立出人间，信是东溟第一山。望对天门迎旭日，起看石洞觅玄关。真仙有诀传千载。尘世无人识九还。每忆同心常郁郁，山灵若为破愁颜。”

明狮子峰石刻 在南边的一块石头上刻着“寅宾岩”及“山海奇观”等字，旁边有一首五律诗：“潮涌仙山下，楼台俯视深。赤澜空海色，碧丸下降阴。片石千年迹，孤云万里云。举杯清啸发，振叶欲空林。”旁边题刻有“嘉靖秋九月初五日，同北泉蓝田观日出于峰上，其弟渊亦在石亭。陈沂刘孟延识”等字样。又有山东都指挥戚景通题“鳌山”二字，末尾刻着“嘉靖壬辰六月二十五日”。又有邹善题“明明崖”三个字，末署“隆庆二年”。可见来此处观赏作诗的人非常之多。

明明霞洞陈沂石刻 此处刻着两首诗：“明霞一峰千仞青，众山为堵前为屏。云雾挥开上绝壁，乾坤坐见浮沧溟。古来好事亦无迹，此地栖仙应有灵。岩扉夜闭洞中卧，石溜静滴声泠泠。""崂山久闻慕，今见崂山人。道破长生惑，方传太乙津。丹光凌日影，玄髻妙天轮。阐教须经忌，餐芝任体贪。与之一来对，放此百愁嗔。"末尾署："云令相约游洞天，清安居士题。"山洞下方的石头上刻着字，字的内容是有关海岳进献玄文秘录的故事，这一处的内容与上清宫后石刻上所描写的内容大致相同，此处不再重复。

明华楼翠屏岩石刻　魏守道题的洞名，蔡巡道又用草书再次篆刻，旁边有"东海胜游"四个字，也是蔡巡道所篆刻的。

明上清宫鳌山石上，陈沂题"如梦令词"　词云："海上新如镜，径转断崖幽谷。峰际有仙居，绕路异花佳木。知足，知足，消受这般清福。"

明上清宫后孙真人《海岳修真记》石刻，"臣居东齐海滨，潜踪崂山上清宫明霞洞，修行五十余年，大悟千百遍，小悟不可以计数。自得道之后，每思皇王浩荡之恩，无由寸报，旦夕实切遑遑，忽闻朝廷差官，诏取天下玄文秘箓，同洽并参，辞别师斗蓬张，遂即下山上京。至景州娘娘庙，天降大雪，七日七夜方晴，感刘知县会见，请留数月，同至千佛顶龚头村，修盖丛林一处。至嘉靖三十七年，功事完毕，赴京白云观，坐钵堂一年，造释门宗卷八部六册。阁老翟公讳銮、少卿龚公中佩者，二人具本呈进御览，敕封护国天师府左赞教玄清真人。□□岁秋八月望前二日，复将灵宝秘诀，清净真一，玉帝敕命□□，上药三品，自升而降，行坐运筹，水火既济，正请《金液大还丹集》，为真人府供事、太常寺少卿龚中佩者，具本呈进御览，表臣之忠孝，勤慰圣心，得沐恩光宠褒。至癸亥岁春三月二十六日，复将皇经备述其始末玄奥，集成四帙，并及诸书丹诀，总成二十六册，令徒子孙至鸾，具本呈进御览，于二十七日奉圣旨，达所进法，至秘留览。孙至鸾赏银伍拾两，礼部知道，钦此。窃惟叨冒恩宠优渥，思欲补报，今将各经书，广行刊刻，传布流通。上祝圣寿无疆，永赞皇图悠久。海岳真人传刻。"

孙真人，世宗肃皇帝赐名玄清，号海岳山人。籍贯山东青州寿光县人。弘治甲子八月二十二日生，隆庆己巳六月二十六日羽化。他的大部分道义传给了弟子胡氏。

此外，这里还刻有《持赠孙真人还元一首》："隐迹云林不计年，冲虚清淡妙中玄。留经世远开迷海，阐教功多度有缘。派接七真辉玉性，丹成九转涌金莲。俄然解化乘风去，常使同心思黯然。"隆庆三年孟秋文渊阁太傅翟銮沐书。另还刻一首七律诗："唐代真人思邈仙，同宗玄裔得家传。青蛇海上无知异，黄鹤楼中妙不言。炼已精修天上道，清音忠近至玄篇。伫看不日丹成就，玉册旌书上九天。"

明华楼山石刻　此处刻有两首诗："闻说山中有异人，白云袅袅总无因。一从羽士登仙后，衣钵传来定属真。""何处玄宗别有关，去车前却薜萝间。自知尘网犹难脱，未许浮生半日闲。"

明凌烟崮题刻　"嘉靖癸巳九月，前侍讲陈沂、前御史蓝田同游诸峰。凡五日至此，兴复不浅，侍郎弟因亦在。"在外面的铁瓦殿聚仙宫也有二人的题刻。

明华楼南天门石刻　此处，赵守道题有"华楼盛览"，邹善题有"最乐处"三个大字。

明鹤山滚龙洞后石刻　这里有一首周鲁的七绝诗："数数频来似有情，青山与我久要盟。战袍脱却浑闲事，一曲瑶琴乐太平。"

明玄真洞旁石刻　此处也有一首周鲁的七绝诗："白云留住澹忘归，名利萦人两具非。莫笑丰僧茅屋小，万山环翠画图围。"此外，白龙洞、仙姑洞、神清宫处的"洞天"二字也是他的题额。

明五水石刻　在杏树庵北洞，刻有"天开异境"的字样，末尾处署"天启四年"。

明慈光洞石刻　石刻在名慈光山洞中，数十年来风雨不蚀，至今还像新的那样。此处刻着一首七绝，是憨山所作，末尾处署名为慈宁宫近侍，姓名二字已经被人凿去。诗云："鸟道悬崖入翠微，一龛高敞白云隈。坐观沧海空尘世，回首人间万事非。"

明金壁洞石刻　刻有"万历十七年子秋立"等字样，其余的字不能识别。

明巨峰白云庵石刻　陈沂题有"灵鹫庵"三个字。

清青山道中石刻　在通往太清宫的道中，刻有"波海参天"几个大字，末署"始皇二十八年"等字样，相传是清朝初期游人仿镌。

清华阳书院题刻　"小钓台谈经地"，相传是孙道成所题，署年为康熙甲戌。还有一处同治年间游人题刻"蓝侍郎章子田筑书院，读书其中，并建紫霞阁"，不知是何人所写。

清华严寺道上石刻　数量最多，最佳的石刻为"东瀛晓色"，末尾有署跋。另外此地还有王澄江书"莲池海会""烟岚高旷"等字，乾隆年间沈则文题"天风海涛"等字。

清砥柱石石刻　石头在华严寺东部下方，乾隆五十六年三月，山东巡抚惠龄在此题"山海奇观"四个大字，字直径有好几丈，下面附跋。

清鱼鼓石题名　石头在华严寺南面的山洞中，上面刻有"云穴"二字，末尾署着"光绪四月，平度王崧翰与明贞和尚游此"几个字，依稀可见。

清白云洞题额　白云洞洞额"白云洞"三个字，是清末翰林日照尹琅若书。

观川台洪述祖题诗　"青山转处起高台，台下水流更不回。涧势落成瓴建屋，溪喧声似蛰惊雷。凭栏我有濠梁趣，作障谁为砥柱才。多少黄金延郭隗，几人比德水边来。"

太清宫康有为重游题诗　"青山碧海海波平，汗漫重游到太清。白果耐冬多阅劫，崂山花闹紫薇明。"

华严寺蜀南曾绮题诗　"百战犹存射虎身，临淮韬略信无伦。二崂仙境凭君护，我欲移居东海滨。"该诗为纪念李先良先生抗战而作。

三　碣

碣，是刻石中的一类。"摩崖"和"碣"之间有着细小的差别，马衡《凡将斋金石丛稿·中国金石学概要》指出："天然者谓之摩崖，刻石之特立者谓之碣。"也就是说，天然的山石我们称之为"摩崖"，石头上刻着字然后特别立在某处的，称之为"碣"。

元太祖敕谕护教文碣　此石碣位于太清宫三皇殿中，1223 年九月二十四日，丘仙人在此地接收了元太祖成古思汗颁布的圣旨，内容大致为：西域胡人归顺朝廷后，回到燕京，皇帝深感安慰，特地赏赐了虎符牌，拿着这块令牌，就像皇帝到达了此地。皇帝的所有城池，丘神仙凭借这块令牌可以随意居住。普天之下道家的所有事宜，全屏丘神仙一人随意处置，别人不得干预。末尾写着"天乐道人李德谦书"。

元华楼山玉皇洞前石碣　前文刻着"莱州达鲁花赤多识德谋作，莱阳县达鲁花赤字兰爱，胶水县达鲁花赤乃满德"。后镌"时至大二年三月吉日"几个大字。

明华楼山南天门石碣二　据传这两块石碣为吴郡守所立，上面刻着："余夙慕崂山之胜，中丞李公为言，兹山最胜在华楼。自登州还，远途一至，喜而赋此。万历丁亥春日。""海上蓬莱策马回，篮舆百折到天台。风生石窍春寒厉，日射松阴晚照回。金液涓涓余润泽，玉屏叠叠点苍苔。忽闻一派笙歌响，疑自云端缥缈来。""独立天门气自雄，二仙有意抱琴同。开樽放饮酬山觊，屏住高谈说世风。君辈威风方振翩，余才驽钝愧来骢。佳宾良晤难分袂，再上高峰望海东。"石碣的另一面是黄纪贤题的诗："青山历历对芳洲，东海巡览此胜游。绝顶丹崖明晓日，溪边黄菊媚清秋。二崂共结三生缘，一醉同消万古愁。便欲蓬瀛寻九转，白云冉冉碧峰头。"万历九年四月二十日即墨许铤、翰林史垂言及崔群瞻、高密黄纪贤在此处题诗以作纪念。

海印寺颁经谕文石碣　此石碣在太清宫内，石碣上的内容大致是：大明万历十四年三月十四日，皇帝特别下旨，东海海印寺住持以及众僧人，要用佛教的经书典籍要义教导众生与人为善，使百姓安居乐业。

清太平宫后崔应阶碣刻诗　诗云："枕上初闻晓寺钟，起来月色尚溶溶。拿舟未探鲛人室，拄杖聊登狮子峰。碧浪已浮沧海日，白云犹锁万山松。耽游千里谁言老，选胜搜奇兴颇浓。"

清大崂观石碣　"探奇徒觉出尘寰，竞秀争流同仙吏，大药曾传驻玉颜。偶把一樽松下酌，碧天无际鹤飞还。"乾隆丙戌四月既望，楚鄂崔应阶作诗。

清华严寺诸石碣　此处的石碣比较分散，有的在庵前，有的在庵中，嵌在石垣中。其中一处是辛亥年春季靳林题诗《雨宿华严寺》："雨过山峰秀，悠悠听松风。海市蜃楼观，坐观缥缈中。"还有一处为丁巳年登山鲍邱、刘锡信题诗："苍翠空濛入望遥，白云深处渡浮桥。如何卅载劳薪客，又向崂山学采樵。""青山招远客，树密不知门。地僻尘难到，云归户有痕。帆樯来域外，风雨逼黄昏。何处搜奇胜，披图更细论"

清山东巡抚杨士骧题名碣　此石碣在华严寺中，署年为光绪龙飞三十三年三月二十四日，同游者一共有十五人。

太清宫康南诗碣　"天上碧芙蓉，谁掷东海滨？青绿山水图，样本李将军。神仙挑云出，高台照金银。芝旗与松盖，光景蕤五云。郡县能冒险，渡海咸欢忻。楼船两飞轮，破浪入山根。山下太清宫，万竹夹道分。道人多道气，长须迎缤纷。殿前两白果，老树霄汉干。阶下一耐冬，千年尚郁蟠。蔽山弥万绿，洞流曲潺湲。直上崂山巅，夹山万卉繁。奇石争攫搏，或作虎豹蹲。老藤生岩旁，当道异柏樱。苍松亿万千，漫山洪涛翻。应接目不暇，清赏心所安。崎岖过岭后，荦确石巉岏。盘磴登上清，惊看飞瀑喧。渐渡屼嵝巑，峰头草成茵。至正余摩崖，抚视感心颜。虽赏丘壑美，稍惜草木删。俯视碧海侵，超然十洲仙。吾生诸天游，世界等微尘。方士采药来，自此求神仙。云昔秦始皇，登道随山刊。方壶与圆峤，水中浮碧鬟。白银为宫阙，仙人缟衣冠。楼阁依缥缈，度劫亿万春。今岂有真人，玉宇琼楼寒。深恐六鳌动，铁围漂高艰。龙伯阁大人，提掷出九关。且游播耨迦，复览日支还。何处非天际，暂复留人间。"癸亥五月康有为在崂山游览时特作此诗。

华严寺前曾琦诗碣　此石碣上刻着《步憨山上人韵》一诗："避地齐东愿久荒，偶偕良友一褰裳。名僧佳句留禅寺，大海潮音迭夕阳。蹒足未能登绝巘，濯缨今喜有沧浪。劳人例合崂山住，且枕诗囊卧石房。"

四　碑

碑，指的是刻上文字纪念事业、功勋或作为标记的石头。

隋慧炬院仆碑　此处碑石的字迹已经很模糊，不能成句。仅剩"开皇二年重修"等字依稀可以辨认出来。

元延祐四年重建上清宫碑　宋代末年，上清宫倾圮，元代大德元年通玄弘教洞微大师李志明鸠工重修，元延祐四年（1317年）承务郎朱号撰《重修上清宫碑》，碑文为："历海诸山，峻极秀丽，为天东之首瞻，经志之所载者，惟崂山焉。晏谟《齐记》云：'泰山虽云高，不如东海崂。'以其蟠根巨浸，神龙攸居，峰霭五云，仙灵所集，真浮世之洞天，人间之福地也。在昔郑司农康成，尝教授于斯，宋初昌陵与华盖真人际遇，乃赐宫额曰'上清'。金源氏正隆间，重阳祖师，自西徂东，遨游海上，全真教兴，其徒长春子邱真人寓是，爱其青峰突兀，翠□峻巘，宛如鳌负蓬瀛，丹书刻题曰'鳌山'，赋诗云：'五岳曾经四岳游，群山未必可相俦，只因海角天涯背，不得高名贯九州。'中有微意存焉。天兴壬辰，中原兵革，朝市悉变，宫殿皆空，皇元御宇，大德元年重阳之派□（孙）通玄弘教洞微大师隐真子李志明，杖屦西来，志趣不凡，神形卓异，以清净虚无为体，以明道阐教为宗，乐木石同居，养乔松之寿，功行内修，英华外著，道俗景仰，师而礼之者众，次第游历至此，观其颓垣圮址，芜没于苍烟葎莽之中，喟然叹曰：'东海名山，祖师遗迹，清虚境界，岂容泯灭，非天不卑人，人自弃耳。'于是与其徒斩除荆榛。采木陶土，鸠工命梓，重修殿宇，塑玄元圣祖像，左右真仙列侍，庙庑斋堂，焕然鼎新，以居清众，澄心涤虑，焚香颂经，上祝国祚永延，下为生民禳□。一日信士总管干罗思武德，自即墨不远数百里，踵门谒余，具道始末，且欲款石一文纪实，非为以传不朽，抑以便后之人，知有善人成善事，俾称赞承平之化，余应之曰：'年衰识浅，笔砚生尘，巧馔之文，不足以称扬仙烈。'固让再三，义不容却，乃谓曰：'山不在高，有仙则名，境不在僻，有人则胜，时事有废兴，道心无古今。昔华盖老仙，长春真人肇基于前，今隐真人子继踵于后，开朝岿然复兴高真于前，今隐真人子继踵于后，一朝岿然复兴高真之宇，逸士之庐，岂无所待，方诸二贤，其揆一也。回视夸炫富贵利达者，汨没于声色畋猎之娱，贪羡乎金玉车服之玩，甘萦尘网，流枕苦宅，迷而不复，丧命失真之徒，岂可同日而语哉。若山海之胜势，与夫云烟霞彩，变化吞吐，四时朝暮，景物无穷，寿乐在兹，仙凡隔路，登览者宜自得之，此不必云。'延祐四年承务郎前江东建康道提刑按察司朱号记。"

元至正二十年重修鹤山遇真庵碑　这块碑上的内容讲述了丘长春曾经居住在此的故事，并记录了前面有三清殿。

元延祐重修童真宫碑　元延祐为元仁宗年号（1314—1320年），童真宫又名通真宫或童公祠，碑文由达鲁花赤普颜不花撰，今已佚。

元泰定三年云岩子道行碑　元代泰定三年为公元1326年，碑在华楼山，碑文由元代学士赵世延撰。文为："老氏以清静无为为宗尚矣。汉文帝行其言，仁寿天下。后世符祝醮祭之法立，五千言之旨遂晦。凌迟至于金季，重阳王祖师出倡全真之学，而老子谷神不死，守雌抱一之道，得斤刘谭马为之疏附先后，其教始盛。云岩刘尊师，实邱真人所出第三传也。师讳志坚，世为博州人。弱冠西事永昌王，掌鹰房，倜傥负才气，有干材，不甘落人后。凡王邸交命四方，多所任使，故有刘使臣之称。岁逾壮，归里舍，尝梦一髯翁曰：'奚为不速去？'又梦至一境，山水幽深，心悟身幻世浮，锐然弃家入道。就东平仙天观郭尊师，往摄衣席下，执礼甚卑，服劳维谨。郭师目之曰：'闻汝善养鹰，学道亦不异是。锻去生犷野性，屏去一切尘念，久之调服，自然入道。'言下有省，乃被性除情，减膳祛睡，志一而笃行之。东平密迩博州，亲友沓至，劝挽归俗。郭曰：
'我固知妆心坚确不移，奈处此不宜。'遂辞去，历邹、滕、沂、莒之郊，
寻方云朋，讲明心要。东至即墨之鳌山，私喜机会在是矣！即山麓南阿石
窟立志，虎狼旁午，人皆危之，曰：'独不惧乎？'师曰：'与物无竞，何
忧何惧？'岁余，徒入奥洞，洞殊险深，非人所居，顾有大树，始面洞背
树跌坐。稍倦，则稍倚树，自谓真尔怖死也耶。复移身面树背洞，夜深昏
极，忽坠洞下，竟无所损。日一粝饭，盐醢不置。身衣鹿皮，野兽杂处。
雅不识书，言出理会。直述：'三十二上抛家计，纵横自在无拘系。来到
鳌山下死功，十年得个真气力。'迁自崖巅，心地逾明，手饲禽鸟，如猫
狸食。今清虚庵是其处也。最后结茅上华楼，今碧落万寿宫是也。尝曰：
'纯阳师之二童来补功行。'翌明，果二少年至，一钱姓，一徐姓，师曰：
'来自何方？欲往何处？'二子再拜曰：'某等杭产也。遐仰真风，愿备洒
扫，请问道妙。'居无何，皆有发明。师自此后，薪水舂爨百需自为。或
曲为代劳，师辄叱去，必身亲之。约二十年，行之不怠。常作颂曰：'先
生有志不须愁，牢牵意马锁猿猴。白牛常立金栏里，免了轮回贩骨头。'
师退藏坐忘，凡行必践其实。静定既久，天光内映，或前知休咎，或神游
四方。若此者不可殚记。洞祁真人闻之，特赐云岩，玄逸张真人署为教门
宗主。大德甲辰，今上渊潜高师粹行，制赐崇真利物明道真人，仍大护其
山门。一日语众曰：'尔曹勉之。善自劝修。驹隙迅速。吾将逝矣。当有
声大震。有鹿来迎。是其证也。'门人请末后。师曰：'师真秘语，具载
方策，曾未一窥。我平时以诚实行真实事，尚何言哉！'俾具沐浴，栉发
更衣，端坐至午夜，月朗风清，果声震鹿至，悠然而逝。容宛如生，其庶
几尸解者钦！师生庚子岁五月十三日，终于大德乙巳四月十七日子时，春
秋六十有六。门人葬于凌烟崗。若吏若民不期而来会葬者众。今户部侍郎
王仲怿，时以事过山下，拉守宰诘朝同候师。俄一道者云：'师羽化前诸
官来访，惜不及会见，各宜珍重。'皆愤叹，就执绋送葬而返。辽王追悼
下教，俾树碑□铭，以昭来世。窃观师少负迈往之气，驰骋四方，一旦幡
然，遁世高蹈，志刚节苦，胁不沾席者逾三十年，必求底于有成而后已。
岂非仁者有勇，知者行尽者乎！泰定改元之秋，门人黄道盈稽首来请曰：
'吾师云岩殁久矣，未有铭，必待知师之道者而铭之，敢请。'辞以不能。
道盈请益勤，不得而辞，遂按状叙以其事，为之铭曰：'道本无为，清静
是则。明而诚之，复归无极。玄对垂恻，示兹典常。其就能弘，曰维重

阳。重阳六子，长春耀世，觉此来裔。三传挺秀，厥有云岩。山居涧饮，坐究行参。守静执虚，辟阖玄牝。绵绵不息，□默与吻。历稔三十，麋裘棕帔，终始靡逾，邈企高风，凄其天籁。云飞碧落，月明寒濑。渤海渺渺，鳌峰峨峨。我铭砺石，永久不磨。'泰定三年，岁次丙寅正月十二日。"特赐金冠金紫服葆玄崇素圆明真静大师天祐道人混成子，前益都路道门提点，本宫宗门提点黄道盈。

元至正二十年重修鹤山遇真庵碑　元至正二十年为公元 1360 年，碑文已佚，内容记述丘处机曾栖于此，并言前有三清殿。

元重修法海寺碑　署年为元泰定三年，碑文称"寺为魏武帝创建，宋嘉祐间寺僧重修"。可见，崂山上的许多寺庙都经历了数次重修，现在我们所看见的崂山道观、寺庙、碑刻都是后人逐渐修缮完成的。

元泰定三年重修法海寺碑　元代泰定三年为公元 1326 年，碑文由进吉祥撰。文为："详夫道体惟微，真机寂灭，非空非有，实万物之根源，不灭不生，乃二仪之渊府。囊括四生九有，包罗三界十方，馨其蠢动含灵，同人无余觉性，悟之则虚玄本际，迷之者旷劫沉沦。大哉调御师，示现迦罗之国，瑞符周代，迹寄王宫，位乘全轮。身栖雪岭，六年积行，一旦明真，三祇修清净之法身，六度证圆融之纱觉，演教四十九载，谈经五千余卷，遂感天龙卫护，犹万水之朝宗，释梵遵依，若众星之拱北，由是佛日普照于十方，精舍遍周于沙界。即墨法海寺乃寰中之一数焉，东枕鳌山，南临双塔，西邻沧海，北据虎峰。山水幽檀那之集福，林峦秀茂，助衲子之栖神。眷此道场，实为古迹。自魏武皇帝创建，一宋嘉祐年间寺僧重修。年深碑古，岁久磨名。金大安二年，师公□清澄，起建法海堂，岁月既久，殿宇堕摧。延□□年，本寺住持信公、玉公，请淮涉寺寿公住持法海，于是重修。师本县人也，出家淮涉海，□发受具，训名宝寿，不茹荤□，坚持戒行，课诵药师金刚之经，严持卜牛普谨，穷鹫岭之真机。加以游历五峰圣境，遍阅大藏金文。大德二年，于慧公座传法赐衣。至大三年，赐佛日圆通之号。师住法海前后十余年，胁不至席，每念修持。监寺广能等青社录事司典史修□协力兴功，施材施力，首创法堂五间，前后六楹七标。既塑释迦五士，兼饰观音一堂，金碧灿然，功勋备矣。然后创建云堂厨舍耳屋僧寮，阶砌门窗，三门房舍，一一具备。四十间同办同修，不日成就，昔所未备，今忽完成，广能等念住持修建之功，思善众布施之德，久经岁月，虑废前功，丐文砻石谒恳无门，勉以发挥，纪一期之实事，敬而秉笔，为百代之宏观。铭曰：至哉圣道，恍惚杳冥，包罗万有，指导群生。无生无灭，非晦非明，人人具足，个个圆成。因差一念，现万种形，三途沦没，六趣伶俜。是故调御，示迦罗城，王宫不恋，雪岭修行。道周沙界，福荫寰瀛，教演一藏，万古典型。因兹梵宇，若布棋星，法海寺者，古迹堕零。信公数载，守业何更，一旦礼请，寿师峥嵘。遵守戒德，诵念虔诚，五峰亲礼，遍阅藏经。每宏讲席，钟鼓腾声，总统赐号，佛日嘉名。创建殿宇，圣像棱层，一一具备，灿烂丹青。爰有作者，监寺广能，普化四众，事事主盟。一期盛事，日久何凭，丐文砻石，千古德馨，哀斯功德，端祝圣龄，河清海晏，万邦载宁。佛塔营邱兴国禅寺住持嗣祖无门野老进吉祥撰。岁次丙寅泰定三年十月上旬一日立石。"

明天顺元年重修灵峰庵碑 明代天顺元年为公元1457年，华楼宫住持李一胜及施主孙福其立，碑文已佚。

明天顺八年重修华楼宫碑 明代天顺八年为公元1464年，朱源、孙鉴周撰。碑文已佚。

明海上名山第一碑 这座碑位于华楼山上，明代山东巡抚汝南赵体明所立，后来毁于山洪。清代即墨知县尤淑孝重新修整了"名山第一碑"。

明成化丁未重修慧炬院佛殿碑 明代成化丁未年为成化二十三年（1487年），碑文由即墨进士蓝章撰，文为："即墨之崂山连延不绝，有凤凰峰者，有僧居焉，号慧炬院。弘治庚戌先御史公下兆华楼之东，余时往来山中，因得以游。自响石渡溪而北，萦纡石田间，至麓下马步进。涧水从乱石中下出，曲折百状，潺□可听。入门，竹树幽茂，薜荔满墙。茅屋在石岩下，益奇，遂留宿焉。其僧曰圆昶者，院之主人也。曰：'圆昶始来栖时，院中颓败，榛棘弗治。有仆俾二，一为隋开皇中所立，额曰'重修'，则院之始创，可为旧矣。其一为元大德中所立，然皆文字浅灭，不可以句读。盖历年岁既深，废而复，复而废者屡矣。昶且悯之，欲起其废。率弟子满杲，力作山间，缩衣食费，复具疏于乡之长者，皆以钱粟来助。乃重构大雄殿，工者奏其技，壮者献其力，不督而集以成。为楹者五，崇若干尺，深若干尺，中为华严海会之像。盖经始于成化壬寅仲春，丁未春告成，先生盍为记之。'余以言不文，辞。庚申余焚黄先垅，复过院中，昶复以记请。余漫应之，以使事有程，不果作兹。复致书曰：'碑具已久愿先生畀之文，使后之居者知殿之重构，昶也，则昶为不朽矣。'呜呼！大雄之殿，非以奉佛也乎？佛之为道，吾虽不能深知，然尝观其书矣。务以宏博广大之说，固足以鼓动天下学其道知，又多得刻励勤笃之人，从而张皇之，故每为宏博广大之事。而能有成其所以成之者，亦以上好之者，护持其说，而不构于法律，下化之者，奉承其说，而不惜乎财力故耳。今夫公宇乡校所以发政而明伦，有益于世道者，乃或视其卑且陋，而日复日焉欲葺治之，则伤乎财而非戾至，劳乎众而谤讪生，吾盖屡叹之，昶惟其为彼而不为此，此其费虽劳而卒能成乎所谓宏博大者，以复院之旧观也。故记之，以示其后之人。"

明嘉靖丙寅重修太平宫碑　　明代嘉靖丙寅为嘉靖四十五年（1566年），碑文由鳌山卫举人王九成撰。文为："环鳌皆崂也，狮其岂出之支乎，大崂半□西陆，半□东海，图经与四岳并书，讵无微欤。胜国长春丘翁，惠揄群甄，迄今就圮，无复在昔之□□□□（华盖真人）□□□□□感慨系之。持一疏走四方诱募勤而感动速，于是古林陶邛氏，遂主若役，众共相厥成，鸠工诹日，撤旧换新，辟正殿以奉太清者三，即左右以奉□□□，内为庐者四，经始于嘉靖丙辰，落成于嘉靖丙寅，虽不能量力于初，赖以永观于继，其力固云尽，其志亦良佳矣。先是曾预以记□余，□□□□□□□□□坚索不一□，难峻阙之，乃僭为之表其山川之慨，述其兴复之由，与提董协助之姓氏法所当书者，俾勒诸珉，永垂不朽，末乃揭其义以诏之，曰汝知所以称为□□□三清者乎？抑知尔居之何以得名为宫观也。夫清道之本也，欲人之法而澄之也，夫观教之的也，欲人之顾而观之也。道无形声，然凡有形声者，鲜不托出始于此。□天地则成象之至大者，人则成象之至全者，又道之宅也，是故天得此而清，斯日月风雨寒暑阴阳之化顺矣。地得此而清，斯流峙动植高低向背之位□矣。人得此而清，期法度伦纪礼乐玫教之事平矣。其为气也，布护而不可□。其为神也，圆融而不可穷。其为精也，纯粹而不可杂。其分之虽三，其合之惟一，皆乾始之元也。其在夫人，则皆统之于心，盖此点炯然不昧之体，要当□静□闲存，务使内虚外直，然后精守神应，驯至敬义配而辉光生，刚大全而运用宏，历亿劫去弥尊，肖两仪而同□，□□老所拟浩然之说也。吁！不可变者道也，不可常者时也。君子以身殉道，而盈虚消息，则酌乎时，此神仙之名，所以绝见于尧舜隆盛之前，而多暴于秦汉衰微之后也。意者英雄豪杰，逾河蹈海，犹虞其不能免焉，始□□假托而神其立于为仙，不独谷城桃源而已，惜世莫之察，而误以为真，谬□白日飞升，不过况其解脱埃垢之外，蜉游霄汉之表。而人间一切祸患屈辱，举不能加之喻耳。丘翁亦洁身而避世者也，恐谈空嗜妄之众各执所偏，驰陷后学，因开一方便门径，□山水之□，藉绘素之饰，默佑□群，潜航觉岸，俾之以究竟三清之义，以类万物之情，庶几不沉盲于旁途也，厥旨微矣。若曰羽化而去，则便当视万物如敝屣，彼妄事此宫为哉。我明扫胡孽、廓治道，作继圣神，寤寐才良，而逢时至人，咸宜收回独善之心，尚可攀遗世之遴轨，载胥推挽汩没于黄石赤松之癖怪，而□走于青紫府之荒唐哉。高山大川，利济一方，此理之常，而钟其气之英灵，为宿儒端士，福泽天下者，亦间而有焉。吾崂雄甲海岳，而孕秀降神，独无功德炳焕者，出□□□□周召之躅，仰翊登三迈五之运，而但曰神云仙云者，非所望于世也，他如经□吐纳，九转七还之杳忽，抽换洗伐，符祝焚修之幻妄，悉道之□□舆论俳也，谅必有能辨者，兹姑书诸。大明嘉靖丙寅正月上旬之吉。鳌山后学前乡贡进士判保定府事兼管紫荆等关七十六翁王九成撰。"

明万历十二年重修巨峰顶白云庵玉皇殿碑　　白云庵又称玉清宫，位于巨峰南麓，始建于唐代，原祀"三清"。明朝初年曾为佛刹，明正德六年（1512年）及明朝嘉靖二十七年（1549年）重修时，均有石刻记载。明朝嘉靖晚年，全真道教后人又在白云庵下方增修玉皇殿三楹，因以南方化缘精铸的"铁瓦"覆盖在庙宇的屋顶，故又名"铁瓦殿"（铁瓦殿遗址在白云殿东南约900米处）。该殿在万历乙卯年（1579年）建成，明代四大高僧之一的憨山大师于万历癸未年（158年）云游至此，应邀撰写了《重修巨峰顶白云庵玉皇殿》碑文。文为："崂山居墨之东南，根盘二百余里，跨平原而枕沧海。冈峦起伏，龙蛇逶迤，众卉连秀，长松翁郁。幽潜密处，石室岩龛故多，真人高士咸措置焉。群山竟绕，中有一峰杰出曰巨峰，为二崂之户，上插云霄，下临无地。顶有庵，曰白云，故称古刹，就废。至我明嘉靖间，全真朴一向重起之，其徒李阳兴继业，至孙高来德而大新之。依岩凿石，殿陛□垣，丹表环绕，左右毕备。中建玉皇殿三楹，乃邑人蓝因为率，莱中丞拙斋刘公助成之。经营有年，至万历己卯甫就完。余于癸未夏东游揽胜，策杖其巅，适卜居太清，因祈余为记。尝闻之，海上有三山，曰阆苑、蓬莱、方丈，石阙成金银，而神仙多在焉。故居尘埃而处混浊者，聆谈之则神思飞动，愿超脱高举，即离人世。及至，目无视焉。以其汪洋渺漠，而无津涯，非羽翼莫能以竟，目为荒唐岂是然哉！盖悉忻厌相夺，耳目相贼者也。若兹峰之秀，洞宇可以息形，艺术能以为饵，幽深□渺，尘纷悉绝，加之殿舍庄严，群峰□峨，参之者可往而不即，能至而不能止。目前之真境，人世之蓬壶，藉令顿解天姥，坐追云霞，何必驾长虹而挟白鹤，假安期而侣羡门者哉！其建立功德，自与海山共之，又焉用记。乃为铭曰：'天地肇基，山川是府，群灵依归，众称之祖。维山之高，维海之深，九兹上帝，实开梁津。碧波巍峨，白云缭绕，维彼瞻依，斯民之保。莫非尔功，莫非尔德，志彼林泉，尘襟永脱。仰矣穹苍，俯兮谷王，配言圣寿，伊始无疆。'"

明万历八年重修塘子观碑　明代万历八年为公元 1580 年，碑文由曾任高阳知县的鳌山卫人王纳策撰。碑文已佚。

明万历十三年重修神清宫碑　该碑明万历十三年（公元 1585 年）立，如幻道人撰碑文。文为："自古道术称黄老，以清净无为教人，谷神内守，以养天年而不中道夭阏，此其本也。后世诬以为长生。其德高慕遐思，必曰海外十洲三岛之间，有神人在焉。藉今一见而尘埃可脱，即有识之士，莫不愿往。是以仙踪遍满山东之阳，而崂山尤萃。惟二崂称巨丽，三面环海，群峰插天，朱宫丹室，递布其间。当万山之中，曰神清宫。宫创于元延祐间，为长春子栖真之所。真人已往，其迹丘虚。我明嘉靖间，住持姜全志募众重新构殿三楹，貌三清、太上、帝释之像，安居堂室，颇为周备。凡历十三余祀，至万历乙酉始告落成，征余为记。予因喟然而应之曰：'噫！道之在宥天地，惟广漠、惟清净，而无始后，随而无终，得是道者以长生。嗟夫！人者昧之，泪泪沉欲，邈然而不知返。其神不清，虽生何生。宜乎至人之观朝菌之晦朔，蟪蛄之春秋也。兹宫之建，窈渺幽深，宜其居者，安以凝神，静以舒情，超然遗世，而入不死不生，即自而登广漠之庭。叹夫高慕者荡志，遐思者放情，又何弱水之可隔，羽翼之可生哉。夫如是，使夫施者作者，推一尘而与山徽共光，一滴而与沧海同波，功德何穷。遂书以纪其事，俾后之人，有以鉴焉。'"

明万历三十年检藏题名碑　该碑明代万历三十年（1602 年）立于崂山太清宫，石国柱督建。文为："太清宫者，自华盖真人刘若拙从蜀而来，遁迹此山，宋太祖闻其有道，召赴阙廷。留未几，坚求还山，从之。彼此敕建太平兴国院、上清、太清三宫，赐为修真之所。其次长春邱祖教阐山东，有元太祖皇帝钦差近侍刘仲禄敕请至京，君称师者。而西游化胡一十二国，玄风大振，宗派立焉。自我大明圣主于万历二十八年颁道经，令羽士贾性全护守，于三十三年四月十五日领众检阅，朝暮焚香，上祝当今皇帝圣寿无疆，下祈万民风调雨顺。三年圆满，福有所归，功德善人，题名万古。"

明万历三十九年重建大劳观碑　该碑明代万历三十九年（1611 年）立，碑文由即墨杨兆鲲撰。文为："入山转黄石而东，率水涯过两峡口，山势回转，深林烟薄中，忽开平原，可二里许，有观曰大崂。背负龙溪，前列芙蓉，峰怪岩幽，鏊不可名数。第观肇创多年，时圮时葺，规制湫窄，不称灵秀气。往余读书其中，有竹山道人赵友真者，鹤发深目，嶙峋如削，年八十余矣，强志坚持。一旦议重修，新其制度，崇其殿宇，辟其垣墉，造洪钟，发巨鼓，诸改观焉。是役，斗米尺木，皆未尝仰给于四方，非鬼运神输，丹铅灶火，安得抚有此力，以成此大功乎！盖此地有百围窍穴之大木，灵气所钟，更三四百年，犹然结实。道人收之以易粟。珠积毫增，垂六年，则货财物力得以登于饶羡，用是勤施大举，而□观厥成焉。此可与寻常持钵乞募者同日语哉！事始于某年月日，终于某年月日，是宜铭。铭曰：'维此灵区，水绕山郭。有宋建后，观开虚无，老道友真，玄风大倡。崇教衍真，翕受无量。乃谋乃□，工师孔急。倏尔湫隘，化为鸿□。立斗悬角，碧瓦丹□。美轮美奂，虎伏龙眠。具宫既成，帝像攸崇。金紫章烂，烨烨雄风。山目流华，海日映皓。瑶窗洞达，灵贝吞颢。革音訇铿，金声清越。松籁间发，空谷绝歇。玄都归依，众妙之门。缵祖成真，升朝玉尊。霭霭祥云，永护玉阙。道□源洪开，千秋弗歇。'大明万历三十九年九月望日。"

清乾隆磐石犹存碑　该碑清代乾隆年间（1736—1795 年）立，碑文由即墨举人郭廷翕撰，碑文中提及乾隆十九年（1754 年）尤淑孝任即墨知县之事，此碑应在该年之后。文为："故骁将军天一尤公讳三省，去鳌山八十六年，吾邑侯过亭公来治即墨，侯盖其冢孙也。仁明莅民，民德侯，乃益思将军不能忘。将军家世京师，以韬钤举进士。世祖亲入锁闱，命题校试，选侍禁卫。而侯拔成均，旋复膺荐举，召试内庭，授经朱邸，历任今职。两世躬逢异数识擢有真，其树立迥绝寻常也固宜。当将军驻备海上时，锄豪恶，清讼狱，固守圉，兴学校，而于暇日登天柱最高峰，据盘石上，朗吟长啸，声振森樾。至今选胜家行憩石侧，闻你老犹啧啧道故实。匪石系民，将军必将有以系民者。民德侯，即益以信将军之流长，而侯之克懋蹈前烈者矣。爰勒青珉，庶永怀思，百千万年，比伦岘首。"

第七章　崂山文学

大凡古今胜景，或因景致秀美而名，或因文学记述而名。然被誉为"海上第一名山"的崂山，此二者皆备。崂山以其非凡的景色和悠久的历史，引无数文人墨客驻留于此，留下大量的纪实游记、诗赋词章等文学作品，让今人能够通过这些作品看到历史上的崂山。这些作品不仅有较高的文学价值，而且还具有很高的历史研究和社会研究价值。以游记、赋、诗为代表，以文人游览经历、崂山风貌、历史传说、建筑等为内容主体，结合文人个体性感悟，形成的独具特色的崂山文学体系，是一种极有特色的价值极高的地方文学。崂山文学作品的写作者大都是与崂山有着某种联系的名士，或隐居，或游览，或罢官后居此处，或本籍为山东半岛地区等，这就使他们在描写崂山时有着一种更加亲和的文学表现力。以下选取一些代表性的游记、赋、诗，以供读者了解文学作品里的崂山。游记和赋前附有关于作者或本篇作品的相关资料，以便使读者更好地了解这些作品。

一　游记

蓝田（1477—1555），即墨人，字玉甫，号北泉。天资聪慧，自幼聪颖，少时每日诵诗文不断，文风奇绝宏伟，7 岁能赋诗，16 岁中举。嘉靖二年中进士，授河南道监察御史。在任期间，多次上疏朝廷，揭露贪官污吏之罪恶，名噪一时。之后任职陕西，为官勤恳，深得民心，和其父蓝章一样造福陕西。民间有歌谣称赞其父子政绩曰："一按一抚，一子一父，虏不犯边，民得安堵。"之后遭人陷害，蓝田被贬职回原籍，于"可止轩"中讲道论学，常游览崂山名胜，远离官场，诗酒陪伴，潇洒余生。有《蓝侍御集》《北泉集》《东归倡和》《白斋表话》存世。嘉靖元年（1522 年）蓝田登崂山巨峰后，写成《巨峰白云洞记》，为现存第一篇崂山游记。

巨峰白云洞记

即墨之东南，百里皆山焉。山之大者，曰劳山。劳山之群峰，其最高者，曰巨峰。巨峰之巅，有洞焉，曰白云。洞深而明，旁有水泉，可引以漱濯，甲于巨峰。虽当晴昼，云气蓊郁，则咫尺不可辩，顷刻变幻，则又漠然不知所之矣。然地气高寒，又多烈风，非神完骨强者，不敢久居。其登也，缘崖攀萝，崎岖数十里，非有泉石之癖者，亦不能至也。

北泉山人，薄游海上，南访朐山，登琅邪台，北观之罘山，雄秀突兀，皆未有若劳山者也。《齐记》曰："泰山虽云高，不如东海劳。"是劳山之高，高于泰岳矣。然劳山僻在海隅，名未闻于天下，而朐山、琅邪、之罘，以秦皇之游览也，人人知之。呜呼！山之见知与不见知，而亦有幸不幸存焉。山川且然，而况于人乎？

道士张某，得白云洞，曰："是与人境隔异，直可以傍日月而依星辰，非元武之神，不足以当之也。"乃以其中奉事元武，而自居其旁，学炼形之术焉。

嘉靖壬午秋，北泉山人登巨峰之巅而望焉，面各数百里，海涛蜃气起伏汹涌，而岛屿出没其中者，皆若飞凫来往，旦夕为状，连峰有无，远迩环绕，村墟城郭，隐隐可指数，神观萧爽，非世人耳目所尝见闻者也。夜宿洞中，援笔题于石曰："居白云洞者，自张某始也。"

李谪仙诗曰："我昔东海上，劳山餐紫霞。"呜呼！安得断弃家事而餐紫霞洞中，弹琴鼓缶，以咏屈子《远游》之篇也哉！顾今所未暇，聊记于此，以志自愧云。

陈沂（1469—1538），工诗文书画，其《鳌山记》根据游览顺序，对沿途崂山各景点的记述较为详细。嘉靖十二年（1533年）九月二十二日，山东参政陈沂与蓝田从三标山起游历崂山，其中明确记载"上有石洞，额大书'明霞洞'，大定辛未题。余勒诗一章……余书《如梦令》词于右……明日，题其夹石处曰'面壁洞'"。陈沂此番游览历时五日行三百余里，留下勒诗题字多处，此等高人雅士之游历，远非俗众可比。陈沂在文中提到的勒诗题字在今天的崂山碑刻中依旧可以看到，其中以上清风景游览区、仰口风景游览区中存留的较多。

鳌山记

　　鳌山，亦曰劳山，有大劳、小劳。《齐记》谓：泰山高，不如东海劳。秦始皇登劳盛山，即此，以劳于陟也。在今即墨之东南四十里，东西南直距海上，山形延亘如城雉，峰起如蝶，纵横高卑，直突旁拥，相系凡五百余里。其奇峰怪石，不能以状；崩崖幽谷，深岩绝壑，峻岭曲崦，不尽以名；栖禅炼真灵异之迹，不可以遍。土人以峰名崮，山多崮名。

　　嘉靖癸巳九月二十有二日，余按县至自胶，闻蓝侍御玉甫悉山之胜，云土人不易到，不能自遍，期杨允中达甫不至。越二日，与玉甫出东郭三十里，由三标山出海上，薰莽中十里累累数丘，一高起曰鹤山。至则攀陟，亦峻石谷含谻磊砢，凭籍为磴，松多偃枝古干，夹石而上，一道宫曰"遇真庵"。后有洞，洞旁石室，道人邱长春大书"鹤山洞"镵于上，余亦勒同游岁月。鹤山，鳌之东麓也，西南诸峰插天，横亘数重，望之若剑戟羽镞森列，而恍然若云立海滨。

　　东南行二十里，皆巉岩，一峰深秀，多长松怪石，由丛石历块，转折成路。至狮子岩下，有台宇，乃宋太平宫也。岩侧二石，结架如户，出其上时，夕阳在峰顶，海涛撞激，直至峰下。是夜，宿道人居。夜半，月色潮声不能寐，起坐台际。鸡鸣与玉甫登岩，见日自海隅涌出，云霞异色，海气苍莽，日光浮金万里，世之大观也。是日，岩下题石门曰"寅宾岩"，大书一诗。从宫之南，渡飞仙桥，寻白龙、老君、华阳诸洞。降嶻舍舆乘以兜，从者徒步，缘海滩乱石间行。转入山麓，遵海而东，历翻燕岭，下临不测，屡策杖惴惴。由恶水河、乱石滩，皆海涛中行出。山回，从蛟龙嘴、歇肚石、黑松林，皆山腹处，极险，非人迹所到，有下清宫，宫在山隅，不能至。

　　从黄水滩西北，入山中凡三十里始有人居，就树下饭。由山径历黄山崮，观音庵，皆矗起数十百仞，极奇秀。又三十里，入群岫间，有北峰，峻极。山半隐隐台殿，至则巉削攀绝，僧垂木阶下，乃援而升。上有石洞，额大书"明霞洞"，大定辛未题。余勒诗一章。其中空洞，上如厦，环石如堵，前后户牖。洞左有佛宇僧庐，右石门。从磴数百级，上绝壁数仞，下视沧海与天浮动，岛屿皆空。壁下有草庵，老僧定处。是夜宿洞中。

　　明日辰，饭毕，下山，经石瓢、清凉甸、聚宝峰，三里，小峰下有道院，亦宋所建上清宫。宫旁，石洞跨朝真、迎仙二桥，桥侧巨石，镌诗十绝，亦丘长春书，字画端整。余书《如梦令》词于右。

由宝珠山、分水河，十五里登天门山，极峻险，峰多奇状，如仙释拥出山口。复有二峰，若石垒就，高数十仞，两楹相峙，上逼云际，下瞰沧海。有丘长春大书"南天门"三字，大抵海上之山，人迹罕至，道释之外，鲜有登陟，邱盖宋南渡后避世于此者。从天门南下，历数十峰，初视若蚁壤，且近，行数十里不绝，每峰皆峻大，而仰莫及者。降至麓，濒海上曰韩寨。一道院曰"聚仙宫"，碑勒元学士张起岩记。饭于宫。

复西北入山，循淹牛涧、砖塔岭、僧帽石、大风口、三里河、小风口、瘦龙岭、清凉寺、仙迹桥、金刚崮，二十里至巨峰。最高而奇，周山之峰，异状百出，徘徊不能去。巨峰下，数石百仞壁立，梯穷径绝，有两石若劈处，见一窍，上闻犬声。一僧垂木梯下，请升，遂援之而上。由壁中行，转至一茅庵，甚明洁。左有佛宇，嵌崖隙甚幽。西北群峰，直出其后，东南海色相映，庵前牡丹诸奇花，偃松异木。其建筑木石，所植花卉，皆僧负戴梯而至之，但苦行无智慧心，余留二偈于石壁间，乃悟供具麦饭野蔌，谓不图得遇善知识。是夜宿庵中，僧立牖下竟夜。明日，题其夹石处曰"面壁洞"，纪同玉甫来游事及侍从之名。洞上壁，大篆"灵鹫庵"三字。

从故道十五里，出海滨，循山麓西北行，皆平地，侍从者始骑。四十里，至华楼山下。玉甫有别墅，即其祖赠侍郎公之墓侧。从墅后缘涧仄径而陟数里，至巅，松千株，皆偃盖。从石隙间深入，有万寿宫、老君殿。少憩，寻翠屏岩，余梯而大书之，时已晚，宿道入庵。明日晨起，与玉甫寻古遗迹，周山之石，摩勒殆遍，多金元人作者。从王乔崮至凌烟崮下，题同游岁月。峰隙见海色远映，道人吹笙笛于高架崮上，飘然有物外之想。遂循金液泉、夕阳洞、石门山至清风岭小饮，题名于岭之石间。又步至华表峰下，曰"聚仙台"，其峰垒石数十仞，峻拔且奇秀。少焉，与玉甫别。

至是，山游凡五日，行三百余里，玉甫所计行踪止宿，不失尺寸。其弟困，因于穷绝处，设乾糇、醑茗、楮笔、丹墨具在。从行兵吏，虽跛足不前，而兴亦不浅。山樵海渔之人，争效舆力，石工数辈，分处供事，故余之兴亦豪。所得诗二十余首，去今以往，想莫有继之者矣。下华楼山，复乘舆，四十里至县所。未至者，五龙岭、下清宫、黄石宫也。海中诸岛，东有大管、小管、东门、沧洲，南有鲍鱼、老公、车屋、大古、小古、浮岛，皆登陟所见者。

汪有恒，明代文人，生平不详。在《游崂山记》中详细说明了崂山的别名——鳌山的来历，为历来游记中关于崂山得名的最好解释——"连云排戟，雄峙沧溟，若鳌负者牢山也。自汉逄萌栖隐始名，牢以难入耳……盖山之隐逸者也，非其人勿至矣。斯山之所由名牢也。"汪有恒以七日闲暇遍览崂山，崂山胜迹甚至是无人登临处，均留下了其足迹。其文以其游览顺序为主线，胜景繁而不乱，而且始终萦绕着一种赞叹自然鬼斧神工之力的感慨之情，读来极富有感染力。

游崂山记

由劈石口微东峻起，连云排戟，雄峙沧溟，若鳌负者牢山也。自汉逄萌栖隐始名，牢以难入耳。唐玄宗许王旻合炼于此，因改辅唐山。子瞻集亦作牢。邱长春独爱其奇秀等蓬瀛，更鳌山。金元碑因之。

余以崇祯冬至卫，睹兹山涌海上如图，即神往。明年暮秋，始克游。如是从鹤山，宿上苑。明晨登狮峰，观日出。旋蹑海湍乱石中，入山东南径，之太清西南，攀峻岭，再宿上清。陟明霞洞，登南天门。西逾夹岭河，北上巨峰之巅，西游华楼，由劈石口返焉。山形由西北而东南，其高九千仞，其广二百里，北东南并际海。巨峰居山之中，北支为上苑，东南为昆仑明霞洞，又至上隅尽焉。南分二支，左为南天门，右为夹岭河，西北落小山，蜿蜒四十里，突耸为华楼，兹其概也。山之石峰以万计，或正或侧，或锐或圆，或横展或曲抱，或独石亭立，或累石叠成，奇诡卓荦，变幻万态。欲悉数之，未遑也。

狮峰宛自犹龙洞逸出，而首仍顾洞。人从颈右，俯躬穿石门，上狮背，观日出。将旦，曦光上射，灿赤城霞，煜烨不定。半吐，则水光与天浮动。比全开，而日下诸岛，映彻如卷石，千里岛犹之山峰矣。

南天门在上清西南十余里，两石峰东西竞秀。北上诸峰，巉迸出云表，若空中芙蓉。下视海色，日正午得微风，金波茫洋，类一大冰壶。

夹岭河之东岭，能见巨峰。巅又萃起，巍峰四面削成，似华山而小。华之奇尽仙掌，此则万峰围绕，中现西岳，小像较易耳。自大风口望之，如仙人跃右足而坐，巍巍峨峨。其最上一庵，于悬崖断壁，径穷磴绝，飞乌不到处，忽开一小洞天，以收摩天浴日之奇观，非神工谁为之。

而岩洞以数十计，明霞为最矣。洞在上清山半，当脊直上，峻甚难置足。旧记称"垂木阶以登者"，入洞由右壁升三层若阁，上有窗，容日光照，洞内空明。出窗上里许，复得玄真洞，三面海光，豁目荡胸。从一洞吸之，山海一，而易地则观殊，以得日益奇也。山顶必出，泉清而甘，泻自壁中，溅珠飞瀑，汇为涧，触石则雪飞而雷鸣。山内之巨涧四，即夹岭水至涧，皆天然。异石参差布涧中以渡水，汰砂砾尽，石骨自露耳。合之北山诸峰，上苑外，皆斜插入海，成撑拄之势，若戈戟，若旗，无正面。山南诸峰，悉由西趋东，若屏，若城堡，卫昆仑之尊严。即天门高峻，亦东面而肃立然。

山北麓海湍，穷凿山标之石，险极，犹有径。东南陡绝入海，无麓不受凿。径穷，不得不转度岭，而嵁岩嶕峣，无悬縆，无级，惟循一二采药人旧迹。灰石刺足，不能步，以手佐之，左缘石，右拄杖，大石阻，则手足俱拘。令人前持杖，当缒力挽，后推之。前人时失足，杖脱而坠，几不测。汗浃惴惴，数十倚始到顶。喘甫定，旋下前山，复然如是度者也。盖至登天门，下夹岭河东岭，上巨峰，委顿几气绝。然非劳劫，乌得此大观哉！

山春夏多雾，宜药，不产五谷，山外险远，未易致，寥寥数茅庵，多墐户，出山求食。木宜松，生自山半，下石隙中，蟠困离奇，其巅则童。惟上苑以巉绝得全，故多古。上松清，老而不尽古，土石杂也。独宫前两白果，各抱三十尺，高二百尺，宋初至今弥茂，称仙树云。

其太平、上清、太清三宫，建自宋；聚仙建自元；天门后，夹岭河、巨峰诸庵，则近日创之。上苑奇峭，面北只游玩之区；上腯宽夷，山止矣。

华楼者，以群峰玲珑嵌空名也。由西南转北而东，又转南，其圆如环，广十里，高三千仞，中为巨河。从壑中扪葛上，膝时抵腹，数息乃至老君殿。既上，则翠屏岩中峙，凌烟崮、高架崮左右翼，仙灵窟宅也。土人以峰名崮。玉皇洞藏翠屏岩中，如珠。从右攀陟二百余步，上凌烟崮，谒刘真人遗壳。复左陟百余步，从石罅中上，观玉女盆。盆在高石上，以游人携妓浴遂涸云。东望高架崮，壁立不能上。崮东南五十步，耸方石，高五丈，若冕。下观金液泉，亦高石上，纵广仅二尺，不涸不流。步至华表坐仙台，遥瞻巨峰，月甫上，峰顶诸峰，历历幻作五城十二楼。回望本山古松千余株，苍然碧峰绿嶂间，真大小李千仞山水一幅，恋恋不能别。

夫牢山以苍茫孤高，特开妍秀，如华楼山之别馆也。乃游人率自华楼止，至上苑已稀，山中则绝迹矣。岂尽道险无人居，非胜具裹粮莫至哉！天地特钟此异气，以砥柱东溟，傲烟波，避理乱开遁世之薮。盖山之隐逸者也，非其人勿至矣。斯山之所由名牢也。夫汪有恒曰："少阅名山记，知山胜，凡路径悉识之。至中岁已绝望，不意暮年投穷海，获遂此愿，幸也。忆子瞻守胶州，去此仅百里，未闻一游，而余以冗散得纵观七日，一舒其高旷寥阔之怀，岂于山有夙缘乎！然险僻人迹所不到者十五，故足不尽履，目不尽览，笔不尽摹，聊记山川之概，以贻卧游者。"

曹臣，字荩之，歙县（今安徽省歙县）人，著有《舌华录》。曹臣于明崇祯七年（1634 年）甲戌游崂山后，撰写了这篇游记。曹臣在这篇游记中，根据其个人的游览顺序，比较详尽地记述描写了崂山的地形与景观，其中有的记述对象后来消失了，比如跃龙峰的浴龙池，所以该游记给现代崂山研究提供了许多极有价值的资料，尤其是在崂山寺庙建制、碑刻历史、楼宇命名、传说故事等方面的研究上价值更高。

劳山周游记

劳山古称神仙窟穴，秦皇汉武殷勤慕念，频屈万乘而至焉者。余昔接黄侍御鹤岭神游之日也。及侍御家食久，思念故人。癸酉秋书走新安，以白云红叶之贮期余，明年春来即墨，云叶尽改，欲一访之而未能焉。秋，九月与公嗣长朗生、次隆生从事斯役。适侍御役莱郡，期以归日，会集于山游末路。所谓白云红叶，依然客岁所藏也。

于是，与伯仲出自南门，二十里至不其山，入谷沿涧五里许，抵宿邋遢石之玉蕊楼。石据涧流之左，云张三丰所故名。楼峙涧之右，为侍御昔日修藏处。对挹三标，周回万木，称为静胜云。沿涧更深入六、七里，有庵曰圣水，渗漫不能句，仅辩有"洪武年"字。涧水潋潋鸣阶下，有潭如卓剑，曰剑潭。孙燕雏构空篆壁，小酌潭下而归。

翌日，复从故道出谷，访康成书院，院当不其山东麓，废久不可识。骑而西过不其山脊，歇马百福庵。息阴崇佛寺，地控南原大陆，余谓朗生曰："入山矣而复出何也?"曰："圣水庵绝墅耳，无所往。"

游劳唯两户，非南始华楼，即东始上苑。南入者，则自山及海，入眼小出眼大，如禅子蒲团观寂转入无遮道场。东入者，则自海及山。初境旷终境寂，如圣功之返博从约退藏于密。乐事也！宁大无小，宁旷无寂，请为子南。余唯唯喜，遂望华楼秀萻刺天，不禁指舞。

访赵氏隐居，撷裾慧炬院。院建隋开皇中，孤僧小结存系而已。佛有旃佛大部藏经，盖废海印寺移来者。折而右涉为黄石宫，酉月宫门台上。华楼南去黄石宫十里。渡溪履原，然后舍骑从杖。踏华楼之脊，目不偿足之艰。至此，奇峰怪石争出献状，荟然喜崭然愕，忽失疲之所在。宫倚三峰，最高者为高架崮，玉女盆次之，凌烟崮又次之。元人刘志坚遗蜕崮中，侧而仰卧，疑复起，盖余得睹真仙，但不敢惊觉耳。华表峰居宫左，削如台立不可上。云旧有黄冠梯登之，得仙人遗物焉。南天门居宫前，松石布之，不庄为止，疑有大力仙人，斫之种之，为玉皇作供者。石门山则缥缈右际，竞意为秀，似不肯见辱为臣邻。猗欤！华楼，余莫能愁其奇也。

翌日，从东北壑中下，骑而南折，三十里过石佛寺，渡汊，五里许为烟游涧，南三里许为聚仙宫。黄冠炊黍饭客，携榼莲华矶上。矶当聚仙宫南三里许，卓立海滨，石峰瓣瓣出，童子穿瓣送酒。少焉，西日坠尽，成德在月，浮光溶溶，金鳞万道，各讶奇观。快饮无算，去宿烟游涧。晨起，北渡砖塔岭，南望大海，北望巨峰，杖藜欲废复起。比日自华楼以下，杖底诸山，弃而不顾，至此峰不跃者耻焉，石不幻者耻焉。不跃不幻，愁斥伏涧底。自岭脊径而南二里许，为金壁洞，径东二里为夹岭河。两境俱有修真玄客。北振十里许，为白云庵，庵当巨峰南麓。巨壑当前，左右诸峰成耸身作物像，是夜宿庵中。从月下出观，则人，则兽，则伏草，则拱立，更逼肖于昼所见者。庵创不知何时，瞿昙故居，介玉皇有之矣。

翌晓日暗，温其枕湯湯不归。从人趣早起，云巨峰峰高在天际，非穷日之力莫旋，强起蹑庵址右眉而上，二里许为慈光洞。壁穷径绝，梯隙而上，再发天光。洞前，悬石如掌，海色愈来足下，唾之若可及波。洞左一窦如龛，虚圆明洁，足展坐蒲。憨道人题诗洞中，横勒三字，曰“慈光洞”。朗生伯仲屑墨涂之若新出者。坐久，仍从隙下，径从磊码交中陡，或隐或现，三、四里许，为自然碑，直削千尺，木修额短，俨若天质之妙。因笑秦皇汉武，何不于此勒功德而遂失之也！小憩碑阴，俯视灵旗、金岗诸峰，悉沉杖底，再陡径益险。左右诸峰，刻划物类，有同化工。喘息，三、四里许，为幕云崮。无跃在空莫可上，舍之往，历美人峰下。与其跻美人而坐石，不如登石而对美人。又舍之往。然仰巨峰犹在天上。自此，密棘拒人不能前，导者剃而腰镰建功。二里乃见石巅之趾。回视幕云、美人两峰，沉沉献顶矣。极力振其石，人坐一石，周回四顾，盈天地皆水也。朝鲜、日本、琉球诸岛，都来襟带下。而劳山全体，仅同蚁垤，信一足障之蔽荫无余。隆生贾勇徒坐危巅，余为毛起，戒之勿若所为，恐罡风携去。从人发干糇遍啖以下，携杖与巨峰揖别。转身下春，前经肖类诸峰，各以次迎，无有失职。将至白云庵，朗生伯仲尚矫余勇绕渡仙人桥上招余，余不能从。抵庵，日已西坠，从人急具醪茗慰劳苦，乃卧。

次晨，南去左折而踏会仙山，寻碧天洞，亲与仙人共语。从山之左胁，降而复陟，三、四里经响云峰，峰秀甚，令人仰而目眩。忽三鹰起，前从者拱之奔而灭影。沿峰力杖里许，为云门峰。身从云门中过，峰石缝理与他峰异，面文背质，挺而从天，巨峰虽高，不如此之丰隆卓削，大雅逸群也。轻捷者可登，朗生蚁缘而上，跳舞其巅，余为之骨战。峰下为碧天洞，明敞可宫，洞口一鳟平坎，形如蚌怀受月，有涓浅盈，可供栖者。峰前一峰为浴盆峰，池颠沉黝莫测，风来浪涌，人莫敢临视。此境，虽樵者间至，游劳之客不知，知之，亦不能作鸿蒙想也。徘徊久之，从左鏨悬削而下，径陡如井，左足探级不得，则右足之任谢；右足探级不得，则左足之任不释。手足并职，胸腹协劳，如是十里而至先天庵。庵在天门、海天两境之间，东趣上官约五里许。朗生谓，当逐海门涧流水曲折达之，以尽潭石之胜。余即不振，耻不若人，从之。涧多巨石，交锁成潭，潭溢而出为长短瀑，人沿巨石曲折行，率胸腹贮地者七八，头颅向天者二三耳。潭多不能殚录，最胜者曰龙窟，幽沉蕴绿，处绝壁下，据石俯窥，毛发尽起，朗生大书"龙窟"二字于壁，坐久之去。

比暮始抵官，官为真人刘华盖道场。山势蜿蜒，开拓雄旷，天然成道之所。饭罢，录元人碑记及邱仙人石上诗。是日疲甚，不欲他烦杖履。黄冠指其巅明霞洞云，新创有楼，顾客临之。朗生伯仲强余往，比至无足观，第海展半规，清澈天际，一舟灭没杳霭间，向西而逝，差悦人目。由上清趣太清，步率东下，游人之趣恒在海，山遂疲于献奇，春足十里许而至下清宫。平壤纵马可汗，海则荡颡，憨山利其航深不便，取华严经中那罗严窟之名，创为海印寺，食僧日繁千指。唯不能善居其成，妖孽害之，遂为虚址，断碑遗础为足抚然。

北行二十里许，有矶卓立曰八仙墩者，比日艳谈之。又有齐仙蜕化之事，亟欲一往。人沿壁上行，蛟龙嘘影，加以怒涛虚喝，不坠者幸焉。欲尽如线，复跃一峰起，濯濯然无他。唯周遭巨浸，远光正圆，如镜如笙。回视所来二十里走入海中者，又如镜碎笙缺，神摇目荡，不复知天地间有尘世累矣。自右胁螺旋而下，左折及滨，一壁万仞，洪涛撼激，人语不闻，对之令人神战。此中水势，千军万马，急鼓严金，非进而摧城，即退而曳尾，一进一退，震动蒯薪，即天地亦无容其主张。复缘壁右而左过北山，有筏待于水滨，泛之一叶，数人与波上下，縿縿汩汩升天坠渊。少焉，暮霭向沉，海天无色，加橹而北，遂谢山影数重。约之二十里而泊宿黄山草舍。是日犯高临深，看奇乐旷，虽惊怖欲死，而雄豪亦欲死也。

翌日晨起，遥瞰海色，风日恬美，水波不翔。安游二十里许至雕龙嘴。筏上遥视那罗延山，峦峰簇簇，作态招人，遂舍筏振策。磊砢间十里许为那罗延窟，窟当散花峰东绝壁之上，凿壁而登，崆崆峒峒，内通天阙，俨乎名胜之景。惜前临深壑，柱础无施，故憨师舍此他求。若菩萨则芥子纳须弥窟设恒河沙无量道场，何用余地为也。侍御公尝此葺茅，居僧有志者，欲延名胜而小径有为功德，舍此莫为善地也。洞前仰看那罗延峰，益侧益秀，薄云临风，片舞在空不去，以劳山灵概，此山尤在华楼、巨峰、云门诸峰之上。惜日已昃，无息杖所，不能在，遂下宿于雕龙嘴。

循矶而北十里，形如覆釜者为峰山，骑而发游而至，大醉海滨石上，晚去宿于太平宫。宫左一峰突起曰狮子峰，万松托出于上，松稍见石数螺，谽岈净洁，如髻珠之在佛顶。游劳者，类于此宾日焉。翌明登峰之巅，露滴松香，月斜杖影，磬声与潮声答响。虽隐显微著不同，而隐隐莫辨海光，则乐弥万里，光景可谓清绝。第东际一抹痴云，蔽害日穴不出，久之，天渐明，鸟离宿，日出云上，如往日，无有如人所云溶金焕紫者。隆生命酒一申石上，之好而下。是日，侍御公自郡至遇诸途，共投黄苤卿之宽山斋。苤卿醉客海滨石上。夜欲午，落月在起，去潮复来，客大醉罢去。

北骑十五里曰鹤山，鲎山也。纯骨无肤，巨石长松谋而复合，高深不及他山，而一株一块意态自足，如云林画中。庙貌犹存，胜国时左衽之制。惜栖宇害骑，羽流妒客，侪辈策他计未决。侍御公先别归。余侪更振其巅，遍盟松树下，宿于张茂才家。

游劳自华楼抵山，游事已毕。他无可托杖藜，原欲同公归邑，公谓足下远人也。田横岛远不百里，不乘兴吊之乎？余唯唯。于是，朗生先人具舟筏。明日骑而八十里，抵海滨曰山东，舟筏具待，风帆而前，筏橹而后，上下波头二十里，历岛门而至岛。岛门隘，其石门水怒，鬼神挟波要食，番舶具牲后渡，否则祸人。岛形椭纵长十里，横二里，附骨而肉土黑坟，毛食五百人，访吊先生遗庙既五百义士冢，冢草芃芃，庙废无有。先足辽人，百家聚此成落，共祀先生，后以耿孔寇乱，防兵苦之，渐而鸟散，庙亦寻废。侍御公有意重建未果，徘徊久之。日欲暮，不得归渡，宿于子遗茅下，翌日，西风大作，海波如卷，不能渡。闭门苦坐，静听风涛而已。次晨，风愈恶，小尽残尊而暮。更次日，风波顿息，水光如镜，于是，乘潮急渡。鸣榔所至，鸥鸟惊飞，不啻在吾江南湖山间，略宽且大也。抵岸骑行而归。

是役也，历日二十有七，绕途七八百里。山行则看海；海行则看山。洪涛削壁，狎而归诸杖下，可谓豪矣。余之有是役也，侍御公命之，朗生伯仲佐之，善乎！公不食言，虽染指岚光，不必大信。伯仲见山即喜，虽曰日久克完始终，畴为山水戏事也，大义微焉。况失山水之外者，余实窃夫山水之幸也已。

高弘图，胶州（今胶州市）人，字研文，明代抗清民族英雄。万历三十八年进士，授中书舍人，擢御史。铮铮傲骨，不依附党派，初因忤逆宦官魏忠贤而被免官，之后又屡次因忤逆当权宦官而被罢官免职，随后又起复为官。历任左佥都御史、左都御史、工部右侍郎、南京兵部侍郎、户部尚书等职。崇祯帝殉国后，福王朱由崧监国于南京，后即皇帝位，改元弘光，高弘图任礼部尚书兼东阁大学士。南京失守，流寓江南，弘光元年（1645年），清军攻破杭州城，高弘图逃入野寺中，绝食而死，以示忠君爱国之志。

时任大理寺评事且与高弘图同为胶州人的赵任，在崂山有"皆山楼"别墅，建筑精美，高弘图十分喜爱此楼，后赵任将此别墅赠予高弘图，高弘图改名为"太古堂"。崇祯十二年夏，高弘图同朋友游览了崂山九处风景，历时半月，每处风景写就游记一篇，总名为《崂山九游记》，其中对崂山之风景、轶闻、掌故多有记述。

崂山九游记

以布衣征就金马，天子至为降辇步，如见绮皓，用七宝床赐食，手调羹以饭之，千载必谪仙白也。居无何，天子欲申命者三，力士修其脱靴耻，竟为所格。复得以布衣浪迹，纵酒而畅之以咏歌，与贺知章、崔宗之诸人赋谪仙者，亦千载一白也。其寄王屋山人诗："我昔东海上，劳山餐紫霞。"而以王屋为可板与游。于是又诗："愿随夫子天坛上，闲与仙人扫落花。"使余读之，大有放兴。余买山于劳华之阴，为太古居停于内，实自读白集白诗始。居停用自然楼、东华山为照，而以黄石老人峰拦后土作屏，非不劳也，然劳才什伯一。顾不知谪仙所谓东海上餐紫霞者，姑俭取什伯一乎？当全休劳乎？借第令仅什伯一，有白一句，在白无弗劳，劳亦无弗白矣。故不可责以偏全之数，如众人游者也。若余者，众人游也。居停劳而外，虚什伯劳以待余，余用是拓其游。黄子闻余游，谬以白归余，而以贺崔诸人欲成其游。余主臣拜曰：余实愿以子游，固即白之所谓愿随夫子王屋山人孟大融游者，是盖子肩而余随之，则可使余得牛耳游，如白之于知章、于宗之，余能乎哉！

于是游成，将记之，以谋诸客。客曰：居停太古，劳且盛矣，未闻为记记居。必记游何？余报客曰：居，得一日再饭者也，实家人遇我，我与为一家之人，狎之，岂有一家人必每饭登簿报谢乎？游，如挟策干王侯前，王侯为之赐食，设奏，极水陆之馐，管弦丝竹百剧为戏，劳苦。而又将用其挟来所欲干者策，以下交于客匹夫，此不可为匹夫之极遇，而见艳当时，传夸儿女者乎？宴罢具表称谢，事在必终。余有记，有不记，殆类是矣。客曰：记居亦不可少也，记游诚如子言，亦不可不先也，遂许余记游，游断自鹤山时始。余实先一夕抵太平村，以为今日游，故用以冠。游必村，此自下寻向上去之说也。游仅旬日，长空贡碧，助以鸣涛，山川之常也，不记；稍即入境，则晨汲暝春，悠然与耳目谋，而适然与心遇会者，亦游人之常也，不记；记第记其发轫某，次某，又次某，税驾某，约之为九曰。太平为劳盛神宫名村，即其宫之北趾四五家烟景也。游人第以王家庄呼之，余易其称为太平村。村有中贵人李，作道院其中央。余以游抵院，中贵人羽扮出相邀，自言先朝遗履，得东道于此，若干岁矣。止余宿，余辄止宿焉。于是作谢中贵人诗。游一。

晨起发轫鹤山，鹤即劳也。释其所谓诸劳者，从北道，耸然特表者，是不曰劳。曰鹤，以山之间有洞类鹤也。竟鹤之同余游者，为纪二秀才及善谈方外事庄老生。由鹤升为滚龙洞，洞非伛其身不可得入，伛复不我受，则偃仰滚展于中者久之。窍而出，为另天地。俯峭壁，穷我千里两目。由滚龙升，复有洞如前，而委蛇过之，又窍出，为又天地，此中何天地之多也。报黄侍御鹤岭子至，将以东道我。然是时，我实为主而客侍御，急出相招。侍御亦不复览鹤之胜，胜自侍御家旧物也，第与就神室下班荆握手而已。为神直阍者，有近千年松，几于泰山五大夫，能为余敕脱粟劳饥，粟之外并无一侑，大有深山致，得专饱。五大夫辄下令逐客。以亭午，发鹤山，作鹤山诗。游二。

　　复经太平村，抵宫，宫去村十里许，先是逸我以肩上舆，强半康庄，何游为此十里，遽得涌潮荡其胸，杜鹃桃李花杂立万松林中，以余之故，连夜报烂熳，海吼，花气逼人，皆鹤山所未有。乃易肩而步，不欲辄抵宫，同仆子韵者，于海滩头用百鳞壳弱如豆者、太素者、花者、具奇巧状者为戏，如戏斗百草然。但戏草辄委地去，鳞以皮相入品题，便攫取之。以是故，不遽抵宫。侍御复后余至，至即与抵宫登狮子峰宾日所，是时且黄昏矣。必以昏登，将谓凌明，宾日辨熟路也。及峰，急呼酒邀月，余之言曰：日月各以其主人峰为招，狮子主宾日，恐未肯越俎，月不须邀也，客用余言，暂谢狮子，去登侍御筵。筵于游为侈，盖以愧五大夫之恶草具者。侍御雄于酒，坐中惟秀才能执鞭佐十分一，余与庄生皆避三舍然。随其大小局以任初不为限，竟亦无弗酒者，且曰，此太平宫也。兴言济下，凤去台空，水流不流，今不太平之饮，其谓太平何！于是漏下几三鼓，然后敢告以不任酒力，各就静室寝。寝复不成寐，急宾日也。及其往，则扶桑欲吐，晨雾方张，青白其眼，憭而前迎。道士向余白曰：春夏之间，率是物也，坐是宾而得者，唯峰、唯冬、唯深秋。客以春夏游，虽有离娄之明，穷王戎之视，无弗宾，卒无所得。今迫欲得之，为复操何术乎？休矣！幸退而就舍，勿徒役而睛以与晨霾争。此言出余仆子中，即韶如娄儿英偕余宾，恨不可得宾，遽引去。少焉，庄生捷得之，乃告余曰：宾且至矣！宾之百炼赤缕擘出银海中，洞视上下，不隔钱眼，佛螺姝眉，皆海中屿也，遂与日俱来，田横岛独能抱日之趾，宾日，并宾田横及田横之二客与夫五百人之烈烈东海者，映发人一腔肝胆，使仰对青天。盖日固无所不宣，融语其理，实乘木气而旺火德，海虽大，让其高，故虽入水不濡，负海不概，令人瞻取，竟为我宾之而至，可谓一日之奇逢，不负游矣。夫均之宾也，有捷有不捷，骛其远而近失之，皆宾日之类也，若庄生者，则可谓良于宾也已。是时道士忽不见，惧余将罪状其顷所言为诳。然道士实非诳，顾游人如余，能宾者鲜也。道士去，娄儿旋复喘汗来，来则顷所宾而得者，去我良久，系天弥高，无以异其雅相垂丽也。余嘲儿曰：儿宾日乎？日宾儿乎？客用大笑，复谢狮子峰去。与狮子峰对者，为犹龙洞。颇复游余无观诗，至太平宾日，感慨系之矣！游三。

发太平，至下清宫，凡五十里。马首皆南引，海与之俱。所经翻燕岭等，得名不典，一言蔽之曰：险也！乱石滩一段，滩之名者，予方就肩假寐，都不甚领略，便抵下清。用五言古体咏两宫道中。游四。

于是吊下清宫憨山上人禅趾。诸劳皆道院，上人于此起禅林，功垂就，而为羽流所妒，鸣于朝上人，得严遣，禅林竟废，今其趾在也，吊之！是时海松道士者，酒矣，刺刺往事，憨山意主矜捷，不复恨憨也，殊有酝韵诗嘲之。游五。

取路驱虎庵，观张仙塔、八仙墩，塔似好事者迭石逆海而设，非天削成者。然所托山之凹，海乘之，从旁睨不可即得，须下临不测之深，然后其塔得全呈面目，不审当年何能设此观者，观其险也。塔之南为八仙墩，本一体，海限之使不达。更取途以达，途二三里也。险视驱虎，甚不甚互有之，遂达墩。墩插海水头，成万仞绝壁，豁可五七间，累如堂悬而伸者，如重檐蔽地，如锦绣籍中设石床，累状如墩，故名八仙墩。塔宾日，墩南面受潮水，潮跃仅薄壁际，弗及墩，憩墩上，宴如也。其墩其檐与壁皆五色成文，肤理腻以致。壁之额，又似横嵌一段如匾，索余题者然。余以语黄子，黄子曰：若作四五大字于上，足用佳话，不犹愈于好事者，假合浮屠尖而徒以骇人瞻目乎！余未遽许诺，功大难也。大率此一观，实二劳第一奇、第一丽，游人罕至，即余与黄子才足奇状也。取路驱虎，无可纪，惟一步一险，几二十里。迄用惊神。游六。

折而北，有试金石滩。石不尽试金者，试金者转佳，具只眼能辩取之。试金问之石，试石转问之我，游虽小必录，此类是矣！遂饭青山。青山者，一村落名，侍御实饭余，乃欲从余游，不果，以余言强谢之去，诚有不得已者。阂我良游青山为恨之，余乃与之执手而歌曰："月晕天风雾不开，海鲸东蹙百川回，惊波一起三山动，公无渡河归去来。"歌出太白横江词，余用歌之助青山恨。游七。

别黄子，登上清宫，是夜止上清。质明，乃肆游，见其向离受海与下清同，第远近疏邃异也。至于稠芳茂木，泊白云而下乌鸟，颓垣废迹，萦蔓草而栖鼯者，得于转瞬之顷，以视下清，能故作异同也。于宫之右，倚流而立者题诗石，云是了道真人所留。为余摩薜拨沥，仿佛读之，果有道者言，亦历年久矣。循其左，不半里许，穿石窦而入小茅团，凡三两钩，每钩仅受一人，有志玄学必处一焉。余爱其为诸游奥雅第线，庙史遂属余典锁钥，余欣然颔之，遂登明霞洞。洞为道姑刘静室宫，道士王方与讼。为余言：道士非一窟，上清峰一而二自姑始，且割其绝顶去。余是以有："毛女今凌顶，强梁分去青"之句。宫有白牡丹一本，近接宫之几案，阅其皴干，似非近时物，道士神其说，谓百岁前曾为有大力者以其本负之以去，凡几何年，大力者旋不禄。有衣白人叩宫门至曰：我今来！我今来！盖梦谈也。晨视其牡丹旧坎，果已归根吐茎矣。大力者之庭向所发而负者，即以是年告瘁。事未必然，谈者至今不衰。复指宫后两枯柏。亦神物而有年，忽若羽化不知所因，仍听其戟立宫庭，无敢擅伐取。余叹曰：山灵实呵护之，松柏未尝凋也。宫之花树有此生死两异，虽两咏之，颇似为向之有大力负牡丹去者解嘲。游八。

信宿，辞上清，将命驾巨峰为最上游。得津二，由天门后一津差捷，凡三折。天门后才一折，进而达巨峰，折倍之，折每十里许，纯任杖不任舆策，乃尽以其策付纪生，取天门另道去，至烟云涧迟余至，生不须峰，余当游后由峰乃涧也。天门后神室以回禄故，神方露御，独香火在。余与庞眉道士展老君卷慰劳者久之。见其斋鼎中煮山蔬，道士自相味，余就鼎探其煮，试味之，果太羹也，终不以易余味，性相近习远也，余不胜叹息云。向前达一折险于一折，俗呼为折中倒溜者，余谬认为如急流义，能令人故退之，是曰倒向。余善退，不善嗜进，兹乃嗜进不复善退，即余亦不自知其所以然。客庄生曰：固不同也，向之急流实畏途，今之倒溜将彼岸名类而实殊。宜其有嗜不嗜、善不善也。余曰：知言哉！倒溜穷，得康庄。里许，而榛莽一望靡涯际，又当其前矣。触地挂阂须十手披之，乃进。递进递披，十手可作千万手用也。客颇固从来不易，聊试一仰首焉，巨峰在目中矣。居顷之，莽复穷，而竦尊，去天尺五者，复不以目，以鞠如不容，即玉皇殿玉皇门也。肃衣冠，拜玉皇，出登峰四眺，儿孙罗立，争投余怀。当是时，手弄白日，濯足沧崖，真可以挥斥幽愤排闷蓬莱游矣。不图一至于斯也已！复念黄子别我，去已三日，一羊祜不成其为贤达胜士，此游虽造极巅，顾安得百岁后，不至湮灭无闻？巨之尖处，隐有洞，今其主人洞者，非方外而姑托之方外者也。透骨俗即可以主人洞，决不可以主人我，洞亦以是故损声价。余去洞，复就殿侧小憩，道士顶礼焚香，读玉皇经者，颇足耳而目也。乌卉之观，上清第一，诸宫亦复不可胜穷，独巨峰寥寥尔！所处太高，凉冷随之，夫山亦有然者。问其司，巨者何在？遂有两羽人如俗家苍头状云：师采药烟云去，知将以游至，属羽为邀能否烟云？即客秀才分道去迟我处。余于是如羽指，辞峰就洞，辞无几何武，雨为之涤尘三里，河居士为之腰峰，饷芋粟。薄暮，抵洞，得晤司巨峰采药未还者。即洞命盘飧，盘飧皆松脂之属也，腹用果然。是为最上游，亦最后游。余喜其游之成也，得句云："生被石头结碧魂，肯因昏黑放昆仑。"游九。

　　九游者，其山皆盘薄吐吞于穷海僻陋之滨，若遁而肥，畏名而逃焉者，而独以恣余游。余游放矣，其山当潮波，作镇我东极，如唇齿附盢咽，使负海之民，恃以不怵。而洞则蒸油云、泄膏雨以利生物，不无太劳，故总称之曰劳山。余以是故游，游非敢放矣。始三月三日庚申，迄于十有五日壬申而游成。言归太古居停，即复简报黄子曰："医称国手徒为尔，命压人头不奈何。"盖亦白集中词。余一再歌之，哑然笑，扫花天坛手，复若不免太牢骚发于声咏。谪仙！摘仙！独不畏千载下有高子者适病之为不广乎？于是乎记，得诗十首，五言古一，余皆律也。青山恨者，白也，非我也。借之共成十一咏。己卯夏五月记。

　　张允抡，莱阳（今山东省莱阳市）人，字并叔，号栎里子，明代学者、官员。明崇祯七年进士，历任户部主事、江西饶州知府等职。清军入关后，张允抡远离官场，隐居崂山，在崂山玉蕊楼、张村等处讲学授徒，有《希范堂集》《廉吏高士传》及诗文11卷传世。

　　张允抡游览崂山，留下诗文游记甚多，在其个人崂山游记文集《栎里子游崂山记》中，收录其游记13篇，诗70多首，这些诗文对崂山的自然风貌和人文景观有着较为详细的描述，其游记集录的时间跨度较大，从顺治六年（1649年）到康熙十四年（1675年），均有记游之作。以下两篇游记《游崂东境记》和《游崂山西境记》是张允抡游记中的代表作。

游崂东境记

　　正月十五，与李子圣约于太平宫。及期，与刘生翔溟、于生冲阳及七十二龄道人姜观阳同行。比至，则李子已迎门相待矣。是时，宿云乍敛，风日光霁，缘海东南行，一路穿松林，步石径，青霭萦山，碧波拍岸，仰而视，俯而听，每行三五里，辄小憩。十五里，过乱石滩。滩中乱石磊砢，其状如瓮，或如斗，皆匀圆如摩拭。其上窑货堤，石壁千尺，下浸海，阻南北之路，凿壁开道，仅可通人。十五里抵青山村，夜静止宿。时闻风泉悲鸣，潮声撼枕，宵分不寐，披衣起，视皎月犹悬，海色天光，虚白如一。西南上峻岭，取道松石中，曲折如羊肠，约五六里，北陟岭，东方始白。六人皆踞危石上，观日出。初自游底升，状如金盆，其动如猱，满亏不定。稍升而高，体乃圆，或曰水气摩荡然也，或曰日出状各殊。天极晴，海波不兴为一状；有风为一状；有云为一状。故或极圆如轮，或微长如瓶，乍闶乍奄，或影射水如珠盘，或其围参差伸缩如火动，海上人得备而见之。循岭西南，下抵上清宫。千峦万峰，重围环拱，峭峰干霄，曲壑蟠龙。南山一口，海光涵绿，果洞天幽绝处。宫前，古银杏树二，其枝干云蔽日，根皆出土上，作虬龙盘曲状。西有浑天石，支渠两岸间，广轮数丈，如山而天根，上镌长春子诗，犹可拂读。背宫而北上五里，翠微间为明霞洞。又上里许，为玄真洞，路益隘且削，面如石摩，手攀足缘，如猱升木，仅乃得达。有石壁，巉岩数丈，凿为洞，仅容人。上出云霄，振衣独立，高风震撼，如恐飘去。群壑上下，累累培塿，丛林深坠，奔壑无声，东南大洋，浸涵天际，岛屿微茫，黑子而已。此山之绝径，游者非深好事，不能至焉。日晡去宫东南行，逾岭而下，走绝壁，危石层累，鸟道如悬，行者前后鱼贯，首与足承，回转之间，前后相失。其地，三面高岩，南折大海；僧憨山海印寺遗址在焉。憨山与道士构讼，万历间长老能言之，因寻览耿义兰所为疏稿，故纸犹存。嗟乎！以憨山名，与其交游使得终始，其业将不为晋惠远之流也耶？惜其终于珰祸也。庭多耐冬，红翠烂然，类江南山茶。宿之明日，折而北。自青山村逾东南岭五里许，至海滨。多文石，阔可十余亩，大小象物有五色，皆光润可弄，各拾所爱，盈怀袖。越日北归。是日，天重阴，山云海气，氤氲四合，一路所见云气乍上乍下，峰峦出没，海光明灭，瞬息万状。至窑货堤，会东南风急，海涛大作，如马奔，如山倒，触石冲崖，雪飞雾洒，其声怒吼，霹雳万千。逡巡行至小歇场而休焉。四子者不能行，余及进以归途之近也，冒雨而还。约四十里，皆山之东陲。中间颇有人家，每二三室为一聚，依山傍海而居，庐舍篱落，随势高下。少可耕之土，其生以鱼以蚌以薪木易粟而食。

其风土大概如此云。

游崂山西境记

三月十三日出太平宫，至家庄。同行者道人陶松庵，而故人王元俭适至，喜与俱。沿石水河，过劈石口二十里折而东，平壤旷然，阡陌畇畇，栗林茂密。行数里，抵大崂观。观在芙蓉峰下，天气暄晴，惠风微扇，丽日当午，青霭霏微，山容如黛，梨花盛开，高下飞雪，与松翠相间也。观之北为北九水河，有深潭多鱼。去观西南行十余里，过灰牛石，一路风景青葱，林木蔚茂，峡深径曲，暖气薰人，桃李花竞开，红素缤纷。遥望岭际，红花簇簇，如朱霞半天，莫知其名类也。北登三里许，至华楼。南望群山，重峦叠嶂，与襟带等齐，祠庙台坛，结构云中。忽然烈风大作，寒气袭人。别地桃花已谢，此中方盛开，生气之后至也。岩之名者曰"翠屏"、曰"碧落"；崮之名曰"凌烟"、曰"王乔"；岭之名曰"清风"，曰"虎啸"。山之岭有层石出云霄，四面崭绝者，所谓华楼也。洞中有骸骨，宛然全身，云是羽人刘志坚遗蜕。自元大德中，道士神之。既夜，徘徊台殿间，长空一碧，星月近人，群山微茫，攒星万点，氤氲烟霭，松风四合，飕飕飚飚，撼岩吼岫，其境之寥阔凄清特甚。道人云："每当夏日，云雨在下；天雨，则诸山响应，填填如鸣大鼓，良久乃已。"此境殊非人间。然少林木，或曰先年苍松古木，来此翳不见天，今剪伐殆尽。独恨此耳！宿之明朝，北下十里，尽山麓，折而西，沿白沙河至莲台禅寺，清旷修洁，新松如栉。自华禅师普通塔在焉。过河北东行，历华阴村，望黄石宫，在翠微间。缘石盘磴上，有大洞扼中路，穿洞过，复上跻，乃达宫所。古柏一株，老干四五棱，亭亭耸上，是前代物。宫后铜壁山；壁下黄石洞、玉液泉，俗传圯上老人曾宅其中。出宫下行，折而西北，日晡至慧炬院。有古碑，记山之西陲游者。兴尽而返时也。出山北行十余里，抵曹村万寿宫一宿。折而东南，迤逦五十里而还。张子曰：崂山玄教盛矣！五代以前弗可考。宋初有道人刘姓，来自蜀，太宗命建太平宫居之，称华盖真人。元时，王重阳为之宗，至邱长春而其传益广，山中有六祖七祖之说。元主隆重玄教，问道赐号焉。碑记往往而是。此其最盛欤！汉武好方士，而方士至，故其时为之欤！虽然遗世而独立，养性而全真，愈于世人而溺于欲，以伐其性者也。故隐人君子往往托焉。

徐绩，字树峰，清代汉军正蓝旗人。乾隆十二年（1747年）举人，官至山东巡抚，曾在河南、京师、新疆等地为官。乾隆三十九年（1774年），时任山东巡抚的徐绩因阅兵之事往即墨县，并游览崂山，撰写了《崂山观日出记》和《崂山道中观海市记》。《崂山观日出记》原在崂山华严寺中有刻石，今已不存。与其他游记不同的是，这两篇描写的是在崂山之上所见到的日出和海市蜃楼两种自然景观。

崂山观日出记

崂山在即墨县东南七十里。史称秦始皇自琅琊北至劳盛山，说者谓盛即成山，劳则今所谓崂山者是也。山三面环海，上有狮子岩，可以观日。

三十九年夏，余阅兵至即墨营，闻其胜，特往游焉。是为四月十有四日，是夜，宿华严庵，黎明登岩观日，是日无云无风，海水澄碧如镜。少焉，红光昱耀，变为万顷盅池，一线金光，横凝天末，稍腾而上，其下如有承盘，又上顶如戴冠，已忽下束其口，而其顶甚平，作覆瓴之状，再上形如八角。先是如盘、如冠、如瓴，日上下皆带绀紫之色，至八角时，其色正赤，又腾而上，形始全员。时同观者，莱州守王腭、胶莱运判谢洙、即墨令崔云、参将丰伸、守备李进忠、试用武进士张鋐、千总鲍瑛、国子生高源，凡八人所见皆同。

往时观日者，多于泰山之日观峰，然距海甚远，兹山逼近海滨，所见尤的。顾前代观日出者，但云浮金万里，以是为宇内之奇观，如余所见其形状且数变，昔人未有言及者。余谓，物形虽方斜廉钝之不同，悬诸高处，仰而视之，无有不见为员者。天文家言，月形多凹凸，填星形如瓜，旁有二小星如形，岁星四周，有四小星绕行不息，太白光有盈缺，如月之弦望，用窥远镜观之，尽人皆可得见，日光炎烁，隔镜辄得火而燃，非如星月之可以仰窥，惟初出时，光不甚赫，而目之平视为最真，故独能有以纷其变。其色带绀紫者，窃谓积阴之气，为初阳所逼，非日之本形，其正赤者，乃为本形。余今所见，盖可补历代《天文志》所未及，则谓日形八角，其说自余始发之，亦奚不可。

崂山道中观海市记

自崂山东北，望海中两山，南北峙者为砑山。岛中有山，《尔雅》所谓山上正日章是也。岛之西南复一小山，土人以为距岸七十里，而不知名。

余于狮子岩观日后，还食华严庵中，循去道以返二十里，过修真庵小憩，又行二里，见两岛各透一白气，故时，平山与两岛相接，今为白气隔绝，望如横堵，岛南复现一山，与西南小山相类。从者曰："此海市也。"停舆观之，横堵忽化为城垣，延属岛南，新现之山，雉堞高下隐隐可指数。西南小山幻为庐舍市肆，与林木相间，厕市南，高矗一竿，竿旗微动，若迎风摇扬然者。已而，岛南别起一城，不与故城相接，其上崇楼杰耸，数之凡三层，而西南庐肆渐隐，微见茫茫烟树而已。顷之，崇楼降为方亭，垣周其外，其南复为庐肆如前。凡诸物象变迁，皆在新旧二山岛中，城垣固如故也。少焉余象尽泯，惟见岛峰高矗，其他悉化平远之山。已而，但存两岛及西南新旧二山，岛中平山亦灭。意谓幻境已穷。俄然，城垣复显，岛南浮图五级，高与云齐，其南茂树连屋，屋尽处复见竿旗，而城垣直西平海中，复涌出丛林杰庙，庙南数里，林树益茂，谛视见两人先后次入林中，庙势渐高，复幻为城上重楼，上下炮眼皆具，故时林木悉变为附郭民居，民居既隐，而楼南复涌一七级浮屠，瘦削干云。盖自日中以至哺时，凡十数变，其境时远时近，近者如在十数里内，未哺食遂去，而海市尚未已也。

自昔观海市者，多于登州，或祷海神祠始得见。余独于莱州即墨道中，不待祷而见之，又凡昔人所见，率皆变灭随风，兹更历三时而不灭，或以是为海神灵贶，则余今受贶之隆，盖又倍蓰前人矣。虽然，人世有形之物，无聚而不散，矧其为形之幻者，必俟风伯驱除，始叹浮云之难久据，毋乃见事之已迟。余与诸君皆及半而止，归途弥有充然不尽之趋，翻笑前人碧海青铜之句，为不免看尽鱼龙百变也。时同行者，即平旦观日出诸君，唯胶莱运判先行，独不与余以浃日，而睹异境者二，虽岩处好奇之士，或未能兼遇焉。归行馆因次所记，而为之记。

黄坦，清代人，生平不详。其《游白鹤峪悬泉记》写崂山的一处名胜——白鹤峪悬泉，以小见大，以一处景致窥崂山的风采。

游白鹤峪悬泉记

白鹤峪悬泉，崂山名胜也。由华阴而南约里许，有巨石盘于路，色黝然黑，状似牛，土人曰黑牛石。此白鹤门户也。委折而入，山径盘错，不容车马，两山夹峙，中为涧水。西山之隙，松柏千章，浓荫蔽日，游者每憩息焉。涧之中，石累累，若熊黑犀象，流水键锢不得泄，其势愈怒，其声益横，雪涛所击，不闻謦欬音，如是数里，水声渐以高。游人四顾，错愕不得其处。樵者曰："峪之南有绝壁，苍茫朐暮，高数丈，望之如屏。其上为石门，水从门中出，如匹练，稍寒时，冰著于壁，又如玉山。至冰解时，訇磕作雷霆声。其下为潭，潭湛而清，游鱼可指数也。"如其言，寻之果然。夫崂山固多胜概，此泉以僻当山外，故游屐罕至。特记之，以贻夫有泉石之癖者。

　　黄玉瑚，即墨（今山东省即墨市）人，清乾隆三十六年（1771 年）举人，历任溧阳、青浦等地知县，有《石白山房诗稿》传世。撰有《八仙墩记》，此篇游记是作者根据游览八仙墩的友人口述而作，而非作者亲到此处，但此篇游记叙述生动，给人以身临其境之感。八仙墩在崂山东南突出的海岬崂山头，是海浪长期侵蚀海岩形成的特色自然地貌。此处崖下有十多块巨石，大小不一，石面平滑可坐，故谓之墩，传说八仙去东海采药，曾在此处驻留，故名"八仙墩"。此处汹涌澎湃，水流湍急，石墩颜色多彩，十分壮观，在崂山十二景中称"海峤仙墩"，被誉为"崂山第一奇景"。

八仙墩记

　　墨邑大小崂，绕海作屏障，重峰叠岭，错落不下百数。其最高者为巨峰，穷日始得陟其巅。《齐记》所云"泰山高，不如东海崂"，即此山也。其最险而奇者为八仙墩，山插入海，巨灵劈半成削壁，高数百丈，下临洪涛，怒击如轰雷，令人毛发森竖。其路仅一仄径，更曲折如羊肠鸟道。欲至者，樵引跻，眛系腰，直其身向内，目不敢下视，两足半悬空外，手援石始过。目少眩，坠海中矣。过此少宽平，另一境界，横列高壁，色斑陆如碎锦、如彩霞，旁列八巨石墩若绣成，尘外仙境，目不暇赏。然海声益猛，疑即龙窟。且以产毒蛇不一尺，胎生即食其母，毒甚于蝮。人皆惧之，故游者多不尽兴。嘻！奇矣！险矣！古人叱车九坂，忠也；探奇而履危，僻也。客有至八仙墩者，为余述其险奇，余惊听之。窃谓异境，邑乘不可阙也。故略记其梗概云。

林钟柱，掖县（今山东省莱州市）人，字砥生。光绪五年（1879年）举人，擅长诗文，喜好游赏山水，在崂山塘子观教徒授学十余年，每逢闲暇之时便游览崂山，描摹崂山自然盛景和人文景观于笔下。有《雕龙嘴望海》《文笔峰》《鹤山》《骆驼峰》诗文传世。光绪十七年（1891年），林钟柱游崂山梯子石时，写有《梯子石记》，该游记写尽天梯之险，给人身临其境之感。该文现镌刻于崂山梯子石东端的巨石上，全文共395字。另还有《重游崂山记》一文。

梯子石记

山不险不奇，游不恶不快，穷游者莫不知之。梯子石者，亦名天梯，旧以险恶著。辛卯季春，余游九水毕，复转而游此，过麦窑寻山麓而上，面危峰，临大海，虽称天险，然犹樵牧之径也。忽值高山，乱石磊砢，荆榛满目，似洪荒以来，从无游履践之者。折而下，复登两山，其势较前峻。再一山，石崩谷裂，虎狼所不穴，猿鹤所不到，山精木魅所不游。巉岩横出，如蛟龙扬鬣，与霹雳角斗于空中，是为天门顶。举目周视，无足迹可寻，乃先悬带其下，持之而堕于石底，神情恍惚，几疑去天尺五。再半里即至梯子石，上之无可登，下则怪石齿齿，倒垂大海中，一侧足即随波巨去。其中一线直上，绝壁千仞，石莫能自立，鸟莫能自飞，即欲痛哭寄书，而天空地窄，四顾无人，思问一樵夫而不得。俯窥之，下有微光圆明如镜。侧身入，众石支一石，翱翔甫定，衔尾卧其上，人从隙中过，约略下数步，仰见青天，忽成异境，盖世俗所谓狗洞者。疾趋下，渡八水河，攀松杉而上，至其巅，望海水如绿玉，则太清宫之西峰焉。一片空明，千山紫翠，仿佛更始余民重睹汉仪，出险神稍定，乃逐步回而望之。

重游崂山记

甲申之岁，曾一游崂，惜为日无多，未获探巨峰、九水之奇。戊子春三月，有事即墨，日照尹琅若太史时居，即约同游。以吴介山为先导。十一日就道，游西北诸山。十里，仲村，桃红似锦，极目无涯。村南，水清沙白，小桥横跨，为徘徊者移时。十五里，神堂口，此入山之始也。五里，抵华阴，涉白沙河，清波浩浩，白石粼粼，落花带愁，鸣鸟如诉。由此而西，沿路怪石，如古树倒垂，云霞横出，奇谲诡磊，莫可名状。五里抵华楼，小坐南天门。少焉，月上东山，俯仰宇宙，空明一气，如在清虚世界。四更雨。

十二日晚，晴。竹树峰峦，新翠如沐。回首北顾，但见烟雾成霞，山岚抹黛，城郭村墟，隐约可指。盖已飘飘凌云矣。稍东，大石横列，望之若垂檐千丈，而方削不可攀跻者，曰梳洗楼，楼空独立，高出云表，栖止者，只有真仙耳。由南天门南折而下，山势陡绝，蚁渡猿牵，至华阳书院。南行三十里，抵玉清宫。环宫左右，处处梨花，应叹观止。五里，歇者口望，大海在目前，岛屿参差，帆樯出没，颇动破浪之思。五里，桃源村。凿石为基，削岩成壁，植花引水，不愧桃源之名。三里，登窑宿。

十三日，清辉所照，山态欲活。登北峰，凭石远眺，香雪满目，山坡田隙，皆种梨花，周围数十里，绝无杂卉。回视玉清宫，犹属尘寰，此则琼楼玉宇，不分天上人间矣。三里，烟云涧。游寿阳院。庵右人家，上倚峭壁，俱在林烟岩霭中。二里，游聚仙宫，宿南窑。西南之山，至此止。其南即大海。水石相激，潮怒山号，枕上听之，如有百万兜甲，转战旷野。

十四日乘舟南下，出海口，路转而东，经浮岛，北望群峰，呈妍斗媚，万点插空，始识崂之真面目矣。前此缒幽凿险，一日只得一山，今则顷刻之间，全山大势，归我掌握。江行望金焦，乌足比其万一哉。三十里，维舟登岸，此二崂之东南也。冠山为殿，架木作廊，异草奇花，纵横满径。

十五日，谒郑司农祠。檐拂高松，庭列修竹，负山抱海，迥绝红尘。倘异日，世事粗了，携书万卷，坐卧其间，当不减武帝白云乡也。循路东上，忽白云如野马，傍腋驰去，视前后，人在绡纨中。其西北高峰，皆浮天际，秀伟不可名状。而云起足下，渐浮渐满，众峰尽没。云散，则一石皆有一云绕之。忽峰顶有云飞下数百丈，如有人乘之。行散为千百，渐消至无一缕。须臾之间，变化多端，实平生所未睹也。

十六日，由太清宫之东山麓，南折而东，十余里抵八仙墩。墩罗列海侧，历历可数。山之奇不在墩而在石，不在曲而在直。山至此将尽，忽回身倒转，凭空挺立，玲珑峻峭，异彩纷披，如怒剑、如危檐、如蝉腹、如熊首、如屏风、如笋节，瑰态百出，目注神惊。潮至则雷震霆砰，流沫飞溅，全山疑为之动摇。盖造物有意呈奇，欲于世外创玮瑰之境，不使与全山片石相类；又设极险之路，非以烟霞为命者，不使其屐笠至此。昔人有言曰："山不险不奇；游不奇不快。"今日之游险极矣！快极矣！午潮将至，急扪萝而上，独立山头，极目东南；近者如俯如揖；左右者如附如侍。偃侧平峙，峻嶒叠出。沿途泉水下注，皆成飞瀑，汇于溪间，骤涌丈余，与巨石相激，声如车轰，琤琮喷薄，盘亘游址间，真奇绝也。十里，明霞洞宿，对面数峰，环列如屏，远望海色，恍惚浮动，浑疑身在蓬壶。将至道舍，石磴百折，盘旋直上，两旁夹以修竹，浓荫沉绿，天地皆青。

十七日，游上清宫。自此北上二十里，为华严庵。一路傍海而行，所过长岭诸村，松篁苍翠，微露茅舍，时见药女提笼，渔翁晒网，儿童拾蚌于水滨，樵夫砍柴于峰顶。海山交错之地，风致因自清逸也。再渡大河，悬瀑穿乱石飞折而下，如雪、如弩，春月尚汹涌不已，倘夏秋间，玉龙鳞甲，想更有一番可观也。午刻抵庵，佛殿庄严，僧寮洁靓，朱楼碧瓦，峙立山腰。午后访塔院。塔院前流水一泓，金鳞满目。方倚塔小坐，忽急雨骤至，岛屿林木，皆入空蒙。仓猝回僧舍，借榻南楼，枕涧声而卧。深山无更漏，闻山鸟啁啾，蘧然而醒。窗外雨声淋漓，急湍自北峰飞下，以涧为尾闾，万道奔注，与海水镗鎝相乱，寒气袭人肌骨，遂不复成寐。

十八日，晴。白鸥矫翼，良苗怀新，信步田水声中，耳聆潺湲，目玩苍翠，极山行之乐。庵之北曰蛟龙嘴。再北曰白云洞。峭岩侧峙，怪石横支，竹影没天，松阴匝地。其西南，巨浪飞喷，坠石为珠玉，响若琴瑟，不惟耳目怡畅，亦觉形神清朗。登顿十余里，至道宫。瓦青墙白，纤尘不染，推窗四顾，大海在目前。风起云开，碧浪高涌。再转为楼门，两壁对峙，势如奇鬼攫人。周览而下，万绿丛中，朱户双扃，海上仙山，真在虚无缥缈间矣。

十九日，拟游巨峰，行数里，云忽至，四山皆溙漾，而大云千万成阵，与山岫相逐，势且雨，遂转而北上。饭棋盘石。午晴后，寻路西北行，山深草荒，四无人迹，约二十里，宿蔚竹庵。庵前一水中贯，自巨峰怒涌而来，陡落万仞，与乱石斗，斗不胜，乃敛狂斜趋，侵其趾而去。游人坐石上，水气侵肤，扑面皆冷翠。西北行数里，憩九水庙。波流湍急，声震林木。

二十日，复申巨峰议。出庵南行，山益险，草益荒，策杖而登，约数里，即绝巘。至巅，则山又当面。历七山，荒秽弥甚。约二十余里，始至小巨峰。石骨纵横，略似破庙古佛。小坐盘桓，砍柴煮水，暂谋一饱。饭毕而南，访白云洞。洞深而明，其地高寒，不可久居，心悸而止。顷之，洞顶白云一缕起，遂团团相衔出。复顷之，遍山皆然。移时相与为一，山腰皆弇之。久之云动，后云追前云，不及遂失坠。万云乘其镈，绕山左飞，飞尽日现，下界峰峦，争以青翠来供奉。自此北上，过龙穿崮。碧石千丈，独立平地，中空一穴，圆明如镜。再里许，即巨峰麓。巨峰者，三峰特峙，雄伟秀朗，高插苍穹，而两旁长山，罗列侍卫，如群臣垂绅执笏以朝金阙。就一山而论，攀缘数里，即为核巅，不过与华楼等，乃即超出群峰之高，而不见巨峰，殆履其绝顶，举头天外，俯视寰中，浩浩茫茫，四无涯际。北顾登莱，如棋如罫；南望岛屿，如豆如螺，高高乎莫与尚矣。纵览久之，白日忽西，遂下山。路转而东，左右皆峭壁，中穿巨溪，奔雷溅雪，石险路古。时有喷泉界道。二十里，仍宿华严庵。

二十一日，北行约十里，抵太平宫，登狮子岩。十里，经绿石滩，饭王哥庄。游修真庵，溪山平远，村墟悠然，几于晴晖娱人，游子忘归矣。

二十五日，经大桥，望不其、驯虎诸山，缅想循吏经师，使人兴起。东南之山至此毕。夕宿即城。

盖尝统其大势论之，二崂东南距海，葱葱者二百余里。其陵谷之深奥，岫峦之峭拔，水石之清逸，土田之沃衍，村墟之幽靓，林木之蓊蔚，皆乾坤郁积磅礴之气，至此而一泄其奇。东南之奇在松竹，西南之奇在果树。然碧涛香海，仍借人力为之。独至巨峰、九水，据山之中，不加雕琢，其奇实冠乎全山。且夫巨峰者，二崂群峰之祖也。峥嵘缥缈，不足喻其高；诡怪倾危，不足拟其险；复岭互藏，蒸岚环抱，不足喻其厚且深；恒、岱、华、衡而外，及之者盖鲜。乃寻幽之士至者，百无其一，非好逸恶劳不肯探巨峰之奇也，盖以道里不稔，遂震其名而中止。巨峰东至华严，西至登窑，北至蔚竹，皆不过三十里，至棋盘石且不过二十里。路之近若此，景之奇若彼，人亦何必惊其险，而惮其远哉！且蔚竹之北，即为九水，扼巨峰之下流，加以鱼鳞口之瀑布，石壁插青，流泉界白，曲折万状，幽雅绝伦，旧志所谓"秀壁在侧，响若惊雷"者，皆历历可数，宜称为第一奇观也。山不极巨峰，则心不畅；水不穷九水，则神不怡。游巨峰九水毕，而后二崂之山水，可以踌躇满志矣。二十一日北归。二十五日抵里。余出游日，杂花始放，群莺学啭；今则芳草如茵，宿麦成浪，花残有恨，莺老无声；与去时风景，迥不侔矣。

尹琳基，字琅若、竹轩，日照人。清代著名学者、书画家、古琴家、史志学家、教育家。尹琳基因学识渊博，为人正直，为官清明，颇受皇帝赏识。

仕途顺利，历任国史馆协修、纂修、功臣馆总纂、文渊阁校理、国子监祭酒等职，为整理皇宫古籍文献、编修国史、推动教育发展做出了巨大贡献。

尹琳基酷爱书画，罢官后，于光绪九年四月，在崂山太清宫的三宫殿东侧建宅院一座，取名"翰林院"，藏书其中，达数万卷之多。尹琳基居住其中，读书、作画、习琴、修身，并拜师于太清宫韩谦让道长。尹琳基喜爱崂山，其众多诗文是以崂山为写作主题的。白云洞位于崂山东麓大仙山巅，"白云洞"洞名即是尹琳基所写，淡远中自有雄浑之气。近人陆润庠曾作《白云洞观海市记》楷书八幅屏于白云洞内，可惜被日寇焚毁，今不存。

白云洞观海市记

海市多在登州，昔人所记，大概时值春夏之交，天宇清明，东南风微作，而海市始见。或见重楼翠阜并市廛人物，幻境不一。市过，往往有雨。苏东坡于十月见之，然非常有也。丙戌十月十三日，偕陈缙卿总戎，登崂山之白云洞，云庵道人导之游。策杖涉西峰，时天气晴燠，殊无重阳节候。望东海中，大小管岛、矼山、车轮岛，历历可指数。忽见车轮之西，涌出五六山，高卑不等。余曰："此何岛也？"道人曰："彼处无岛，山居者习知之。"余曰："然则其海市乎？"高坐凝眺，众山时分时合，络绎相亘。俄然东南突起一峰，崭然修削，若太华之三峰，上插云际。顷之，西南一带皆山，绵亘数十里，卑相附，高相摩，亭然起，朒然止，若奔若蹲，若斗若依。所谓衡山七十二峰，嵩阳三十六峰，悉于一览得之。又顷之，山南火光炯然，东西凡三处，皆大如日将出时，红云簸荡，霄汉通明，其光耀众山，又若夕阳之返照者。李华《海赋》云"阴火赧然"，殆即此欤？已而，火光渐低渐白，化为一片沙碛。其旁烟树苍茫，城郭楼台，隐隐可睹。而西南数十里，众山皆平，沿山皆有村落，如见海岸民居然。盖自午至酉，历三时余，景像数变，俨同实境，非缥缈虚无可比。迄日暮乃灭。惜相距稍远，不能辨市廛人物耳。是晚宿白云洞。

黎明推窗望之，海雾迷漫，咫尺莫辨。须臾，微雨蒙蒙矣。

王大来，山东胶州人，清代文人。先人王锦，出资购买高弘图崂山华阴的"太古堂"。其后世子孙得以居住于此。咸丰十一年（1861年）王大来迁居崂山华阴，居于"太古堂"约二十余年。曾言"日在辋川图画里，平生夙愿快相偿"，可见其对崂山的喜爱。有颂赞崂山的《棋盘石》《白云洞至雕龙嘴》《神清宫》《鱼鳞口观瀑》等诗篇存世。王大来曾七次游崂，每次均有诗文创作。有关诗文合录成《劳山七游记》一书，《胶澳志·艺文志》有对该书的记载。《劳山七游记》对崂山景观有十分详细的描写，这里选录其中的两篇。

游劳山记

　　胶即二邑，濒海而多山。余生其间，是天以奇胜奉之也。择其尤著者而受焉，厥为崂。崂山不入海者，如身之一趾，得崂而海毕现矣。庚子三月二十日，同匡文山、杨韵清循海东行，宿河套。二十一日过后海，由阴岛浮于少海。甫达彼岸，大雨雹。二十二日早起登山。望岛屿，仅如聚米；风帆浪舶如浮糠然。南过李村，宿青岛，雨声、松声、涛声，终夜在枕席间。二十三日复回李村。东过段家埠，至登窑。遥望巨峰，耸出云表，群山四拱，崂之鼻祖也。过烟游涧，至平阑，右胁大海，左肘悬崖，行人多匍匐而过。北历梯子石，扪绝壁，攀古木，举头则巉岩欲坠，俯瞰则惊涛拍岸，石骨如摧。过者莫不悍栗。渡八水河，登河北平峦，回望万山巉岏，不知此身从何处得过。自登窑至此，凡三十里。路仅容足，下临不测，游人如御空而行。北上平峦，修竹数里，竹尽而抵太清。三面据山，门承大海，汪洋者不知其几千万里也。宫中耐冬盛开，凡十余株，千百年物也。二十五日，出宫北行，同人皆后。路侧修竹中有磐石如床，少睡其上，及觉出路迷，走入荒涧中，山愈险，境愈奇，应接不暇。忽闻鸡声一唱，而入明霞洞。同人已相待久矣。北过青山黄山二村，度番眼岭、乱石滩，狞石万顷，色如顽铁。抵华严庵，宿于南楼。夜五鼓时，披衣静坐，月上潮生。忽闻梵呗之声，清彻禅林。二十年之尘缘，一霎消尽矣。庵前旧多奇石，俗僧恶其不便，劈之布为甬道，可惜也。二十六日登望海楼，观日出。去华严，北抵雕龙嘴，西越峻岭，泉声潺潺，松竹丛杂。老道士洞居山中，世外清福，不知为羽消受几何？西北竹径曲折，数里而抵白云洞，僻如明霞，而幽邃过之。较太清、华严山势峭拔，纯石无土，而去海稍远。然万里惊涛，依然聒耳。从二仙山望之，恍若手可挹也。出洞北下，过太平宫，宿修真庵。二十七日，南过劈石口、神清宫，西北趋华阴书院。一路梨花如雪，行人皆在香海中。西北宿华阴村。二十八日，南游华楼，仰视华表峰，一石结成，屹如砥柱，昔人评为崂之第一石焉。华阴族人某，曾登其巅，上多古木，石室供纯阳石像一，像前玉杯一，殆仙人休沐之所乎？某为粪除之，而投薪于下，胜其终岁樵，至今三十余年矣。回华阴村，同人皆有归志。二十九日，由华阴返里。同仁无济胜之具，名山多未到之区，负此山与海矣。

再游劳山记

壬子孟夏过即墨，偕张临五，自王哥庄首抵白云洞，山海如故，而松竹愈蕃。若二仙、猫儿岭、北石门、西石门，凡界乎白云洞者，得毕游焉。张寻返。与李道人南游明道观。山如重城复郭，层层环抱，棋盘石翼然供于前，崂之一大形胜也。晨出暮归，主白云洞。凡八日游，多与李道人偕，临别以椒杖见赠，情谊甚笃。北去白云洞，西经修真庵，南抵九水庵。庵前诸峰，秀色苍翠，奔湍带庵而西，问其源，道士云："自鱼鳞口来。"乃逆流而东上，过双石屋，两山渐隘。乱石散布水中，行人距跃其上，不甚险，颇劳顿。如此数里，则荒凉绝非人境。山形诡异，宿莽阴翳，觉幽崖暗谷中，凛然若有鬼物出而攫人者，神定乃无恐。又若有数百老头陀，面壁枯坐，惺惺然，悟我于禅者。又数里，谷口重重，如环相叩。入于谷，旋为山掩，甫出旋入，甫入旋掩。忽有巨石累累，不可攀跻。水自地中出，求鱼鳞口不可得。谷未穷，日且暮矣。回宿九水庵。明日复往，越巨石，穷幽谷，遂得鱼鳞口。飞瀑泻于绝壁，坠为深渊，伏流数步而涌出。今日得之，昨日失之，蔽于物而失之咫尺，大抵然也。西历九水，九水即鱼鳞之下流，凡九曲，水穷山转，曲曲幽奥，五、六尤胜。山居者，三两人家，往往庐于两山之麓，或耕或樵，毕生不见外事，疑其皆地仙也。西抵华阴村，居数日，登村北诸山，游黄石宫。宫已久废。问高礛斋太古堂之遗址，亦莫有知之者。陵谷变迁，瞬息间耳。前辈与先人游息之所，不可识矣。先人鳌山人，盖鳌即崂；所数数游者也。余今去崂百里，庚子一游，已十二年矣。欲数数游，不可得，身牵尘网，穷年扰扰，亦可慨也。

傅增湘，四川泸州人，字沅叔，别署双鉴楼主人、藏园居士、藏园老人等，清末民初著名的教育家、藏书家、版本目录学家。历任民国教育总长、故宫博物院图书馆馆长等职。1932 年傅增湘游崂山时，撰《劳山游记》一文记载游览之经历，并在太清宫纪念册上留言："以中秋宿此，海天月色，万里空明，使人有遗世之想。良辰佳会，毕世难逢。"

劳山游记

劳山之名闻之夙矣。僻居北地，而风物雅似南中，顾亭林为黄长倩序《劳山志》，已粗述其概。至诗家所传，如王渔洋《赠劳山隐者诗》有："夜半白日出，风雨苍龙吟"句。刘直斋源渌、高南阜凤翰，皆有劳山诗传诵。而即墨张扶阳尤胜称九水之幽秀，特为长篇记之。王培笋《乡园忆旧录》亦言"劳山之胜未易穷究。"

北地所少，唯水与竹。劳山则多瀑而盛竹。询诸朋侪曾事幽探者，谓为实然，非齐人自夸其乡土也。余二十年来曾再至青岛，欲穷其胜，然途兼海陆，游者必舟车并进。山深民梗，人时有戒心，故皆至柳树台而上，徒窥门墙而未升堂奥，心窃憾焉。

夏初自游华山归，少息尘鞅，扃户不出者数月。仲秋八月，周君养庵有事于青岛，将便游劳山，折柬相邀。余谓固符夙愿，然必期以仲秋太清宫海滨玩月为宜。以其地与时合之，可云二妙也。

十一日早车行抵津门，夜九时自津发，与养庵会。翌晨过济南，易车而登，入夜十时抵青岛。沈君治丞来迓，下榻于高六弟仲礼宅。仲礼方南游未归，其如君彩云出为延接。十三日，养庵所有署事已毕，同游海滨名迹。夜，治丞治酒相招，饮于张君子厚家，同座诸君皆旧识也。治丞为料理山游诸事，咸臻周治。十四日八时行，仲礼如君为筹治山中应用食品巨细咸治。倅婿张悦甫欣然愿偕。

乘汽车三十里至李村，又三十里至九水。涧上有洪颖之别墅，涉水往观，就涧中叠石为屋。台榭环周，轩窗四起，后有曲池，小桥宛转相通，题曰"观川台"，石壁刻七律一章。盖甲寅以后，避锢于此数年，今为倭人所居，沿涧行数转益幽。十里至板房，治丞已为租定山轿三乘，乘二人。随身食物以两力负之。上坡小转得小村落，名竹窝，修竹万竿，清流数曲，颇类我乡风景。逾岭约五里至柳树台，山势忽展。自青来游者，车行至此止。有德人旧时病院楼房两所，荒凉壁立山阿中。有新屋数楹，俄人所建客邸也。行二里至官桥石屋，有居民数十家。路旁巨石有张安圃年丈题名，时为壬子三月。自板房，升舆登山皆东北行，至此折而东里双石屋，亦山中小聚，以峰头二石如屋得名。人家就石上设茶亭，小坐听泉，风生两腋。循涧东南曲折而上，四里至鱼鳞口，双峰夹水，峭削如门。涧上大石穹然横卧斜坠。跋涉极艰。又里许至靛缸湾，横岗曲转，环峙如垣。中间一凹飞瀑下垂，长约数丈，三折而落，势短而肥，颇似雁荡之马尾瀑。叶誉虎于对崖摩刻"潮音瀑"三字。窃恐其不类也。潴水成潭作蔚蓝色，故土人以靛缸称之。潭上支木作亭，覆以松枝，坐以观瀑，京洛淄尘为之涤尽。由此趋蔚竹庵，正道从原径回双石屋，然后越北岭而达。舆人觅小径行，可免迂回七八里之遥。乃蹋涧流而过，缘峭崖直上，乱石丛莽，樵径依微，殆绝人迹。攀藤梢，扣石角，匍伏而进，汗出如浆。不及一里，已作牛喘，乃令傔从牵腋助之。百步之内，或一再息，约三里幸及岗头。望见岩扉，隐约在松竹翁翳中，折而北下，行二三里始抵庵。时过亭午，道人炊黍相饷，佐以野菌松花。庵当连峰下，后倚翠屏，左右冈岭，环拱如城。长松修竹与山色岚光，苍秀映发，洵不负此佳名矣。

出庵东上指米窝口行松径中，殆十里绿不漏天。杉松细叶如针，其种来自海东，干直中材，日人据岛所植，至今甫十余年。裂石插崖，捎云拂日，可名松谷。今日所历诸山，唯此径最为幽邃。惜丛密阴森，藻扆牵衣，至不堪投足。似宜披榛芟秽，辟启通途，树色山光，轩豁呈露，使道出其间者，可心扶杖许行，恣情吟赏也。十里越米窝口，初意欲由此赴明道观登巨峰，以日色向暮，云气沉阴，计程恐及曛黑，乃改向没日岭而行。下长岗，盘旋枯山涧洞中。触目洪荒，色景凄栗，降及岭半乃闻水声，雏松弱柳渐出没于长坡断垄之间。及过没日岭，则群峰峭拔，冠以巨石崔峨倒植，横欹欲飞欲坠，备诸奇态。扪壁拔林，绕至山阳，则白云洞在焉。时暮色微茫，沧溟缥缈，烟云出没，气象万千。回视楼台参差，掩映于翠涛紫霭之间，直飘飘然有凌云之气矣。下榻南轩，推窗望海，夜雨一阵。少顷，微云淡月，海气凄迷，日出奇观恐无缘窥见也。

十五日八时，观白云洞，洞乃一大石横压欲坠。双石夹撑之，中余一穴，纵横二丈许，道流奉神像于中，遂呼之为洞。洞之两旁，石崖交峙，左龙右虎，元气浑仑，雄伟无匹，已自可惊。尤奇者，后有蟠松从石脉中逆裂而生。枝干镣曲怪伟如龙，被覆洞背殆满，而群松戢戢，腾挐争赴，苍鳞翠鬣，环绕四出，不阶尺土，而具飞天腰海之观，真神物也！洞门银杏二株，壮可合抱。屋宇就石隙构架，高下曲折，错落有致。遂揖别道士，循峻级而下。引首四望，光景奇绝，其地上倚崭岩，俯瞰碧海，意象已高回无伦。此山自劳顶分支而来，奇峰叠嶂，飞腾奔赴，至此，忽为大海所迫，郁怒不得骋。于是崇岗绝巘，回旋腾踔，灵奇之气悉萃于兹。

自巅至趾怪石嵬磊，如屋、如囷、如墉、如轮。或烂若垂云，或烂若天柱。其错落纷坠者，更若鲸横鳌抃，纵横跋扈于岩壑中。而奇松千万，更杂然破石而出，拔地而出，如龙鳞凤翼，横天塞海，游翔于熊罴犀象之丛，以争为雄长。此幽玄洞府，乃高踞于石林松海之间，以总览其全盛。明岁倘纵我幽闲，当裹书载笔，结庐于此，朝夕吟哦，以饱领此趣也。

下山行五里，近海岸则可接新筑通衢，车马驰骋无阴矣。遵海岸而南，经小黄石、返岭前后村、八水河、黄山诸处，二十余里抵青山口。觅村人家小憩，舆人在此午餐。余等亦略进食物而行，已午后二时。村居近海百余人家，以渔为业。自此入山，沿涧上行，涧旁有三折瀑，视鱼鳞口为瘦。再上达岭头，旋降至涧底。见松篁满谷，循折而上，行竹径中约里许，秀倩幽深，浓翠如滴，仰首见丹甍连云，询之为"明霞洞"。入门连上数十级，轩楹精洁，景物明丽，询古洞，云在山后，养庵往探之，云有辽金题名，上为"玄真洞"，非明霞也。煮茗少息，凭栏极望，南山如列屏，山外碧海如镜，院中花木，鲜新可玩。

询上清宫即在山右下方，沿竹径下，踏涧西行，乱石塞路，丛葆钩衣，人行其间，至无径可觅。约三四里，达上清宫。道士童姓，安徽寿州人，居此五十年。山门银杏二株，皆千年物，大可蔽天。殿前旧有耐冬，明季国初人多吟咏之。询之，道士云："少年曾及见焉，今枯死已四十余年。"导观邱长春石刻，在寺右浑元石上，为绝句十首。寺后岩上为《青玉案》词，字径五六寸，笔力浑健。余藏有金刻本《磻溪集》，诗载集中，词乃佚去，或为编辑时所遗也。门外一碑兀立，摩视之，知为元延祐朱翚撰。养庵告道士，明岁当遣工槌拓。宫建于宋，盛于元。四山环拱，双涧夹趋，林木参天，气象雄伟，天然幽静，灵栖妙域，此为甲观。养庵以形势观之，谓千年不败之地，今乃摧颓荒废，萧索可怜，岂时会未至耶？抑人为之也？

由此达卜清宫本有环山大路，而舆人趋捷径，出宫南行。穿怪松乱石间，登绝岭更悬缒而下，抵海滨，约五六里得达。然其奇险真可骇心怵目，非人意所及料。就岭壁悬崖，觅猿猱细径而下临奔涧。巨石或卧、或立，岵岈嵬磊。人从其间擢身飞步，且横松障其上，丛莽塞其下，攀挽披拂，仅乃通人。峭削敧危，只身试步，尚惧颠挤。而舆人乃鼓勇锐进，排障阻，犯险戏，猛健矫捷，殆若猿猱。虽幸而安度，然在舆中屏息摄气，目眩睛摇。

　　下清宫，一名太清宫。在海岸尽处，大启道场，殿宇宏丽，为山中之景。海军陆战队董君楷森同郭道士迓于道旁。下榻东院南楼，布置粗定，董君导游内外一周。正殿前银杏树双株，视上清差小。南院耐冬一株，枝干盘奇若虬龙，本围殆可七八尺，云千年物也。又西小殿檐嵌元碑三通，乃元世祖敕谕护教之文。养庵手录其文以归。西院竹木森蔚，大榆如瘿如石，黄杨硬干如铁，极奇古之致。其他玉兰、紫薇、朱槿、牡丹，藩植满院。耐冬内外十数株，谛视之，即吾乡之山茶花。此花北方多植数金。山中乃独茂异，高可齐檐，红艳如锦，历冬春不凋。闻其自海舶移来，水土和腴，遂尔繁衍。顾亭林谓"地暖多发南花"，正谓此也。门外，海军拓平地为广场，作兵士蹴球之所。出西门，绿竹万竿，中通幽径，海畔筑石为小堤，中包小港，为舣舟避风之所。沿海而东，循山路返寺入菜圃一观，瓜果、椒豆、秋蔬十亩，足供全观终年之食。是日，适值佳节，月上东峰，遂同步海岸赏月。初行竹林中，金影布地，晶光上浮，若玉烟之笼被，清奇独绝。嗣乃登坡放瞩，海波浪碧，天宇横青，上下空明，如置身玉壶冰镜中，飘飘然殆如仙举。良宵胜赏，人生三万六千日能似此几日也？当为诗以记之。风露侵衣，不敢久留。回至宫门，坐松阴下，煎雨前茶，观月品茗。清冷之趣，令人意迥，十年尘土一宵涤尽矣！入室寻郭道士纵谈，亦尝栖华山五六年，询山中事甚悉。正殿以秋节讽经，铙钹俱鸣，如闻钧天。余爱玩月色，独坐耐冬树下，松韵潮声，一时俱寂，顾影徘徊，几不知身在何许矣。据董君言，旧时盗贼纵横，自海军驻防以来，匪类绝迹矣。

　　十六日访邱真人摩崖诗，遂别去。出观左转，乔松满谷，石路舒平，盘回于千嶂万木之中。翠幕高张，如行理安山中，北方所希觏也。奢岭下趋七八里入青山口，与昨日来路合。顺大道而北，经黄山口、返岭前后村、小黄石，计程约卜余里。左山右海，曲涧横岗，时有虬松秀草点缀其间。遥视峰峦秀异，长林蔚然。折西而上，二里许至华严寺，寺前山径平夷，逶迤斜上，修竹夹之，绿阴萧森。石净如扫，韬光云栖，差堪以仿佛。路旁塔院，方池亘于前，平桥跨其上。清风徐来，引人入胜，策杖行吟，数曲抵寺。临门经阁，构架方新，住持纯如，居此已五十余年。殿宇崇宏，庭阶修洁，可知其经营之力矣。正座为那罗宝殿。山中皆道观，独此为僧寮。憨山大师曾住锡于此。客厅悬手书巨幅，雅健绝伦，不愧名笔，其他字画亦尚可观。院中，丹桂高丈余，山茶、紫薇皆百年外物。牡丹十余丛，间多异品。相如完约，来春入寺小住，闻之颇为神往。经楼庋龙藏全部，闻颇纯善，不及披览。日晷逾午，与纯如坚定后约而别，后私衷深为怅惘也。出寺里许，折而北，石壁多摩崖，大书有"山海奇观"四字。字大逾丈，最为雄伟，乾隆巡抚惠龄所书。僧言，竟以此被劾去职，可谓风流罪过也。

下至马路，治丞以车来迓，遣去舆从登车。急行经近海一村名仰口，闻欧战时，日本即由此登陆以袭青岛，后致德人因之不守，亦沿海要镇也。又北过晓望庄、王哥庄皆沿海坦途。旋西折入山，经大、小劈石至大劳观。观在芙蓉峰下，连嶂四合，芳园中启；畦垅错列，林木青葱。闻春时梨花极盛，其北即为九水。自此而行，过五龙涧、乌衣巷而抵李村。沿路山势陂陀，溪流回绕；盘柯秀野，所在成村，鸡犬桑麻，熙然自得，避地潜耕，斯为妙域矣！

出李村三十里抵青。盖自华严寺入市，为程一百四十五里，经三时而达。入山幽寻，以此为幽深焉。路太史金波以游劳诗相示，春游时所作也。余亦欲揽其奇胜，发为咏歌，而行程短迫，不及构思。异日，当探求载籍，追摹胜概，以记游迹，庶不负此行耳。

二　赋

张谦宜，字稚松，山东胶州人，清朝著名经学家、方志学家、古文家和诗人。幼时聪慧，加上家学熏陶，少年即以诗闻名，中年潜心致力于宋明理学，晚年科举高中，为雍正皇帝帝师，以治学为人生追求，远离官场沉浮，研究领域涉及经史、方志、地理、诗文等，治学成果斐然，在同时期的山东籍学者中占有重要位置。有《四书广注》《尚书说略》《张氏家训》《絸斋诗谈》《絸斋论文》传世。《劳山赋》和《华楼仙迹记》，为张谦宜游崂山时所作。

劳山赋

粤奥区之秀灵，乃远宗夫青岳，盘地肺以为根。势嶕峣其森矗，魄磅礴以既东。敷支条于大陆，蜿蜒横开八百余里。带名城者数数，轮囷囷乎未舒，群山郁其相属，天地禽而复凝。忽阔然而神变，茫峡圮乎无垠，包巀嶪者千万，纷挺拔兮遥青，势高压乎寓县。镇全齐之坤轴，独巍然而峭倩，广袤几盈四百，当溟渤之三面。云掩霭以合沓，坮横拖而中断，通箭括兮若无门，削剑锷兮在天半。谷嘤嘤兮闻雷，麓熠熠兮掣电。若乃晴霞倒映，如锦如虹，散黛螺兮勾结，积翡翠兮连丛。既冠岚而抗岭，忽破峡以攒峰。旁罗旗纛，侧掺芙蓉，氤氲倏忽，莫可殚穷。及夫石骨寂崚嶒，经冬积雪，刬玉标以贯斗，练绡窟而贮月，光交射兮晶莹莹，影回薄兮寒冽冽。于是乃有书带苍纹、冬青丹缬，耀素天以扬葩，缀粉坻而罩节。媚阳崖兮落缤纷，艳阴冈兮香幽绝。逮乎土脉春融，泉液夏交，则有稻秫之利，果树之饶。文松、云梓、刚柏、芳椒，凤梨、海枣，苦蜜、冰膏，栗一枚而覆斗，榛百颗以含苞。来禽楂柰，薯蓣葡萄。又以百药之荊，万蔬之苗。蒸薪冶炭，刀贝分曹。至於金银秘矿、砂乘仙巢，盖造化所葆啬，岂愚氓所能遭。山间四序，有复必剥。浮烟净，繁花落。雨霢霖而涤岩，飒飔焱以吹壑，气澹神清，悄乎寥落。尔乃招隐沦，结逸客，斩霜筇，发鱼笧，相与游曲洞，越广陌，每入林而低迷，术莫分乎南北。盖一磴而九折，或十步而五息，涉雕化之口，入莲台之碛。乃有华楼直上，削方万尺，巅松十围，蟠生如栉。前有紫云，后对黄石，北泉藏其谏书，沧浪泚其词笔。此外，则白马遗宫，青牛旧宅，塔倒悬于厂间，墩拍浮于潮汐。畴运斤而刳山，孰凌波而布席，骨脱何以崩岩，丹成奚其毁室，虽方术之异流，何灵迹之不测。于是兴极思溢，反乎别路，缘索徐行，尤担争步，下卷惊涛，眩瞀却顾，盖逼仄之途穷，乃跻夫巨峰之高处。其为状也，嶒嶙嵯峩，万峦争附，实太乙之中枢，绾分支之回互。仰摘星辰，俯瞰风雨，俨鬼神所戍卫，常似烟而非雾。回风旋为欂洞兮，见朝鲜之荠树；气鼌翳而复合兮，莽鳞皴其如故。上下四十五里，与泰山相割据。顾或玉书绝迹，金检无闻，岂寂寞之乡难为显，抑荒怪之士所弗尊。是以秦皇罢其刻颂，汉武息其蒲轮。窃谓后代缘饰所不加，咨山乃以存其真。攀绝山献兮蹑飞烟，龙鱼瀺灂兮汇百川。羌踌躇而独立，怀太始兮心悄然。若幽栖兮注虫笺，曷杳杳兮终无传，倚扶桑而钓巨鳌兮，空托咏于名山。

周毓正，清代即墨（今山东省即墨市）人，字衷恺，号心雪。少年聪颖，博览群书，才华横溢，名重一时。康熙六十年（1721 年）进士，授山西浮山县知县，以德化民，政绩卓著。晚年回归故里，号召乡民们建立祠堂，置办义田，抚恤族人，提携后辈。有《中溪集》《心雪斋集》传世。周毓正游崂山时，有《山居》一诗：翠合小亭尖，烟开一径斜。入门偏看竹，不悟是谁家。另写有《书带草赋》，追念郑玄在崂山讲学授徒之事。另有碑记两篇《重修童府君庙碑记》和《重修华楼庙碑记》，历来被认为是研究崂山的重要文献参考资料。

书带草赋

天开道域，地发奇英，人知爱古，草亦尊经，书缘情而指事，带因类以象形，肇嘉名于汉代，留遗迹于山扃。忆昔康成负笈，载道东归，栖心艺圃，抗志岩扉。从容马帐，磨厉董帷，凌朝披简，午夜燃藜。既掇芳而猎秀，亦赏奇而晰疑，辟诸儒之榛荆，揖千古於藩篱。蔚有灵根，钟兹大麓，《尔雅》遗编，《山经》失录，绕砌舒青，当窗延绿，翠带横空，芳心似束。丛拟薤而盈尺，叶匹兰而成幅，映帘訑而增妍，别蓬蒿而列族。若其秋风萧瑟，摇落堪怜，祟枯金谷，箨积平泉。於斯时也，芰制裂，荷裳残，兰佩解，蕙帷搴，莫不委若敝屣，荡为寒烟。尔乃晚而弥劲，柔而能坚。分一席于芸阁，随五车以周旋，结绸缪于竹素，独宛转于韦编。彼夫绊刍之名，来从西域；养神之芝，表于东极。南国则薜荔兴歌，北堂则忘扰著什。以至符氏之蒲五丈，淮上之茅三脊，献瑞争奇，艳今烁昔。然不过托迹空门，寓言道笈，伴羁客之牢愁，助思夫之叹息。纪兴侈受命之符，封禅鼓方士之臆。匪有益于名教，曾何关于坟籍？维兹卉其可贵，附青云而益彰。陋出山之远志，避当门之见芟，慰幽人于藏轴，晤先圣于羹墙。噫嘻！通德里，郑公乡，劳山侧，沧海旁，书虽毁兮草犹绿，带其褕矣风正长。忆王孙兮已去，望美人兮何方！惟生刍兮如玉，或庶几乎大国之香。

三　诗

寄王屋山人

（唐）李白

我昔东海上，劳山餐紫霞。亲见安期公，食枣大如瓜。中年谒汉主，不惬还归家。朱颜谢春晖，白发见生涯。所期就金液，飞步登云车。愿随夫子天坛上，闲与仙人扫落花。

入觐回劳山

（五代）刘若拙

东来海上访道玄，幸遇一见有仙缘。宋朝天子丹书诏，奉命敕修道宫院。海角天涯名最胜，秦皇汉武屡敕封。古来游仙知多少，元君老子初相逢。

望大劳山

（元）戴良

稍入东胶界，即见大劳山。峰攒伟剑戟，嶂叠类云烟。棱棱插巨海，渺渺漾中川。波涛共突兀，天日相澄鲜；只若栖岛屿，观宇连树阡。既馆茹茅士，亦巢遁世贤。客行积昏旦，水宿倦舟船。兹焉思独住，结茅徵征言。柁师不我从，太息归中原。

咏劳顶

（元）赵孟頫

山海相依水连天，万里银波云如烟。挥毫绘成天然画，笔到穷处难寻源。

王乔崮

（元）王思诚

仙子吹笙何处游，碧天明月几千秋。谁知万叠劳峰顶，犹有遗迹在上头。

凌烟崮

（元）王思诚

巨壁千仞上凌烟，石樟深藏羽化仙。自是开山第一祖，悠悠此去几千年。

清风岭

（元）董守中

肩舆仿佛驾仙禽，紫绶飘飘涧色深。行到千峰最高处，凉飙如雨洒衣襟。

云岩子自题
（元）刘志坚

三十二上抛家计，纵横自在无拘系。来到劳山下死功，十年得个真力气。

黄石宫
（明）杨泽

山巅一醉醒，百虑真亡绝。虚白映松窗，危峰吐残月。

劳山
（明）蓝章

遥看山色层层碧，渐觉溪流泪泪深。匹马逐寻萧寺树，老僧应识野人心。行云何意遮奇石，啼鸟多情和苦吟。不是将身许明代，便从逄子老山岑。

劳山
（明）陈沂

蓬莱之山乱插天，大劳小劳青可怜。清秋播荡入沧海，落日缥缈生晴烟。眼前此景出人世，便可羽化凌飞仙。把取南溟酌北斗，枕石大醉云峰巅。

巨峰
（明）陈沂

鳌山驾海入青云，远见浑合近复分。重峦高下极杳霭，翠岫山入排氤氲。千奇万怪倏变态，陟历惊魂望仍爱。遥指天际悬孤峰，峰头更有僧庵在。奔涛怒石声潺潺，绝顶止可猿猱攀。双屋劈处一微径，一窍直上烟霄间。壁断梯折路亦绝，五石飞梁临不测。西北峰重返照阴，东南海映长空色。仙人见说多楼居，无奈缥缈乘清虚。此地安期且未至，与子跨鹤今何如？

登华楼

（明）蓝田

前山后山红叶多，东涧西涧白云过。红叶白云迷远近，云叶缺处山嵯峨。闲抛书卷踏秋芳，扶藜偶入山人房。柴门月上客初到，瓦瓮酒熟兼松香。玉皇洞口晓花暗，金液泉头秋草遍。药炉丹井尚依稀，白雪黄牙今不见。长春高举烟霞外，使君远出风尘界。当时人已号飞仙，只今惟有残碑在。人生适意且樽酒，莫放朱颜空老丑。神仙千古真浪传，丹砂一粒原非有。乃知造物本无物，薄命不逢随意足。云满青山风满松，何必洞天三十六。

华楼

（明）马存仁

惟爱山家坐小亭，檐隈野竹送秋声。苔封诗句无人识，止听黄冠说姓名。

浮山朝海庵

（明）黄作孚

浮山雄海畔，乘兴一登临。拂草寻幽径，攀萝陟峻岑。水天连共远，岛屿接还深。纵览乾坤阔，擎杯发啸吟。

太平宫

（明）杨舟

三月春将暮，重游览物华。云开山见骨，潮涨海生花。嫩竹森寒玉，夭桃灿晚霞。尘间无此景，知是羽人家。

仙鹤洞

（明）许铤

孤鹤飞来几万秋，因餐白石化丹邱。回翔似顾三标秀，振翮疑登七磴楼。流水桃花云片片，青天碧海日悠悠。兴来跨鹤扬州去，海畔苍生为勉留。

张仙塔

(明) 德清

屹立千寻险,山尧一径通。坐观丹峤外,遥映白云中。泽隐鱼龙稳,波涵世外空。到来堪寄足,促必问崆峒。

那罗延窟赠达观禅师

(明) 德清

入门一笑见来端,醒眼殊非醉眼看。信手擎来香积饭,劝君于此更加餐。

太清宫

(明) 耿义兰

大劳小劳天下奇,海岳名山世间稀。修真野客能避世,万古长春道人居。东海名高上鳌峰,初开茅庵是太清。恩深一观明帝主,敕谕颁来道藏经。

海印寺访憨山上人不遇

(明) 刘月川

吾道沉冥久,谁倡齐鲁风。闲来居海上,名误落山东。水指田横岛,云连慧炬峰。相寻不相见,踏遍法华中。

黄石宫

(明) 周如纶

鸦鹊峰头草阁悬,幽人爱此学长年。地通瀛海川原润,天近扶桑日月偏。何物笙箫来涧底,无端鸡犬下云边。诸山尽处人间路,得意谁回急水船。

法海寺

(明) 周如砥

云尽寒山石窦开,西风古寺一徘徊。树当十月犹青色,碑载前朝总绿苔。护法似闻天犬吠,听经曾有夜龙来。须知胜地宜樽酒,未许夕阳促客回。

小蓬莱观海
（明）周如锦

大海无波碧似银，潮来谁见水粼粼。平铺万里天关静，倒晕长空碧镜新。圣世楼船锦后出，异时漕舶故能训。不看岛屿云帆影，犹是淮阳转粟人。

聚仙宫
（明）高出

平畴散碧溪，古殿枕奇石。苔藓久无人，一步一留迹。

棋盘石
（清）黄象

局里乾坤日月频，风车石马灿星辰。仙家一著真成错，竟把洞天输于人。

太清宫
（清）蔡绍洛

上清宫下下清连，绀宇凌霄更近仙。修竹万竿青入海，老松一路碧参天。山中鸡犬皆离世，水底蛟龙欲问禅。夜半钟声惊客梦，不知身枕白云眠。

绿石滩
（清）郭绥之

清晨破烟去，深深嶂几重。天风声浩浩，摇动万林松。散步任芒鞋，长歌倚寒筇。料此疏狂态，山灵能见容。大海忽当前，波涛翻汹汹。朝阳欲出海，云霞红正浓。烁消浮空蜃，震起潜眠龙。日光散水面，有如金初溶。浊浪打山脚，又如撼金钟。涤我局促气，宽我垒块胸。坐我绿石滩，酌我琉璃钟。徐福何处去，不见三山峰。

女姑山

（清）杨士钫

女姑山北海重围，一带清寒压板扉。人坐空堂燃柏子，打窗风雨夜来归。

大劳观

（清）黄岩

山村人境寂，平地起琳宫。鸟性犹惊网，松涛自任风。大劳峰独辟，九水道初通。入里尘嚣静，幽深不可穷。

梦游劳山歌

（清）周荣

二劳不逐秦鞭走，峨峨雄踞沧海口。昂头呼吸接通明，伸臂真堪摘星斗。异岭奇峰摩碧霄，儿孙罗列万山朝。黄人高举三更日，紫海俯看一洒瓢。坐对名山三十年，常思搔首问青天。欲煮紫霞无宝鼎，前宵梦遇李青莲。招我跨青虬，共向劳山游。飘然已到仙人路，铁干耐冬万千树。翠萼金英吐绣云，鸾歌凤舞飘香雾。欲访康成问五经，丹梯缥缈入苍冥。缘花耀日文楸绿，书带经霜汉草青。玉宇琼楼清福地，守门蜿蜒双龙戏。蛾眉文婢启双扉，含笑主人握我臂。引我上金堂，坐我白玉床。赠我骚人躯，衣我博士裳。问我何时婚嫁了，不来早读紫薇章。麟脯鹿胎果我腹，金简银编授我读。目倦神疲宝帐眠，此身真在瑶天宿。开眼晨光满白橱，似闻太白尚追呼。恨无北宋南唐手，画作琅环展卷图。

梦故乡劳山

（清）周铭旂

二劳海上山，岱岳并雄峙。神仙窟其中，琳宫巍然起。曩从故乡来，廿载阅星纪。一夜返家山，梦绕依稀是。群宿罗胸前，双丸跳眼底。耐冬大一围，烂熳霜雪里。犹闻金碧台，架浪随徐市。遗岛尚人间，采药不能死。洞天盎然开，诸真顾我喜。安期枣如瓜，盘餐佐霞紫。亦有扫花人，拈花立阶。谓我别几何，头白好归矣。天鸡唱扶桑，洪蒙荡万里。魂魄辄复惊，波涛震人耳。回忆所从经，众灵纷栖止。虚空鸾鹤吟，松风杂宫徽。缥缈不可期，掩忽竟若此。世事苦纷拏，扰扰何时已。高歌盍归来，微官弃敝屣。飞履上蓬莱，坐钓沧溟水。

郑公乡

（清）黄守和

秦汉遗踪久渺茫，居民犹说郑公乡。诸生散后余书带，野老相逢问礼堂。一带名山堪托处，千秋大业未全荒。传经为想当时地，处士星高夜有光。

峡口庙道中

（清）黄守缃

清游不用有人从，闲访樵渔云外踪。路出村前皆盗确，山来深处渐葱茏。陂陀秀麦连高下，花竹围篱间淡浓。到此红尘欲洗净，烟岚万叠一声钟。

华严庵

（清）赵念曾

饭罢下高阁，寻幽临水扉。石间乱流出，树里一僧归。山鸟怡人耳，池花沾客衣。那罗岩窟畔，徙倚恋清晖。

慧炬院

（清）宗维翰

东麓招提境，荒凉碧盘阿。颓垣过鹿豠，残碣隐松萝。法象花龛合，藏书壁阁多。哲人今杳矣，惆怅意如何。

崂山

康有为

天上碧芙蓉，谁掷东海滨。青绿山水图，样本李将军。神仙排云出，高台照金银。芝旗与松盖，光景蕤五云。群贤能冒险，渡海咸欢欣。楼船两飞轮，破浪入山根。山下太清宫，万竹夹道分。道人多道气，长须迎缤纷。殿前两白果，老树霄汉干。阶前一耐冬，千年尚郁蟠。蔽山弥万绿，涧流屈潺湲。直上崂山巅，夹道万卉繁。奇石起攫搏，或作虎豹蹲。老罴当道卧，异柏挂岩丹。苍松亿万千，漫山洪涛翻。应接目不暇，清赏心所安。崎岖过岭后，荦确石嵚岏；盘磴登上清，惊看飞瀑喧。渐度硙蝛礤，峰头草成茵。至正余摩崖，抚起感心颜。虽赏丘壑美，稍惜草木删。俯望碧海浸，超然十州仙。吾生诸天游，世界等微尘；方士采药来，自此求神山。云昔秦始皇，登道随山刊。方壶与园峤，水中浮碧寰。白银为宫阙，仙人缟衣冠；楼阁倚缥缈，度劫亿万春。今岂有真人，玉宇琼楼寒。深恐六鳌动，铁围漂荡艰。龙伯国大人，提掷出九关。且游播橭迦，复欠晃昱还。何处非天际，暂复留人间。

重游太清宫
康有为

青山碧海海波平，汗漫重游到太清。白果耐冬多阅动，崂山花闹紫薇明。

明霞洞
康有为

别峰度岭涧潺潺，巨石崔鬼松柏顽。万竹青青盘磴道，明霞仙在海中山。

游崂山
王土序

梦游二崂知几秋，今朝却喜得重游。登高拟借天为笠，狂饮将作海作瓯。

玉女盆
王锡极

绝顶盆池终古留，相传玉女洗云头。当年谱下娥眉样，水底青天月一钩。

明霞洞
庄陔兰

明霞奇胜处，山海势平分。有石皆含水，无峰不住云。洞天幽以袒，竹木修而纹。笑问燕齐客，神仙或是君？

华严寺
周肇祥

华严真佛窟，楼阁总清遒。海水连天碧，松风乱壑秋。窆书留寺壁，垩塔压林陬。莫问雷阳戍，生还已白头。

游崂山
柳亚子

海上神仙事渺茫，劳山金碧尽辉煌。燕齐迂怪君休诮，谡谡松风夹道凉。

登棋盘石看云
王悟禅

一片白云海上生，宛如绵絮半天横，仙人棋罢渺然去，足踏浮云比叶轻。

砥柱石
仁济

嶙峋巨石起岩根，荡漾清波到海门。山色云开含画意，潮音风送警诗魂。丰碑峙立添新迹，大笔留题认旧痕。信是奇观属第一，松阴茗瀹且细论。

赠王悟禅
张墨林

唏！噫吁唏！有才不逐名与利，有身不营房与地。五岳名山随处家，书塾道院复僧寺。镇日功课忙如许，口吟诗词手作字。诗字换来酒满觞，郑庄千里不赍粮。右军右丞衣钵远，渊源千古琅琊王。学道愿学邱长春，交友愿交素心人。笑看世事何扰攘，紫气东来为避秦。憨山化去尹翰归，崂山萧条风景微。一自道岸侍者至，白云苍松生光辉。儒心禅号道装束，云中养鸡山抱犊。我读斯文敬斯人，斯人在兹山之福。

后 记

　　本书为多人合著，参加人员有张敏（撰写"崂山地貌"章）、韩美娟（撰写"崂山形胜"章）、温雅（撰写"崂山建筑"章）、孙小宇（撰写"崂山仙释"章）、刘敏（撰写"崂山名流"章）、陈美企（撰写"崂山金石"章）、朱文涛（撰写"崂山文学"章）、刘丹（撰写"田横岛"、"憨山大师"小节）。"世人之著述，不能无病"，再加上合著这一因素，本书病处难免，拜请方家不吝批评赐教。

　　感谢青岛市社科规划办，对本书立项并给予资助。感谢王春元先生、刘怀荣先生，两位先生对本书选题、写作及出版诸方面均给予了帮助和指导。

2019 年 6 月 9 日